高校旅游管理类专业精选系列教材

现代旅游策划学新编

Modern Tourism Planning

主　编　田长广　王　颖
副主编　王　丽　曾　超　金丽娇

南京大学出版社

图书在版编目(CIP)数据

现代旅游策划学新编/田长广,王颖主编. —南京:南京大学出版社,2020.8(2024.11重印)
ISBN 978-7-305-23457-6

Ⅰ.①现… Ⅱ.①田…②王… Ⅲ.①旅游业—策划—高等学校—教材 Ⅳ.①F590.1

中国版本图书馆CIP数据核字(2020)第114453号

出版发行	南京大学出版社
社　　址	南京市汉口路22号　邮　编　210093
书　　名	**现代旅游策划学新编** XIANDAI LVYOU CEHUAXUE XINBIAN
主　　编	田长广　王　颖
责任编辑	刁晓静　　　　　　编辑热线　025-83592315
照　　排	南京开卷文化传媒有限公司
印　　刷	丹阳兴华印务有限公司
开　　本	787×1092　1/16　印张 16.25　字数 460千
版　　次	2020年8月第1版　2024年11月第2次印刷
ISBN	978-7-305-23457-6
定　　价	44.80元

网　　址:http://www.njupco.com
官方微博:http://weibo.com/njupco
微信服务号:njuyuexue
销售咨询热线:(025)83594756

* 版权所有,侵权必究
* 凡购买南大版图书,如有印装质量问题,请与所购图书销售部门联系调换

PREFACE 序言

庚子新春,一场突如其来的新型冠状病毒肺炎疫情牵动了千家万户的心。这场疫情来势汹汹,对全世界人民的生活生产造成了巨大影响,众多行业遭受重创,文旅产业更是首当其冲。旅游景区紧急关停,酒店、航空等服务业一片萧条,餐饮业更是雪上加霜……疫情给文旅行业的从业者与管理者都带来了严峻的挑战。恰逢此时收到这份书稿,真是感触良多,我曾一度陷入旅游业时运不济的哀叹!然而,我更期待的是旅游业的复苏和激活。我坚信发展的道路从来就不会一帆风顺,机遇与挑战往往并存。

近年来,文旅行业伴随着我国经济社会的快速发展迅速形成一定的产业规模,但是,突飞猛进的经济发展背后却也掩盖了不少突出的问题。疫情给文旅产业按下暂停键的同时,也让我们有机会冷静下来思考产业发展的理性回归。在5G和人工智能等新技术快速发展的背景下,面对疫情防控常态化和消费者日益增长的体验需求,如何健康有序地恢复文旅产业,如何在未来的旅游建设与发展中能够更从容地应对危机,如何加快推动产业结构调整、驱动产业创新与升级,再现自然与人文的协调,都是值得深思的问题。在此特殊时期,旅游策划是通过创意、整合,让旅游业面对市场有序恢复的一个预先谋划活动,其重要性不言而喻。

《现代旅游策划学新编》的两位作者长期以来从事旅游策划的理论研究、实践操作和专业教学,他们立于旅游策划人的视角,紧跟时代发展、人民需求更新和行业变化,对新时代旅游策划的理论和实践重新进行解读。教材厘清了中国旅游策划学的发展历程,梳理了旅游策划学理论体系,总结了当下实用的旅游策划方法,征引了成功策划案例,并结合当今国情明晰了旅游策划的发展方向。

从文旅融合,到厕所革命;从文创界的榜样故宫,到疫情期间的云游博物馆;从夜间旅游经济,到体验式旅游,无一不是希望学生可以借此获得实习式的学习体验。该教材具有很强的适时性,适合作为高校相关专业教育的配套教材和培训用书。

王 芳

三江学院副校长、教授

江苏省旅游学会常务理事

2020 年 5 月

FOREWORD 前言

《现代旅游策划学新编》为培养旅游业策划型应用人才的需要而创作,较全面系统地阐述了当代旅游策划学的基础理论,从建设有中国特色的旅游策划理论中找准切入点,在策划理论与策划实践相结合的论述过程中,穿插典型案例,进行由理论到实践的探索性研究。

本教材内容的选择注重实用性、可操作性和前瞻性从现代旅游策划发展需求出发,针对理论、方法、方向三个方面分别阐述旅游策划的关注重点。一方面兼顾旅游策划的理论研究,一方面通过大量先进实例展示现代旅游策划的应用。在理论研究方面,重点强调适应中国国情的旅游策划学研究内容及构成体系。在实际应用方面,结合当下先进的技术和管理手段,将智慧旅游融入旅游策划之中,针对田园综合体、特色旅游小镇、现代观光农业等旅游新业态,以鲜活的实例阐述旅游策划的先进应用。

全书共分为三个部分,十三个章节,分别从现代旅游策划新理论、新思维和新方向三个部分阐述现代旅游策划,尤其是中国特色旅游策划的系统知识。第一部分为旅游策划的理论部分,重点关注适应中国国情的旅游策划,包括中国旅游策划溯源及发展,旅游策划的概述及中国特色的旅游策划学。第二部分为现代旅游策划新思维,包括旅游发展战略策划、旅游策划实操技巧、旅游产品营销策划、旅游形象策划四个章节。第三部分为现代旅游策划新方向,包括旅游产品策划、旅游景区开发策划、旅游节庆活动策划、旅游商品策划、智慧旅游策划及旅游综合体策划。

本书由三江学院文化产业与旅游管理学院田长广副教授和王颖副教授主编。全书由田长广构思起草,第一章、第三章、第十三章由田长广撰写,第五章、

第八章、第九章、第十一章、第十二章由王颖撰写，第二章、第四章、第六章、第七章、第十章由田长广和王颖共同撰写，王丽副教授、曾超副教授、金丽娇副教授负责本书的内容修订，王颖负责全书的体例结构和每章内容体系的审订与统稿。感谢三江学院沙润教授对本书的宝贵意见，感谢王芳教授为本书作序。

本书适合作为高等院校旅游管理类专业本科及研究生的必修教材，同时可作为旅游行业从业人员上岗资格培训、认证教材，也可作为旅游业行业人士、专家学者、策划爱好者研究旅游策划理论的参考书籍。

此外，本书在编写过程中参考了国内外部分学者的相关研究成果、新闻媒体的报道和旅游学科的相关资料，在此谨向相关作者表示感谢。本书编写中出现的各种错误与纰漏，也希望各位专家和读者不吝赐教。

编　者

2020年5月

目录

第一部分 现代旅游策划新概念

第一章 中国旅游策划溯源及发展 ········· 003
第一节 中国旅游策划概念溯源 ········· 003
第二节 中国现代旅游策划发展概述 ········· 007
第三节 中国旅游策划未来的发展趋势 ········· 010
延伸阅读 2019 年文化产业 10 大关键词 ········· 012

第二章 旅游策划的概述 ········· 015
第一节 策划概述 ········· 015
第二节 旅游策划概述 ········· 019

第三章 中国特色的旅游策划学 ········· 023
第一节 发展中国旅游策划学理论的意义 ········· 023
第二节 中国旅游策划学的研究内容 ········· 027
第三节 中国旅游策划学的构成体系 ········· 033

第二部分 现代旅游策划新思维

第四章 旅游发展战略策划 ········· 043
第一节 旅游发展战略概述 ········· 043
第二节 旅游发展战略策划 ········· 053
第三节 旅游发展战略策划的步骤 ········· 058

第五章 旅游策划实操技巧 ········· 063
第一节 策划的常用理论 ········· 063
第二节 旅游策划的步骤及方法 ········· 069
第三节 旅游策划技巧 ········· 088
延伸阅读 旅游项目策划书案例 ········· 093

第六章 旅游营销策划 ········· 096
第一节 旅游市场营销策略 ········· 096
第二节 旅游产品营销策划的程序 ········· 103
第三节 旅游营销的新趋势 ········· 105
延伸阅读 旅游营销策划成功案例——故宫博物院新媒体营销案例分析 ········· 110

第七章　旅游形象策划 ……………………………………………………………… 125
  第一节　旅游形象概述 ………………………………………………………… 125
  第二节　旅游形象定位 ………………………………………………………… 128
  第三节　旅游形象设计与塑造 ………………………………………………… 132

第三部分　现代旅游策划新方向

第八章　旅游产品策划 ……………………………………………………………… 143
  第一节　旅游产品的概念及分类 ……………………………………………… 143
  第二节　旅游线路策划 ………………………………………………………… 148
  第三节　旅游产品发展方向 …………………………………………………… 157

第九章　旅游景区开发策划 ………………………………………………………… 163
  第一节　旅游景区开发策划的内容 …………………………………………… 163
  第二节　旅游景区开发策划的基本方法 ……………………………………… 165
  第三节　旅游景区开发分类策划 ……………………………………………… 168
  第四节　旅游景区开发策划新方向 …………………………………………… 172
  延伸阅读　旅游景区开发策划成功案例——厕所革命优秀成果 ………… 182

第十章　旅游节庆活动策划 ………………………………………………………… 185
  第一节　旅游节庆活动概述 …………………………………………………… 185
  第二节　旅游节庆活动的要素与作用 ………………………………………… 188
  第三节　旅游节庆活动策划旅游 ……………………………………………… 191
  延伸阅读　第六届中国南京(六合)《茉莉花》文化旅游节——民歌节、文化节、
    美食节、旅游节、商贸节 ……………………………………………… 194

第十一章　旅游商品策划 …………………………………………………………… 198
  第一节　旅游商品概述 ………………………………………………………… 198
  第二节　旅游商品分类 ………………………………………………………… 201
  第三节　旅游商品的开发与策划 ……………………………………………… 203
  延伸阅读　旅游商品成功案例——故宫文创的成功之路 ………………… 207

第十二章　智慧旅游策划 …………………………………………………………… 210
  第一节　智慧旅游概述 ………………………………………………………… 210
  第二节　智慧旅游的关键技术 ………………………………………………… 211
  第三节　智慧旅游的应用与发展 ……………………………………………… 214
  延伸阅读　智慧旅游成功案例——云游博物馆 …………………………… 223

第十三章　旅游综合体策划 ………………………………………………………… 226
  第一节　田园综合体策划 ……………………………………………………… 226
  第二节　特色旅游小镇策划 …………………………………………………… 228
  第三节　现代农业观光旅游策划 ……………………………………………… 233
  延伸阅读一　世界上最美的50个小镇的创意 ……………………………… 238
  延伸阅读二　20种农业观光旅游产业园典型模式 ………………………… 244

参考文献 ……………………………………………………………………………… 249

第一部分

现代旅游策划学新编

现代旅游策划新概念

第一章

中国旅游策划溯源及发展

第一节 中国旅游策划概念溯源

策划是一个谋划达成目标或事业成功的先发设想及其思维过程,也是一项管理活动或决策活动之前的构思、探索和设计过程,它作为人类社会不可缺少的活动,源于管理活动和决策活动之需,并同管理决策交织在一起,具有悠久的历史。

中国旅游策划学的研究对象为"旅游",涉及旅游开发以及旅游产品设计、推广和所有旅游活动策划的全过程。研究和创立中国旅游策划学学科体系,必须建立在对中国策划学的研究基础之上,更好亦更准确地把握中国策划的历史及其发展历程、学科形成过程,将会引领我们在研究和创立中国旅游策划学的道路上少走弯路,尽快到达理想的彼岸。

一、中国策划的概念及形成

策划活动是与人类生存活动相伴随而出现的。如古代的钻木取火、联合狩猎、制造石器,都闪烁着我们祖先策划与智慧的光芒。也许那时的策划只不过是一种想法,非常简单,但它却是孕育着中国古代策划思想的摇篮。

中国策划思想的发展历经了漫长的时期,与人类的历史一样悠久。据不准确的历史考证,最早出现策划(画)一词中的策字大约是在春秋战国时期。公元前317年的《鬼谷子》一书中的第一章《捭阖》中就提出了"筹策万类之始终"。"筹"即是筹谋,"策"也就是策划,而《鬼谷子》一书是较早出现的一部典型的策划类书籍。春秋战国时期的《吕氏春秋》中"引胜之一,策也"的"策"字,《论语·述而》中的"好谋而成者也"的"谋"字,以及《汉书·高帝纪》中"运筹帷幄之中,决胜千里之外"的"筹"字,都有策划的意思,即"策划""谋划"安排出主意,想办法、出谋划策之意。中国著名的兵书《孙子兵法》说"夫未战而庙算胜者,得算多也;未战而庙算不胜者得算少也。多算胜,少算不胜,而况于无算乎?吾以此观之胜负见也(《计篇》)"。"庙算"是历于廊庙之上以株其事(《九地篇》)。可见"庙算"的含义同策划是一致的,《战国策》一书是战国时期的策士、谋士、游说策划言论的汇编,我国直接出现策划一词是在汉朝时期。西汉刘安的《淮南鸿烈·要略》就有"擘画""策画"均与当代的策划通用,古代南朝宋范晔的《后汉书·隗嚣传》中"是以功名终申,策画复得"一句中的"策画"亦即今天的策划也。南宋的辛弃疾在《议练民兵准疏》中写道:"事不前定,不可以猝,兵不预谋不可以胜。"意思是说做事情、打仗都要在事前谋划决策,否则就很难克敌制胜,古往今来凡举大事者必有同谋,凡成大业者必有善谋。随着社会的发展和进步,策划的含义已从原来的出谋划策表层向今天的深层次演化。不难看出,策划活动是古已有之,策划人就是古代的谋士。策划一词古时也叫作策画。若干汉语辞书对它的解释与说明大同小异,无非是出谋划策之意。

二、中国旅游的溯源

中国是世界上最伟大的四大文明古国之一,也是世界上最先出现旅游活动的国家之一。"旅""游"二字在中国很早就出现了。唐代的孔颖达《周易正义》释"旅"字云:"旅者、客寄之名,羁旅之称,失其本居而寄他方,谓之旅",游、从水,本是指与水上活动有关的行为。《说文解字》将其定义为"浮行水上"。"旅游"一词在我国正式出现于南朝。南朝梁代诗人沈约写有《悲哉行》诗,诗云:"旅游媚年春,年春媚游人。徐光旦垂彩,和露晓凝津。时嘤起稚叶,蕙气动初苹。一朝阻旧国,万里隔良辰。"这是迄今所知旅游一词见于中国典籍的开始,它比西方 tourism 一词的出现要早 1 300 多年。

中国古代旅游是指由神话传说产生的时代起至 1840 年鸦片战争时期的中国旅游。中国古代旅游又大体可分为神话传说时期和信史时期。其中信史时期又可以分为夏商周三代时期、秦汉时期、魏晋南北朝时期、隋唐时期、宋元时期和明清时期。中国古代旅游的类型主要包括帝王巡游、政治游说、学术考察、商务旅游、士人漫游、宗教旅游、航海旅游等类型。

(一)先秦时期的旅游

从传说中的尧、舜、禹原始公社到封建社会秦朝的建立,基本上包含了整个奴隶制社会——夏商、西周、东周、春秋战国时期。这个阶段的旅游表现形态主要有巡狩、游畋、观光、游娱、托志、泻忧等。

帝王与诸侯巡游、狩猎:君主到其统治的辖区内巡视和赏游,具有政治和享乐相结合的功能。西周的周穆王(公元前 1001—前 952 年)是我国最早有记载的帝王旅行者。《左传》云:昭公十二年"穆王欲肆其心,周行天下,将皆必有车辙马迹"。晋代从战国魏王墓中发现的先秦古书《汲冢书》之一的《穆天子传》,前五卷以神话传奇的色彩,描绘了他出游西域的路线和故事。传说他曾驾八骏在天山的瑶池(今天池)和西王母见面同乐。有人认为他到过波斯(今伊朗)。据传,周穆王极其爱好旅游,他走遍了中国的许多旅游胜地。

先秦时期更有黄帝、颛顼、虞舜、夏禹狩猎的传说。《史记·五帝本纪》曰:黄帝"按山通道,未尝宁居""迁徙往来无常处"。颛顼所至,东达海岛,西至陇西,南抵交州,北至幽州。虞舜侧重于柴祭山川,故足迹遍及五岳名山。夏禹治水居外 13 载,"疏三江五湖,清之东海",勘山水地理,走遍了大半个中国。

借商务与外交游说旅游:在先秦时期商务活动甚为活跃。以经商为目的,载货贩运,周游天下。外交游说表现在春秋战国、诸侯割据时期。国与国之间出现了非常频繁的外交游说活动。"士"大夫,朝秦暮楚,纵横捭阖,往返于列国游说,宣扬自己的政治思想和治国方略,期望得到垂青以重用。典型人物如周游列国的孔子,在外辗转 14 年,率领弟子"后车数十乘、从者数百人"的孟子,"连横""合纵"游说诸侯的苏秦、张仪、公孙衍等说客利用外交之便游历了许多名山大川和古迹盛景。

民间百姓的观光游:诗歌经典《诗经》,曾颂扬了殷商西周时代的民间出游活动。"泛彼柏舟,亦泛其流,耿耿不寐,如有隐忧。唯我无涵,以教我游。"从诗句中可见,早在先秦时期,就已经出现了民间的观光活动,内容包括:观乐、观社、观腊、观祭祀等。

猎狩活动中的旅游:古称"游畋"。"畋"亦可写作"田",意思是打猎、游猎。如《诗经》中写的畋猎篇"车攻""吉日"等就是畋猎活动的真实写照。

(二)秦汉时期的旅游活动

秦始皇建立统一的中央集权封建国家后,伴随着统治政权的巩固、经济的繁荣与发展、交通的开拓,旅游活动比先秦时代越来越频繁。秦始皇修"驰道"和"直道",统一全国车轨等措施,为发展旅游业提供了便利的基础条件。

文人墨客外出考察游览,其中西汉历史学家、文学家司马迁的游历最为著名。司马迁从青年时期起就开始漫游大江南北。《史记·太史公自序》中谈到,他"南游江淮、上会稽、探禹穴(禹葬会稽山),窥九嶷(舜南巡死处),浮于沅、湘,北涉汶、泗,讲业齐鲁之都,观孔子之遗风……"。司马迁作郎中官后,又因公事,到西南、洛阳、辽西等地旅游,足迹遍于当时西汉版图疆域。他"纵观山川形势,考察风光,访问古迹,采集传说",撰成名垂后世的不朽巨著《史记》,其中《货殖列传篇》含有丰富的旅游地理内容。

"丝绸之路"为中外旅游开辟了有利条件。汉武帝派张骞出使西域为联络西域的大月氏共击匈奴。他率领100多人(在公元前139年)从陇西出发,历经艰险,历十三年才返抵长安。这次出使西域,先后考察了大宛、康居、月氏、大夏、昆仑山、祁连山等地情况。公元前119年,张骞再次率众300人,出使西域,最远到达安息(伊朗)、深入(印度)等地。他的两次西行,了解到许多西域的山川、地理和风土民情,打开了长安通往西域(中亚、西亚)的道路,使中国的丝绸、陶瓷等手工产品运往西方,西方的土特产运往中国。这就是历史上著名的"丝绸之路"。它一直是连接中国和印度、两河流域、埃及、古希腊和古罗马的桥梁,对东西方经济、文化的交流起了重要的作用。

(三)魏晋南北朝至元朝的旅游

这一时期中国处在历史上大分裂、民族大融合的时期。长达一千多年里,既有隋唐盛世,又有科技爆发。经济、文化的发展,推动了各种形式的旅游和旅游业。谈到旅游业的发端,应该是隋炀帝杨广,为了旅游不仅开凿了京杭大运河,开创了"豪华游轮游"先河,还创办了类似于国营旅行社的机构。宋代就出现了政府兴办的旅游的先例。这一时期我国旅游活动主要有以下表现。

文人墨客的旅游,魏、晋、南北朝时期,由于社会政局动荡不定,统治者荒淫糜烂,某些士大夫消极厌世,把注意力转向自然,寄情于山水之间,因而文人墨客主要是以消遣排忧为目的的旅游。东晋、南朝间的陶渊明,南朝的谢灵运等,都是寄情于山水的著名诗人。又如魏、晋间的嵇康、阮籍等7人,悠游于竹林之中,写出了大量描绘山水的诗、词、歌、赋;到了唐、宋时期,这种游历旅行就更加兴盛。李白、杜甫、柳宗元、苏东坡、欧阳修、陆游等,都是漫游型的诗歌作者。李白"辞亲远游",行吟南北;各地的山水名胜无不亲临登眺,开拓了诗人的思想和创作源泉,许多千古绝唱都是在漫游中写成的。如柳宗元的《小石潭记》、欧阳修的《醉翁亭记》等散文、诗歌、名篇游记,也都是在漫游中触景生情写成的。这些传世之作,或抒情,或状物,或言志,或状景,像万里长江中绚丽多姿的浪花,波涛汹涌,气象万千,撼人心魄,沁人脾肺,在反复咏颂如临其境带着我们神游中华的壮丽河山,八万里路云和月尽收眼底。

盛行的宗教旅游:以朝觐、求法为目的进行的旅游活动。西汉末年,佛教初传中国,至南北朝和隋唐,它已进入鼎盛时期。如北魏时,洛阳已有大小寺庙1 367所,还开辟了石窟寺多处。这一时期著名的云游僧人的代表有法显、玄奘、义净和鉴真等。东晋法显是我国顺利到达目的地而回来的极少数人之一。公元399年,他从长安出发,经河西走廊、新疆,渡流沙、越葱岭,经过千辛万苦,到达天竺(印度)。他在印度留学15年后,取海路返国,途径狮子国(今斯里兰卡)、爪哇等国。法显把旅途见闻写成《佛国记》,全书一万言,内容充实,生动亲切,这部旅行记是世界上有史以来有记录的一篇描写万里远游空前艰险的游记类典籍。

玄奘(公元602—664年)是中国唐代最著名的僧人旅行家。他以坚韧的毅力,穿越大沙漠、翻越高山,到达中亚南部和阿富汗北部地区,而后到达天竺。他在印度学习讲经17年,回国后译出经论600余部1 335卷。玄奘写成了《大唐西域记》;襄助译经的慧立,除了译记西游路程和见闻外,还追记玄奘西游前后身世,写成《大慈恩寺三藏法师传》。这一"记"一"传",详细记述了他经历110国和传闻的28国地理、交通、城邑、关防、气候、物产、风俗、文化等情况。唐代僧人义净也著有《南海寄归内法传》和《大唐西域求法高僧传》,他是从海路去印度求法的。

唐玄宗天宝元年(公元742年),鉴真应日本高僧的邀请,五次东渡,累遭挫折,双目失明,第六次才成功。他把佛教的律宗带到日本,后在奈良建筑了唐招提寺,现在成了中日两国人民友好往来的见证和象征。

(四) 明清时期的旅游

明清是我国封建社会发展的最后两个朝代。明清时期全国政治、经济、文化的发展,为国际、国内旅游提供了全面的基础。在这个时期我国旅游活动的类型主要有以下几种。

航海旅游:明朝时期,郑和"七下西洋"的海上旅行最著名。郑和为云南人(回族),小名三保,又称"三宝太监"。他于永乐三年(1405—1433年),率领62艘大船(宝船最大44×18丈),27 000多人,七次远洋出航。涉海十万里,遍历亚非30多个国家和地区,成为中国历史上涉程最远、历时最长的航海家,也是世界著名的航海家。他的航海壮举比欧洲航海家还要早数百年。他对中国和南洋、西亚、北非之间的经济、文化交流做出了巨大的贡献。郑和海上航行,留下的旅行记有随从马欢著的《瀛海胜览》、费信著的《星槎胜览》、巩珍的《西洋蕃国志》和郑和航海图等。

活跃的国内旅游:最突出的科学考察有明代大医学家李时珍,他为编写《本草纲目》,到各地采访调查,搜集标本,掌握第一手材料。明代大旅行家徐霞客(徐宏祖)(1586—1641年),从22岁起,先后在外考察30多年,遍游全国名山大川。北到天津蓟县盘山,山西五台山、恒山,南到广东罗浮山,东到海滨,西到云南大理鸡足山、腾冲。所到之地,"不避风雨,不惮虎狼,不计里程",考察了16个省区的山水,几次断粮,险象环生。白天游历,晚上挑灯夜书,坚持写作旅游日记。他纠正了过去对长江源头的错误说法,尤其是对岩溶地貌的考察研究,至今仍有很大的科学研究价值。《徐霞客游记》共20卷,被誉为古今游记第一杰作,后人称其为"奇人、奇事、奇书","世间真文字、大文字、奇文字"。

明清学者顾炎武的旅行考察也很著名。在学术考察中遍游了华北,十谒明陵,又周游西北达20年,有胜地必访,有名士必交,写成了《天下君国利病书》和《肇域志》两部地理著作。

综上所述可知,从中国古代旅游发展历程中我们可以看到,旅游的观念还只是存在于极少数人的头脑之中,旅游的发展速度是比较缓慢的。旅游策划的成就也不是太多,中国古代旅游策划大多是一种自发式的策划,没有专门的旅游企业,当然也没有专门的旅游策划机构。中国古代的旅游策划主要是由官府和达官贵人、文人墨客及宗教界人士来完成的,如皇帝的巡游、官府对某些旅游景区的保护和开发。达官贵人修造的水榭亭台,就属于旅游策划的范畴。古代旅游策划的成就虽然不太明显,或在当时属于无意识而为之,可是在今天对我们的旅游事业发展却起到了十分显著的借鉴作用。

(五)中国近代的旅游

中国近代旅游业,起于1840年鸦片战争后到中华人民共和国诞生前这段时期的中国旅游。中国近代旅游是在受到外来经济入侵和影响下产生的,打上了明显的半封建、半殖民地社会的烙印。中国近代旅游业的产生,标志着旅游开始纳入有组织的企业经营范畴,但是,无论是从接待人数还是从营业收入,都不能表明它已经是一个重要的经济部门。

中国近代旅游策划是指1840年鸦片战争之后到新中国诞生前这段时期的中国旅游策划。此阶段旅游业的发展打着浓厚的半殖民地半封建社会的烙印,旅游策划同样如此。1840年,西方列强用坚船利炮打开了中国闭关锁国的大门,从而使西方的一些商人、传教士、学者和一些冒险家纷纷涌向中国,他们在中国旅行的同时,也将一些西方的旅游策划思想带到了中国。中国最初的旅游企业便也开始初露锋芒了,有企业就得考虑自己的发展,这样,旅游策划便由自由发展状态进入了有意识有目的的发展状态。

中国近代旅游策划在基础设施建设的策划方面取得的成就最为明显。中国近代社会受西方产业革命影响,科学技术也取得了较大的发展,特别是"中华民国"政府成立之后,政府将交通运输设施的改善放在了十分重要的位置,孙中山先生就曾亲自主持制定了全国的铁路建设计划。基础设施建设的改善对旅游业的发展起到了很大的促进作用。

第二节　中国现代旅游策划发展概述

一、中国现代旅游业的发展历程

(一)开创阶段(1949年—1977年)

新中国旅游业的诞生是以"华侨服务社"和"中国国际旅行社"这两个旅游机构的建立为标志的。新中国现代旅游业的拓展是以"中国旅行游览事业管理局"的建立和中国客源市场的转移以及旅游者构成的变化为标志的。

1. 发展历程

① 1949年11月,第一家国营华侨服务社诞生于厦门市。

② 1954年4月15日,中国国际旅行社成立,简称国旅,这是新中国经营国际旅游业务的第一家全国性旅行社。

③ 1957年4月24日,中国华侨旅行服务总社在北京正式成立。

④ 1964年3月17日,中共中央批准了中央外事小组《关于开展我国旅游事业的请示报告》,决定成立中国旅行游览事业管理局(简称旅游局)。

⑤ 1964年7月22日,经全国三届人大常委会审议,并正式批准,中国旅行游览事业管理局成为国务院管理全国旅游事业的直属机构。

2. 特点

① 接待对象局限在外国友好团体和华侨、港澳同胞范围内,其他类型的游客受到限制。
② 旅游接待规模也很小,最高年份接待外国游客仅5万多人。
③ 旅游接待不计成本。
④ 旅游主管部门与旅游接待单位合为一体。

(二) 改革振兴阶段(1978年—1989年)

1978年以后,随着国家开放政策的实施,旅游业在国民经济中的地位和作用得到应有的重视。在一系列正确的旅游方针政策指引下,通过不断改革,突破了我国旅游业长期以来基本属外事接待的模式,旅游业作为一个综合性的经济事业的性质得到肯定,一种具有较强活力的新的发展模式逐步形成。

1. 发展历程

① 1980年6月,中国青年旅行社诞生,为中国旅游事业的招徕、接待增添了一支新生力量。
② 1985年,旅游体制改革,以实现"四个转变"。
③ 1986年4月12日,六届全国人大四次会议审议并原则批准了《中华人民共和国国民经济和社会发展第七个五年计划(1986—1990年)》,旅游业第一次在国家计划中出现。

2. 特点

经过转折阶段,中国旅游业步入了正轨,其主要标志为以下几点。
① 1985年,国务院批准了国家旅游局《关于当前旅游体制改革的几个问题的报告》,"报告"明确了我国旅游管理体制采取"政企分开,分散经营,要面向全行业,统一对外"的原则;国家旅游局作为国务院的职能部门,要面向全行业,统管全国旅游事业;国家旅游局提出了《全国旅游事业发展规划(1986—2000年)》。
② 1986年,旅游业正式列入我国国民经济和社会发展计划。然而,旅游业发展也面临严重的制约因素,最突出的是民航国内运输在不少地方成为制约旅游业发展的瓶颈。

(三) 全面发展阶段(1990年至今)

我国旅游业进入三大市场——入境旅游市场、国内旅游市场、出境旅游市场共同发展的历史阶段。

1. 特征

① 主要特征是中投入、中速度、中质量、中效益。
② 从速度型向效益型逐步转换,主要表现为:
● 旅游外汇收入的增长速度开始快于旅游接待人次的增长速度;
● 旅游投资收入率增大。

2. 城市在旅游业的地位

① 城市已经成为一个国家或地区的旅游形象标志;

② 城市是一个国家或地区现代旅游业的基地和支撑点；
③ 城市对国家或地区的经济发展和社会进步有重大作用；
④ 做好假日旅游，城市是关键。

3. 旅游业的发展

① 入境旅游持续快速发展，我国已成为亚洲第一位旅游接待大国；
② 国内旅游迅猛发展，我国已成为世界上最大的旅游市场；
③ 出境旅游稳步发展，我国已成为亚洲地区一个新兴的客源输出国；
④ 产业规模不断放大，产业体系逐步健全；
⑤ 旅游交通状况有所改善，民航、铁路、高速公路、江河游船及城市出租汽车业全面发展；
⑥ 旅游购物、旅游餐饮、旅游娱乐在数量上和质量上都不断提高；
⑦ 产品结构不断完善，竞争力逐步提高。

二、中国现代旅游策划的成绩

中国现代旅游是以中华人民共和国的成立为标志的，中华人民共和国的成立揭开了中国现代旅游业发展的新篇章，也揭开了中国现代旅游策划的新篇章。中国现代旅游业的发展所走过的道路是坎坷不平的，中国现代旅游策划所走过的同样是一条坎坷不平的发展之路。在困难中前进，在前进中完善，是中国现代旅游策划的总体趋势。中国现代旅游策划的真正兴起始于党的十一届三中全会以后。因为有了党的改革开放的政策，有了中国现代旅游业的快速发展，才有了中国现代旅游策划业的发展。深入分析中国旅游策划的现状，我们就会感受到，我国现代旅游策划有诸多值得肯定的成绩。

1. 旅游策划的概念已经被大多数正在从事旅游业和关心旅游业发展的人士所接受，旅游策划意识在不断提高。随着中国旅游业的快速发展和其地位的提高，人们在工作中越来越体会到了策划的重要。现在，不仅是一些旅游企业成立了专门的营销策划机构，一些政府机关和景区、景点的管理机构也成立了相应的策划机构。如南京市旅游局（现文化和旅游局）就单独成立了旅游策划委员会。许多单位在决策之前，都会广泛征求意见，有的还会重金面向社会征集旅游策划方案。如四川省的射洪县在县委、县政府进行旅游发展总体规划的决策之前，就以80万元的重金面向全国征集高水平的旅游策划方案。即使是在国家旅游局（现文化和旅游部）这样全国旅游最高决策机构，旅游策划也已成为一种自觉意识。国家旅游局（现文化和旅游部）每年初在全年工作的决策之前，总会广泛地向各省、市、自治区征求意见，然后再汇总意见，这种收集意见和汇总意见的过程就是策划的过程。

2. 旅游策划活动风起云涌，旅游策划的作用越来越凸显，旅游策划已经成为中国旅游业加快发展的强大推动力。近年来，在业界的重视和旅游策划人员的共同努力下，中国旅游策划可以说是风起云涌，好戏连台。首先，从国家旅游局的角度来看，国家旅游局（现文化和旅游部）每年推出的全国旅游主题年活动就是一个很好的策划，它使全国上下有了一个共同的主题，也使全国旅游工作每年都有了一个市场促销的重点。其次，在国家旅游局（现文化和旅游部）的努力和党中央、国务院的重视下，旅游黄金周的推出更是为促进旅游业的发展提供了强大的支撑。此外，国家旅游局（现文化和旅游部）每年组织的国内旅游交易会、中国旅游购物节等重大活动,对中国旅游业的发展也起到了重大的推动作用。从各省市区情况来看,旅游策划同样是好戏连台、精彩纷呈。从北京中华世纪坛的策划到申奥的策划,深圳世界之窗的建设,明斯克航母的运作,大连国际风筝节的举行,张家界的飞机穿越天门洞,五岳联盟,十万人同唱浏阳河,云南的世博会,四川的全省旅游大会,海南的博鳌亚洲论坛,这些精彩的旅游策划案例不但在旅游界,甚至在整个社会都掀起了一阵阵"狂风巨浪"。"生命在于运动,旅游在于活动","旅游呼唤策划,策划改变世界","没有高水平的策划,就没有高水平的发展"等理念已经深入人心,中国旅游策划已经成为中国旅游业加快发展的强大推动力。

3. 旅游策划人员不断加强自身修养,已经涌现出了一批比较优秀的旅游策划人才。改革开放以来,特别是近年来,随着旅游策划越来越多地被人们所接受和旅游策划在实践中的广泛应用,一批优秀的旅游策划人才在不断加强自身理论修养的同时,敢于面对波澜壮阔的旅游实践,在旅游实践中不断地丰富自己、锻炼自己,促进自身理论水平和实际操作能力的提高。一批优秀的中国旅游策划人在旅游策划界已经崭露头角,他们的策划案例备受关注,引领了中国旅游策划的新时尚。

第三节　中国旅游策划未来的发展趋势

(一) 旅游策划正向旅游全产业链延伸

一方面甲方公司纷纷成立旅游策划公司,另一方面旅游策划公司向全产业链发展延伸的趋势也越发明显。例如上海景域集团虽以奇创旅游策划起家,但已实现向OTA、景区托管、景区开发、帐篷客野奢酒店、旅游门店等旅游业全产业链扩张。此外,绿维创景也开始了从旅游策划向旅游OTO"分权宝"及北京光影侠数码科技公司等跨界。巅峰也向景区托管、城市规划、建筑设计、景区投资、旅游大数据等方向跨界。世纪唐人也已完成旅游策划、旅行社、唐乡连锁乡村客栈等线上线下布局。

(二) 旅游策划企业布局呈现大集中趋势

旅游策划行业属于咨询行业,对智力型人才要求较高,因此旅游策划公司大多集中分布在北京、上海、广州、深圳等人才较为集中的城市,但也有一些分布在文化科研较强的传统城市,如西安、武汉、南京、成都、重庆、沈阳、杭州等。此外,还有一些规划院成立于旅游业相对发达的城市,如海口、宁波等。但由于各省市纷纷将旅游作为战略性支柱产业,地方市场业务也呈现大幅增长的态势。虽然还有许多甲方抱着外来的和尚好念经的心态,言必请北上广深或十大甲级规划院来提供规划服务,但依托对本地市旅游的深入了解和较强的人脉关系,地市级旅游策划公司也呈现野蛮生长的态势,有的甚至全揽本地市及下辖县镇旅游策划业务,其业绩也十分可观。

(三) 旅游策划行业亟待建立行业标准

随着旅游策划行业竞争的加剧,行业生态十分险恶。许多大规划公司为承揽规划业务,对规划质量的把控有所放松,同时许多中小规划公司为了获得业务机会,不惜以亏本价切入旅游策划业务，以期获得后期的景观建筑设计等延伸业务。但因其项目组的成员配备较差，团队作业能力有限，往往将好项目做烂，使甲方遭受人力、财力、物力和发展时间甚至发展机会等方面的巨大损失。

因此，旅游策划行业诚信体系的建立显得极为迫切，旅游策划行业的法规和标准需要重新制定和细化，未来将有更多的甲方不唯名气和资质马首是瞻，而更看重策划经验、项目破题能力和系统解决问题的能力。同时在项目的公开招标上，对旅游策划公司的要求也更看重技术得分和方案质量，在整个招标过程中将会更加公平、公正、公开，行贿、围标、量身定做应标资格等方式将受到行业唾弃和高度曝光。

旅游策划管理将日益规范，在旅游策划管理方面，国家将出台有关文件对旅游策划的队伍组织、成果形式、评审方法等进行规范，对旅游策划机构资质、从业人员资格进行认证，以提高旅游策划质量，提高策划对旅游地持续、快速、健康发展的指导作用。同时，在时机成熟时，行业协会、研究会等组织也将成立。

未来，随着旅游策划行业的激浊扬清，旅游策划将走向科学化、数量化，科学的规划理论、规划方法、规划技术、规划体系、评价指标等的建立，将重建旅游策划行业生态。旅游策划也将向精细化纵深发展，同时向系统化、综合化方向发展，旅游策划将需要承担更多的目标责任，为甲方提供可解决项目综合性问题的系统性解决方案。

（四）复合型旅游策划人才将更受到市场欢迎

我国目前只有个别院校设置了旅游策划方向，部分学校开设了旅游策划课程，但是这距离旅游策划人才需求还相差甚远。未来的旅游策划教育与培训将在完善理论课程设置、重视实践环节、实施资格认证等方面取得突破，向社会输送大批具有扎实理论功底、一定实践经验、较强创新能力的旅游策划人才。

旅游策划行业具有多学科、多专业的特征，因此需要具有跨学科、跨界能力强的领军人物。原来以地理学科为主、以资源导向型为主的学院派和以市场为导向的实战派，以及文化学派、经济学派、心理学派，在面对更加严酷的旅游市场竞争格局时，皆难以适应目前旅游项目竞争惨烈的局面。

因此，随着旅游策划向更注重实操层面的运营规划纵深发展，战略型、创意型人才更加重要，一精多专全通型旅游策划人才将成为新常态下的领军人物，具有旅游全产业链背景的人才和技术创新型规划人才将更受市场欢迎。

（五）科技发展将使旅游策划活动更科学合理

旅游策划行业极为敏感地捕捉科技发展的趋势，利用科技成果提升规划质量和成果水平。如大数据的出现使得实力较雄厚的公司在市场分析、游客量预测、游客需求及消费行为特征等方面的分析更为精准。

此外，精确影像、全息技术、LBS定位技术、遥感技术、移动技术、无人飞机和可穿戴设备等科技，都使得现场踏勘和地形分析变得更为精准，有助于规划项目更为科学合理，有效地保证项目的可落地性。而视频技术、遥控技术的发展也使得规划汇报实现了人机合一，使规划汇报更加像是一场游戏和声情并茂的现场表演。此外，科技的发展也为旅游策划业务拓展了发展空间，如智慧旅游策划、全域旅游策划、无目的地旅游策划等规划业务，随着日新月异的科技发展，迅猛发展起来。

(六) 旅游策划行业的发展热点和行业机会更多

随着国家和各部门、省、市、县、镇对旅游业发展的共识和政策资金扶持,催生更多的旅游策划业务热点和行业机会。正如习近平主席数十次提到的"一带一路"国家战略,将为旅游策划界带来"一带一路"沿线城市大量旅游策划的业务机会。此外,国务院三番五次发表支持旅游业发展的意见,形成了各省市县镇发展旅游的热潮,给旅游策划行业带来许多热点和机会。

未来旅游策划的热点机会如下:"一带一路"旅游相关策划、特色小镇旅游相关策划、"田园综合体"旅游相关策划、中药养生旅游相关策划、乡村旅游策划、全域旅游策划、智慧旅游策划、生态旅游策划、国家公园规划、产业旅游策划、旅游产业规划、文创旅游策划、低空旅游策划、主题公园规划、体育旅游策划等将成为近几年旅游策划热点。

旅游策划类型更加丰富,在需求总量增加的同时,旅游策划需求也将不断得到细分,旅游策划的类型将更加丰富多样。在原来战略策划、产品策划、形象策划、营销策划、融资策划的基础上,商业运作策划、产品创新策划、品牌提升策划、项目创意策划、资源整合策划、经营管理策划等将越来越重要,并出现诸如优秀旅游城市申报策划、旅游区 4A 晋升 5A 策划等灵活多样的策划形式。

2019 年文化产业 10 大关键词

由北京大学文化产业研究院和国家文化产业创新与发展研究基地发起,联合国内文化产业领域众多研究者共同编撰的《中国文化产业年度发展报告2020》发布。该《报告》总结了2019 年文化产业年度发展情况和相关经验,梳理出了 2019 年度中国文化产业十大关键词。

1. 文旅融合

2019 年是文旅融合深入推进的一年。党的十九届四中全会审议通过的《中共中央关于坚持和完善中国特色社会主义制度推进国家治理体系和治理能力现代化若干重大问题的决定》明确提出,完善文化和旅游融合发展体制机制。3月,文化和旅游部印发《关于促进旅游演艺发展的指导意见》,着力将旅游演艺培育成更好的文旅融合载体;7月,文化和旅游部印发的《曲艺传承发展计划》提出,鼓励和引导曲艺项目进入城市和乡村旅游演艺市场,拓展更大发展空间。随着文化和旅游部进一步完善激发文化和旅游创新创造活力的管理体制和生产经营机制、加快文旅融合体制机制建设,文旅融合不断深化,文旅产业正成为投资重点、消费热点和开发亮点。

2. 数字文化产业

数字文化产业迈入新时代,当前新数字技术的成熟与普及,为我国文化产业发展开辟了空间。云计算、虚拟技术、物联网、人工智能、区块链等新一代信息技术与文化创意产业融合,逐步形成了数字创意产业的基础架构,将有力促进我国文化产业内容的数字化、渠道的数字化、用户的数字化。11 月 28 日,国际电信联盟正式批准"数字化艺术品显示系统的应用场景、框架和元数据"标准(标准号 H.629.1),这是继手机(移动终端)动漫国际标准(标准号

T.621)后,我国自主原创、主导制定的又一数字文化产业标准成为国际标准。全球范围内的数字技术与网络技术正在融合形成以网络为依托,以数据为关键资产,以高度智能化为发展方向,带动经济社会文化整体发展的新型数字文化创意产业。

3. 5G+文化

2019年6月6日,工业和信息化部正式发放5G商用牌照,标志着我国进入5G商用元年。诸如世界移动大会的5G+8K电视节目信号传输、5G试验网络商用终端外场通话、三大冬奥会场馆的5G建设等实践显示出5G强大的应用空间和支撑力量,其将成为推动我国数字文化产业变革的重要力量。5G带来的数字技术创新将促进文化要素在跨领域传播中优化组合,"平台+技术+内容+垂直运作"将成为未来文化产业的基本生态结构,为文化产业赋予更多的新内涵。

4. AI科技赋能

2019年3月,习近平总书记在中央全面深化改革委员会第七次会议上明确指出,要促进人工智能和实体经济深度融合,构建数据驱动、人机协同、跨界融合、共创分享的智能经济形态。"文化产业+人工智能"是人工智能技术向文化领域深度渗透和应用的过程,也是提升文化科技附加值,提高文化产品数字化、智能化的方向。人工智能在众多文化领域的应用无疑是值得期待的,但其中涉及的机器人法律主体资格、创作物版权保护以及个人隐私和数据保护等问题也值得重视,这些问题不仅会决定"文化产业+人工智能"领域投融资的积极性,还会影响文化产业的科技智能化水平。文化产业与人工智能的深度融合,对加快文化产业的转型升级,助力文化产业发展意义巨大。

5. 区块链技术

去中心化的区块链技术从产生到现在一直是互联网领域最炙热的话题之一。2019年10月24日,中共中央政治局就区块链技术发展现状和趋势进行第十八次集体学习,加快推动区块链技术和产业创新发展。国家金融与发展实验室文化金融研究中心副主任金巍指出,区块链技术与文化生产的结合,将改造文化创作、生产、传播、消费各个环节,形成丰富的场景化应用,这种新的数字世界与物理社会平行、交互,将构建新的文化生态。政策的扶持,为区块链吹来了加快发展的"东风",文化产业也加快了与区块链的应用融合发展,区块链技术在未来将主要集中应用于文化产业内的投融资服务;知识产权、版权保护;文化资产交易去中介化;文化产品权益资产化、货币化、证券化;供应链管理;教育就业等领域。

6. 文博文创

2019年,博物馆文创接轨数字经济,搭建跨界文创产业链。众多互联网企业深入布局博物馆文创产业,全面贯穿用户调查、产品设计、推广营销等文创产业链的各个环节。文创生产实现数据共享、速效反应、精准营销,打破了传统文创产业高成本、低产出的困境。"线上购买+线下参观"模式保证了从购买到售后整个用户服务链的质量。博物馆文创逐步实现工业化生产、电商化营销、跨品牌合作、跨区域运营、跨媒体宣传,"科技+文化"现代化文创生产体系逐步形成。

7. 夜间经济

2019年,中国夜间经济发展规模呈现爆发式增长,从"上海味"到"夜津城"。中国各地对夜间经济扶持力度加大,着力营造起高品质夜间营商消费环境。夜间经济可以提高消费水平、增加社会就业、带动城市发展,而且能够促进和激发新的经济业态、加快城市风貌改善、繁荣城市文化,提高城市的对外吸引力和整体竞争力,为城市形象的宣传创造新的机遇。从线下"不夜城"到线上新零售,以夜间消费涵养文化习惯、促进城市形象宣传、形成个性化的城市品牌,有助于开发夜间文化消费新市场,打造新时代特色城市形象,为后续城市文化产业的产销时空维度和持续、健康发展提供新思路。

8. 城市品牌

依托新平台,挖掘城市文化软实力,塑造城市品牌,成为2019年一大亮点。在社交媒体和短视频平台等媒介载体的助推下,"百威城市电音系列活动""抖in city 城市美好生活""聚划算城市欢聚日"以及腾讯和马蜂窝联合推出的"行走城市,发现中国故事"等城市品牌营销活动推出,城市的形象传播和故事书写变得更加立体鲜活。"线上带话题,线下体验"的模式,巧妙地将城市品牌信息植入年轻人的心里,从而加深其对城市品牌的印象。这使得城市的影响力更大,辐射范围更广。

9. 文物保护

2019年11月13日,圆明园马首铜像捐赠仪式在国家博物馆举行,马首回归引发了全民关注热潮。近年来,各地博物馆建设迎来新潮,文物保护利用也备受关注,我国文物保护工作进入了全新局面。1月份《长城保护总体规划》出台;5月份《大运河文化保护传承利用规划纲要》发布;10月16日,国务院核定并公布第八批全国重点文物保护单位;12月,中共中央办公厅、国务院办公厅发布《长城、大运河、长征国家文化公园建设方案》,提出计划用4年左右时间,基本建成长城、大运河、长征国家文化公园等主体功能区,将文物保护及利用提升到了新高度。2019年,各地切实落实顶层设计,在重点项目工程中基本包含了文物保护的利用领域,同时将文物保护提升到了城市发展的重要地位。

10. 创意产业园区

文化产业园区作为文化产业集聚化和规模化的发展形式,是各地发展文化产业的重要抓手,是推进文化创新、文化产业与相关产业融合发展的空间载体。我国已初步形成六大文化创意产业聚集区,朝着"高、精、尖"产业转型升级。通过构建数字文化产业园区生态系统,将文化产业与新兴科技、产业政策、历史文化、城市社区交汇融合,推动文化创意的设计开发和落地应用,开发文化科技融合的衍生产品和服务,促进文化产业与新媒体、新技术的融合发展,有益于实现文化创新生产力的提速换挡。2019年,国家级文化产业园区服务能力提升计划支持8个园区服务能力提升重点项目,惠及4.5万家企业。20家国家级文化产业示范园区、试验园区以及10家创建园区,聚集了文化和旅游中小企业约6.5万家,从业人员137.5万人;2019年前三季度,这些园区实现营业收入3 373.6亿元。

(资料来源:文化产业评论)

思考题

1. 中国旅游的发展经历了哪几个时期?
2. 中国现代旅游策划有哪些成绩?
3. 结合延伸阅读以及自己的认识,谈谈你感兴趣的旅游策划发展的方向。

【微信扫码】
相关资源

第二章

旅游策划的概述

第一节 策划概述

一、策划的定义

策划是为了解决现实存在的问题而进行的一种科学思谋的活动,是指策划主体为达到预定的目标,在调查、分析、研究的基础上,运用一定的科学程序,对未来的活动或事件发展进行系统预测,全面的构思、谋划,制订可行性方案并付诸实施,以期达到预定的效果的一种综合性创新谋划活动。简言之,策划就是预先谋划未来将要发生的事情,并形成执行方案的全过程。

策划的定义涉及下列几个要点:

在一个完整的旅游策划全过程中,实际上包括了预测和决策两大步骤。预测,它要对组织未来发展的前景和趋势进行科学分析和准确判断;决策,它要在预测的基础上,对组织的应对方针和行动措施进行大胆的抉择。任何一种策划都可以说都是"大胆设想,科学论证"的过程。

一项完整的策划案内容,基本上都包括了战略策划和战术策划两大内容。战略策划是整合天时、地利、人和等综合资源环境因素,以确定长远的目标和方针,使自己在总体上立于不败之地,并且还能保持创造性发展的态势,保持一种良性循环。战术策划则是为了实现战略所必须采取的一系列行之有效的行动方案。战术策划具有很强的操作性,它往往要设计出"做什么、如何做、何时做、何地做"等每一个环节的运作步骤,以保证在每一个环节上达到最佳组合,在每一个阶段都取得最大效益。

策划是一项极为复杂的综合性思维活动。首先,策划本身而言就是一种极为复杂的思维过程,是策划者运用知识、信息、智慧进行复杂的脑力劳动的过程,属于提供智慧的智力咨询业。其次,策划是一项综合性思维工程。在策划过程中,既要运用周密严谨的理性思维,进行分析、判断和预测,又要运用灵活多变、富有创意的感性思维进行想象、创造和重新组合,对各种思维方式的综合运用,是策划成功的关键所在。

策划涉及的范围很广,大到策划普遍存在于人类的生存发展的全过程和人类所有的行为之中。无论是政治、经济、企业经营还是个人发展都需要经过精心的设计与策划。

二、策划与计划的差异

策划与计划的关系是一对既有联系又有质的区别的关系,策划是一种程序,在本质上是一种运用脑力的理性行为。

"策划"在《词源》中作"策书、筹谋、计划、谋略"讲,策划是研究去做什么,是一种围绕已定目标而开展的具有崭新创意的设计;计划是研究怎样去做,是一种围绕已定设计而组织实施的具体安排,无须创意的一种有既定目标的活动。

策划与计划质的区别是:

1. 策划具有全局性、整体性战略决策,而计划只需表现为具体性、可操作性指导方案即可;
2. 策划需要掌握原则与方向,而计划只要处理程序与细节;
3. 策划具有创新性与创意的思维特点,而计划是常规的工作流程;
4. 策划具有超前谋划性,而计划只是现实可行性;
5. 策划工作需要有长期专业训练的人员,而计划只需要有受过短期培训的人员即可。

策划更多地表现为战略决策,包括分析情况、发现问题、确定目标、设计和优化方案,最后形成具体工作计划等一整套环节。计划在很大程度上只是策划的最终结果,比较多地表现为在目标、条件、战略和任务等都已明确的情况下,为即将进行的活动提供一种可具体操作的指导性方案。

三、策划的基本原则

(一)创意创新原则

策划活动的关键是以创意求得创新,创新以创意为前提,通过创意以创造理想的活动效果才是真正的创新,否则,就可能只是翻新,或者顶多是更新。

创意和创造性思维有各种各样的表现形式,如发散思维,它侧重思维的多向度;如逆向思维,它侧重思维的反常规的方向;如另类思维,它指思维寻找新的方向,另辟捷径。创意在方法论上表现为"出奇制胜"。策划学贵在创造这"出奇制胜"之道。

创意而成功的商业案例不少,例如,电脑直销公司戴尔公司的创始人迈克尔·戴尔,12岁时在拍卖会上买邮票,突发奇想,自己搞起拍卖会,他说服邻居将邮票委托给他来代理,他通过集邮杂志的广告取得客户,12岁的戴尔因邮票拍卖赚了3 000美元。18岁时,戴尔对他父亲说:"我想跟IBM竞争。"他父亲当时很惊讶,后来戴尔真的做到了,戴尔发现当时一部IBM个人电脑商店售价约3 000美元,而其零部件很可能仅需600~700美元,中间环节利润大,而且销售店对客户的服务又不好,所以,戴尔说:"我是以一个简单的问题来开展事业的,那就是:如何改进购买电脑的过程?答案:把电脑直接销售到使用者手上,去除零售商的利润剥削,把省下来的钱回馈给消费者。"(《参见戴尔自传》)这一创意创造了戴尔直销模式。

(二)客观现实原则

策划必须基于内外环境资源要素,从实际出发,不能脱离客观条件的允许,方案要可行,能够或便于操作。

客观性：策划从实际出发，必须建立在客观现实的条件基础上，而不能凭空捏造；

可行性：客观是可行的前提，但客观未必都可行，二者并非因果关系。

违背策划的客观现实的原则而造成失败的事例不少，例如，商界名人史玉柱，前期因巨人大厦的不太现实的策划而导致自己成为中国"首穷"，个人负债达2亿元人民币。后来因创新而又务实的"脑白金"营销策划，个人拥有资产高达50亿人民币。

（三）目标主导原则

目标主导原则在策划活动中表现得十分突出。

策划活动有总目标、具体目标；有近期目标、中期目标、远期目标；有策划的经济发展目标、文化发展目标、政治发展目标等。

策划的目标主导原则要注意处理以下的主要矛盾：

1. 眼前利益与长远利益的矛盾，为保证长远利益有时得牺牲眼前利益，策划要重视对长远利益的认真追求，所谓的留"管线"，就是考虑长远利益；

2. 总体目标与具体目标的矛盾，总目标始终都不能放弃，具体目标则可根据具体情况随时调整。

目标主导原则对策划的重要性可以通过许多事例获得证明，例如，如英特尔公司在策划公司的发展战略时，果断决策核心业务的大转移，由原来生产电脑的储存条，转为生产电脑的核心处理器，目标一明确，就坚定地实施以生产CPU为核心业务战略。该公司的原总裁格罗夫说，英特尔不像其他公司什么都生产，它努力的方向是不断地使自己的CPU实行自我淘汰，尽管该公司现行的CPU在同业中仍是最先进的。

（四）系统规划原则

策划活动是一个系统工程，强调活动的系统性和规划性，策划离不开系统论。

系统论又叫整体策划，这一原则要求策划者必须将策划看做是一个系统的整体，即如何处理好整体利益和局部利益的关系。

策划学吸取系统论的基本观点，把策划作为一个系统工程，强调整个策划的有机性、组织性、有序性和反馈特征等，使我们所策划的项目能够有序地实现，达到理想的效果。

（五）随机制宜原则

健康的机体和系统是随机和灵活的，这种灵活反馈的机制在策划学中称之为随机制宜的原则，它所强调的是策划活动因时、因地、因人而进行。实际上，也是把运动变化发展的观点作为策划学的哲学根据，随机制宜就是在策划中处理好机遇与规律的关系。策划的随机制宜原则讲究适度：一方面，墨守成规将毫无创新，是被规律牵着鼻子走；另一方面，主观遐想难成正果，将在规律面前碰得头破血流。

（六）协同创优原则

策划的关键在于整合各种资源，达到更理想的目标。如果要使资源整合得到有效结果，就必须符合协同创优的原则。策划活动也在于使各种资源协同作用，创造新的效果。

协同的各方既存在竞争又存在互利，竞争是实际存在的，真正的协同不是掩盖竞争，不是回避竞争,策划的目的在于找到超越竞争的协同机制,通过协同机制创造良性的竞争,将双方的竞争引向更大的竞争系统,并转化为联合对外的合力。

例:联想集团的"四赢"营销原则强调通过联想的营销活动,使得作者、经销商、消费者和联想集团自身都能成为赢家。

四、策划的类型

策划按照不同的分类依据,可以有不同的分类结果。

(一) 按不同行业分类

策划按不同行业,可以分为以下五类:

1. 商业策划

商业策划有时又叫企业策划(人们通常简称为企划),是商业界、企业界进行的各种商业活动和商品销售的策划。

2. 事业策划

事业单位进行的各种策划。

3. 文化策划

为举办各种文化活动、文化演出进行的种种策划。

4. 政府策划

政府部门进行的各种策划。

5. 军事策划

在军事活动中实施的各种策划。

(二) 按不同领域分类

策划按不同领域分有:经济策划,政治策划,军事策划,文化策划。其实也可以把策划放在面前作修饰语,这样便成了:策划经济,策划政治,策划军事,策划文化。

(三) 按不同手段分类

因为策划中经常用新闻、促销、广告、公关等手段,所以策划按不同手段分有:新闻策划、促销策划、广告策划、形象策划、公关策划等。

1. 促销策划

促销是除了广告、人员推销和公共关系以外的营销沟通活动,即通过降低价格或者增加价格的短期刺激措施,来刺激消费者或分销渠道成员立即购买某一商品或服务。

广告向消费者提供购买的原因,促销则向消费者提供购买的动机。

促销策划是对营销理念和消费理念进行总体设计,对商品或服务的定价策略、促销策略、分析策略等的全面设计和谋划。

各类促销活动的策划不仅是未来企业短期的销售增长,而且应为企业占领市场、开拓市场,形成稳定的长期保障。

2. 广告策划

广告被定义为确定的发起人或公司进行的任何形式的非个人和付费的信息传播。

传统媒体通过电视、广播、报纸、杂志以及户外广告牌等都是常用的广告传播媒体,现在各种各样的新媒体也开始进入广告市场,比如网站、手机、商场或超市中的互动音像。

广告策划就是根据广告主的营销计划和广告目标,在市场调查的基础上,制订出一个与市场情况、产品状态、消费者群体相适应的经济有效的广告计划方案,并实施、检验,从而为广告主的整体经营提供良好服务的活动。

广告策划实际上就是对广告活动过程进行的总体策划,或者叫战略决策,包括广告目标的制定、战略战术研究、经济预算等,并诉诸文字。

3. 新闻策划

新闻策划具有可行性。尤其是企业在进行市场策划时,可以采用新闻策划的手段。比如说企业可以借助媒体对公益事业的宣传报道,宣传企业的形象乃至产品和服务,从而达到市场宣传和开发的目的。但是,宣传报道的前提是基于客观存在的事实。

4. 公共关系策划

公共关系这一要素可以评估公众的态度、识别可能引发公众关注的时间、执行可赢得公众理解和认可的方案。

类似于广告和促销,公共关系是企业营销沟通组合中的关键环节。营销经理策划具体的适应整体营销计划的公共关系方案,并将重点放在目标群体上,这些方案要努力维持在公众心目中的积极形象。

5. 形象策划

企业形象是指社会公众和企业职员对企业的整体印象和评价,是企业的表现与特征在公众心目中的反应。

CIS(Corporate Identity System,企业形象识别系统)——CI对企业内部是运用视觉设计与行为的展现,将企业的经营管理与精神文化视觉化、规格化,在此基础上实施有效管理;对外则是企业的形象战略,使企业经营理念形成鲜明的概念,经由具体的展现提升企业在市场竞争中的识别度,从而使社会大众对企业产生一致的认同感或价值观。CI包括理念识别、行为识别和视觉识别三部分。

(四)按策划对象分类

策划按策划对象可以分为选题策划、产品策划、专题策划、项目策划、体育策划、影视策划等。

第二节 旅游策划概述

一、旅游策划的定义

旅游策划是策划学和旅游学的分支学科和应用学科,作为一门应用性很强的学科,在我国旅游事业发展和高等旅游教学学科体系建设中所起的作用越来越突出和重要。

在中国策划经济大潮之下,旅游业也开始了旅游策划的实践探索,开始了对旅游策划的理论和实务的研究,许多学者和旅游行业管理者对旅游策划学进行了学科整体的研讨。当前,为了配合中国旅游业的快速发展,中国旅游科学也进入了一个整体快速发展的全新阶段。中国学者对"旅游策划"定义的研究,形成了多种见解。

杨振之教授认为,旅游策划"是通过整合各种资源,利用系统的分析方法和手段,通过对变化无穷的市场和各种相关要素的把握,设计出的能解决实际问题的、具有科学的系统分析和论证的可行性方案和计划,并使这样的方案和计划达到最优化,使效益和价值达到最大化的过程"。杨振之教授认为旅游策划是一个整合资源、分析把握市场、设计出效益价值最大化的最优方案和计划的过程,定义强调了策划对资源、市场、方案和计划、效益和价值四者的关系转变,突出"最优化"和"最大化"的策划要求。

沈刚先生也有文章认为:"旅游策划就是依托创造性思维,整合旅游资源,实现资源、环境、交通与市场的优化拟合,实现旅游业发展目标的一种创造过程。思维和创造贯穿旅游策划始末,它是旅游创新的基础和根源。"沈刚先生认为旅游策划是一种创造过程,把"思维""创造"放到旅游策划活动的凸显的位置,强调了旅游策划的智慧创造特性。

戴庞海先生撰文认为:"旅游策划是旅游策划者为实现旅游组织的目标,以旅游资源为基础,通过对旅游市场和旅游环境等的调查、分析和论证,创造性地整合旅游资源,别出心裁地设计和策划旅游方案,谋划对策,然后付诸实施,以便使旅游资源与市场密切结合,从而获得最佳经济效益、社会效益和生态效益的运筹过程。"戴庞海先生的旅游策划定义与杨振之教授最大的不同,是强调了策划的"别出心裁",突出了旅游策划的创新要求。

本书认为:从"旅游策划"的本义而言,定义应反映旅游策划的目的、性质、作用和方式等内容。因此,我们可以将旅游策划定义为:旅游策划就是在面向旅游市场发展需求,整合各种有效的旅游资源和旅游策划要素的基础上,运用创造性且新颖独特的思维方式与形式,为拓展旅游市场、实现旅游产业快速发展的一种有计划的预先谋划活动。

所谓谋划活动:就是指旅游策划谋划全过程,就是一个关于旅游发展的创新思维活动,谋划的信息来自对现实调研所获得的资料。旅游策划的筹划活动是一个发展的思辨活动,筹划的信息来自现实,而旅游策划的思维要超于现实,在超于现实的思维空间,需要获得思想的升华,获得创新方案,通过创新方案实现旅游策划的预期效益。

二、旅游策划的类型

旅游策划是推动旅游产业快速发展的重要手段之一,从不同的角度,依据不同的标准,对具有某种共同性质或特征的旅游策划活动进行科学分类,是明确旅游策划概念的外延范围,划清其内容界限的需要,也是研究旅游策划理论和旅游策划实践的需要。随着旅游产业的不断发展,旅游策划的内容愈来愈广泛,旅游策划的类型也越来越丰富,不同类型的旅游策划正在发挥着推动旅游产业可持续发展的积极作用。旅游策划是面向旅游产业的旅游策划,涉及旅游产业的各个方面。根据不同的分析角度,可以形成不同的旅游策划类型体系。

(一)按照旅游策划内容的跨度进行分类

按照旅游策划内容的跨度,将旅游策划分为宏观旅游策划、中观旅游策划和微观旅游策划三种类型。

1. 宏观旅游策划主要是旅游战略宏观层面的旅游策划,如旅游开发战略策划、旅游产业发展战略策划、旅游企业发展战略策划、旅游品牌战略策划等。

2. 中观旅游策划是旅游发展一个方面的旅游策划，如观光旅游产品策划、文化旅游项目策划、旅游地文化策划等。

3. 微观旅游策划主要是对具体项目的旅游策划，如旅游晚会策划、旅游文化节策划、旅游招商策划等。再如按照旅游活动的形式分类，将旅游策划分为观光旅游策划、休闲旅游策划、度假旅游策划、养生旅游策划、商务旅游策划、会展旅游策划、生态旅游策划、乡村旅游策划、文化旅游策划、工业旅游策划、农业旅游策划、创意旅游策划、特种旅游策划等。

（二）按旅游策划的性质进行分类

按旅游策划的性质，旅游策划可以划分为旅游战略策划、旅游产品策划、旅游项目策划、旅游营销策划、旅游文化策划、政府旅游策划、旅游企业策划、旅游管理策划八大基本类型。

1. 旅游战略策划是对旅游产业或旅游企业宏观发展的旅游策划，包括旅游开发战略策划、旅游发展战略策划、旅游产业战略策划、旅游企业战略策划、旅游人才战略策划、旅游规划战略策划、旅游品牌战略策划等。

2. 旅游产品策划是对提供旅游体验产品的旅游策划。旅游产品是旅游产业发展的根本和旅游产业发展平台，旅游产品旅游策划可按旅游产品功能、旅游产品组成要素和旅游产品形态进行类型细分。按旅游产品功能，分为观光旅游产品策划、休闲旅游产品策划、度假旅游产品策划、文化旅游产品策划、商务旅游产品策划、娱乐旅游产品策划、生态旅游产品策划等；按旅游产品组成要素，分为餐饮产品策划、住宿产品策划、交通产品策划、游览产品策划、购物产品策划等；按旅游产品形态，分为主题旅游产品策划、核心旅游产品策划、组合旅游产品策划等。

3. 旅游项目策划是旅游具体活动的策划，包括旅游节庆项目策划、文化旅游项目策划、旅游景区项目策划、旅游景点项目策划、农业旅游项目策划、工业旅游项目策划、乡村旅游项目策划、城市旅游项目策划、观光旅游项目策划、休闲旅游项目策划、度假旅游项目策划、主题公园项目策划、旅游集散中心项目策划、商务旅游项目策划、娱乐旅游项目策划、生态旅游项目策划、旅游地产项目策划等。

4. 旅游营销策划是对旅游目的地和旅游产品的推销策划，包括旅游目的地营销策划、旅游企业营销策划(旅游公司营销策划、旅游景区营销策划、旅游会展营销策划等)、旅游市场营销策划、旅游产品营销策划、旅游公关营销策划、旅游广告营销策划、旅游形象营销策划、旅游品牌营销策划、旅游事件营销策划、旅游网络营销策划等。

5. 旅游文化策划是对旅游地和旅游企业的文化包装和推销策划，包括旅游地文化策划、旅游企业文化策划、旅游文化节策划、旅游文化活动策划、旅游文化地产策划等。

6. 政府旅游策划是政府涉及旅游产业的策划，包括政府委托策划和政府根据旅游产业发展需要所进行的自身策划。政府委托旅游策划一般是指各级人民政府授权相关行政管理部门委托旅游策划机构或个人进行的旅游策划。如奖励旅游策划、旅游产业发展策划、旅游基础设施策划、旅游节庆策划、旅游景区市政基础设施与旅游交通基础设施策划等。政府自身旅游策划，如政府旅游形象策划、政府旅游门户网站策划、政府旅游政策策划等。

7. 旅游企业策划是旅游企业建设与发展的旅游策划，包括饭店策划、旅行社策划、旅游餐饮企业策划、旅游娱乐企业策划、旅游企业营销策划、旅游企业管理策划等。

8. 旅游管理策划是旅游行政部门对旅游产业发展的控制性策划，包括旅游产业管理策划、旅游景区管理策划、旅游企业管理策划、旅游市场管理策划、旅游地产管理策划、旅游危机管理策划等。

（三）按照旅游策划内容的复杂程度进行分类

如按照旅游策划内容的复杂程度，将旅游策划分成单项旅游策划和综合旅游策划。

1. 单项旅游策划是指对单一主题和内容所进行的旅游策划，如旅游休憩节点策划、旅游集散中心策划、旅游景区营销策划、旅游购物策划、旅游演艺策划等。

2. 综合旅游策划内容较为复杂，涉及诸多主题，如旅游区开发策划、旅游度假区策划、旅游产业发展策划、旅游小镇策划、旅游综合体策划、旅游产业园区策划、旅游影视基地策划等。

（四）按点、线、面、体的视角进行分类

从点、线、面、体的视角入手，对旅游策划类型进行分析，将旅游策划分为：点式旅游策划、线式旅游策划、面式旅游策划、体式旅游策划四种类型。

1. 点式旅游策划是指出点子式的旅游策划。点式旅游策划所要解决的是较为简单的旅游问题，旅游策划者只需要根据旅游问题给出点子。

2. 线式旅游策划是针对旅游业某一方面所做的系列旅游策划，如对旅游市场营销的策划，需要包括旅游公关营销策划、旅游广告策划、旅游广告营销策划、旅游企业形象策划、旅游产品策划、旅游品牌策划、旅游事件营销策划、旅游网络营销策划等多个点式策划，构成一个线式策划。

3. 面式旅游策划是针对旅游业或旅游企业的全面策划，如旅游产业策划、旅游企业发展策划等，都包括了对旅游业或旅游企业的全面策划。

4. 体式旅游策划是指按时间为轴所进行的立式策划，如近期旅游发展策划、中期旅游发展策划、旅游发展战略策划，就组成了旅游业发展的体式策划。点、线、面、体的旅游策划分类，具有内在联系，形成一个策划的整体。从点式旅游策划出发，推进到线式旅游策划，再由线式旅游策划推进到面式旅游策划，由面式旅游策划推进为体式旅游策划，体现了旅游业发展的过程，也体现了旅游策划对旅游业发展的推动作用。

从上述对旅游策划的分类过程可以看到，其实旅游策划的分类方法有多种形式，不同类型的旅游策划具有不同的要求和意义。了解旅游策划的类型，可以使旅游策划者更好地了解旅游策划对象的问题性质、作用和地位，可以帮助旅游策划者选择相应的思维方法和旅游策划技法，从而提高旅游策划水平。旅游策划者全面地掌握不同的旅游策划类型，才会依据具体情况的需要选择对应的旅游策划形式和旅游策划方式，使旅游策划过程少走弯路，更加有的放矢，提高旅游策划效率。

思考题

1. 阐述策划的原则。
2. 论述按照不同手段策划可以分为哪些类型？
3. 阐述旅游策划的原则。
4. 论述旅游策划按点、线、面、体的视角可分为哪些类型？

【微信扫码】
相关资源

第三章

中国特色的旅游策划学

中国旅游策划思想的诞生与发展已有数千年的历史。它是从最早的智谋学的基础上繁衍成长和发展的,它的发展呈现出了波浪式前进的态势,改革开放后,对旅游策划学的研究出现了前所未有的欣欣向荣的局面。

旅游策划有一个从个体旅游策划到团体旅游策划、从经验旅游策划到科学旅游策划的发展过程。经验旅游策划是古代社会特定历史条件和社会环境下的一种旅游策划,它是靠旅游策划者的直观和经验思维进行的。当旅游策划者对简单事物进行谋划时,应用经验旅游策划通常速度较快,成功率也比较高。但在复杂多变的现代社会条件下,经验旅游策划守旧落后的局限性就表现得十分突出。

为了适应当今我国旅游产业快速发展的需要,我们必须在认清形势的同时,尊重我国旅游策划科学正在不断快速发展的现实,尽快地将经验旅游策划与科学旅游策划相结合,将旅游策划的实践与旅游策划的创新理论相结合,创立并形成具有指导我国旅游策划实践的旅游策划科学理论体系。

第一节 发展中国旅游策划学理论的意义

中国特色的旅游策划的理论必须建立在具有中国特色的社会主义政治体制的基础之上,在旅游策划的实践中逐渐形成基础理论,在进行本学科的理论建设的同时,用以指导科学的旅游策划的健康发展。这种旅游策划的科学化、理论化的新发展,就是要求我们联合各类相关学科,进行系统性研究和探索。在国内外相同、相关、相邻的学科研究的基础上,结合中国的社会特点和旅游产业未来的发展趋势,将相关学科进行整合、提炼,创造性地形成一套适合我国旅游产业发展的新型学科——中国特色的旅游策划科学。

一、认识理论科学对实践的价值

旅游策划理论科学的实践性表现为:理论产生或形成的全过程,人类社会的发展历程崎岖、曲折、复杂,在人类长期与恶劣的自然环境斗争中,以及为生存而斗争的社会实践过程中,积累了大量的丰富的斗争与生存的经验,人们为了在今后的生产斗争和生活实践过程中少走弯路,就会把所经历过的实践经验进行归纳和总结,形成指导新时期旅游策划实践的理论。当人们在运用这些理论指导实践时发现,理论对实践的作用、意义重大。随着人类社会的快速发展,越来越觉得原有理论的缺陷与不足,为了适应社会的快速发展,必须在原有理论的基础上进行完善与创新,人们将适应社会发展的创新理论进行提炼和总结后,又形成了新的理论,用于指导未来的社会实践。人类社会的发展正是由实践到理论的循环往复,呈现出了波浪式发展、螺旋式上升的态势。

实践科学的社会性是指,科学的社会实践产生了科学的理论。实践源自人类改造自然的活动,而"改造自然"是在人们掌握了大自然的变化规律和当代改造自然的科学方法后所展现出的伟大创举。它所发展的依据就是理论科学所提出的改造目标、课题,指出运用基础理论研究成果的可能性,以及如何将理论研究成果运用于具体的操作过程,主要解决的是手段和方法的问题,以进一步对社会、自然的设想和蓝图加以现实化、物质化,满足社会的功利需求。由此我们不难得出实践科学的一些与理论科学截然不同的特性,那就是:实践科学对事物的认识是具体的;实践科学对事物的把握是个别的;实践科学对事物的改造是直接的。

综上所述,可以使我们更加清晰地认识理论与实践的关系。实践过程的不断创新形成了新的理论,新的理论又指导实践活动,使实践过程产生一个质的飞跃。经过一段时期的发展、研究,又产生新的理论,人类社会的发展过程就是由理论到实践再到理论,不断创新发展的过程。

二、旅游策划科学理论与实践

我们将旅游策划活动纳入旅游策划学学科体系的范畴来阐述,其目的是探究旅游策划学理论与学科实践联系的问题,亦即旅游策划学理论与实践的关系问题,这种在学科体系中首先给旅游策划学予以准确定位是必要的,也是旅游策划学发展所必需的,因为准确的学科定位能使方法和方向的问题得到进一步的明确、完善和提高。

从以上实践科学与理论科学的阐述中我们不难看出,这两种科学理论具有截然不同的性质。由于这种"原理"性理论认识所具有的高度抽象性和间接性,对事物的认识和把握往往是抽象、普遍、间接的。而实践科学更具有具体、个别和间接的特点。所以,"原理"性的理性认识要运用于实践,并直接对实践起作用,就不可能停留在抽象性、一般性和间接性之中,而必须进一步深化和转化为关于客观事物和未来实践过程的具体性认识。换一句话说:纯理论的科学成果是不能直接、单独、具体地指导实践活动的,而是一定且必须经过一定的转化环节,即将理论转化为可以用于实践操作的语言或步骤。

中国旅游策划科学,是建立在中国现代旅游策划学理论研究成果基础上的应用型学科,而旅游策划学在某种程度上又可理解为"观念"的科学。"观念"这个术语在日常生活的哲学文献中,往往被广义地用作表示一切思想、意识。但是,观念在认识论中有确切的意义:它是由思维把握具体事物的最高级形式,是构成理论的基础和核心,也是指导实践的最具体的原则,它包括理论观念和实践观念。

理论观念在理论的认识论意义上起着基础的作用,决定着理论的性质、理论体系的作用、范围及真理性。观念的交替意味着理论的更新,理论的发展和观念的发展是密切相关的。

认识的发展不会停留在理论观念的水平上。马克思主义哲学认为:十分重要的问题是,不在于懂得了客观世界的规律性就能够解释世界,而在于用这种对客观规律性的认识,去能动地改造世界。人们在运用理论与改造世界的过程中,有一个中介环节,黑格尔正确地把它叫作"实践观念"。

"实践观念"的获得,给旅游策划学搭建了一个最好的平台,旅游策划活动就是实践观念的演练。它是指人们为了达到改造世界的目的,根据一定的"整合理论",提出计划、方针、政策、战略、战术等,它是一种高度客观性、全面性和具体性,同时又是一种在实践中实现旅游策划目标的思想。实践观念使旅游策划的目的"明确化",使旅游策划过程"图形化",又使旅游策划对象"表象化"。

科学技术是生产力。这句话早已深入人心,那么从科学理论转化的过程来看,想变成现实是何等艰难。症结何在？我们不妨从一些旅游策划家们的实际案例中得到一些佐证。

1992年9月1日,《人民日报》头版报道了《何阳卖点子赚了四十万,好主意也是紧俏商品》一文,立即吸引了全中国知识分子的眼球,为什么？主旨无非是知识分子们终于找到了通向市场经济的桥梁。

1996—1998年,标志着旅游策划炙热的先锋性质的王志纲策划文献系列风靡全球,为什么？无疑是给为实现自我的人才,创造出了一个欲完成智慧与货币的等价交换的过程,而预先进行交流的平台。

与此同时,更有叶茂中、陈放等人所策划出的一个又一个精彩案例,有功底的策划所造就出的经济效益和社会效益是不可低估的。

《何阳的点子》能《点遍中国》,王志纲的《行成于思》刮起了《策划旋风》,素有"大侠"之称的"鬼才"叶茂中的《转身看策划》等,在中国的大地上掀起一个又一个的策划浪潮。与其说他们在各自擅长的领域取得了个人的极大成就,不如说他们为中国死寂的科学领域注入了一股清风,一丝细雨。那就是将作为一般性成果的科学的种子植根于改造自然、社会实践的土壤之中,使其开花结果。

生产力是最为活跃的要素,这种"活跃"一定要注入先进、科学、实用的组合要素才能实现,正如经济学家薛永应先生所说:旅游策划也是生产力;策划是第一生产力;旅游策划是文化生产力。无数旅游策划家们的实践已无可非议地证实了这一点。由于篇幅所限,这里的理论问题的探讨还有很多,挂一漏万,其实质无非是想说明:通过旅游策划家们的实践操作,证明了科学技术成果转变为生产力过程中,旅游策划实践所起的"桥梁"和"中介"作用,也客观说明了旅游策划学在理论科学与实践科学中的"纽带"作用。

旅游策划学在学科中的特性,具有明显的独立性和兼容性。它在其他所有的领域中明显受到其他学科的影响,有些理论可能存在于甚至隶属于其他学科之中,构成其他学科的不可分割的一部分。随着旅游策划活动层次的不断分化和丰富,也说明了旅游策划活动不能也永远不可以脱离其他的社会活动而独立存在,要和社会存在的其他活动均衡、协调一致地向前发展。

三、旅游策划的谋略与旅游策划的竞争

旅游策划学是策划学的应用学科之一,除了具备一般策划学所具有的目标性、系统性、科学性、客观性、时效性、信息性、效益性、操作性等策划科学的共性之外,更具有超越旅游策划学共性的特殊性。旅游策划通过对旅游业特殊性的深入研究,采用旅游策划的普遍原理

和方法来解决旅游业的特殊问题,形成了旅游策划的特殊性。

旅游策划的基本特点:就是为旅游业发展出谋划策,帮助旅游地进行战略性决策。谋略性是一般旅游策划活动的根本特征,也是旅游策划的最基本特征。旅游策划通过对旅游策划事项的信息搜集、资源评估、市场调查,进行运筹、谋划、构思和设计,高瞻远瞩,放眼未来,系统思维,把握全局,提出旅游策划创意、计策、谋略,创造性地实现旅游策划的目标。

旅游策划是一种智力活动,比一般的智力活动更具有知识高度密集型的特性。旅游策划是多因素、多层次、跨度大的智力运作活动,要求旅游策划人员具备渊博的知识、丰富的经验、宽阔的视野、灵活的思维,掌握现代高新技术信息,能够另辟蹊径,能够创造性解决问题。旅游策划高知识的智力性特点在旅游策划中起主导和基础作用。

旅游策划是随机性、灵活性很强的创造性工作。旅游策划的创造性体现在,根据旅游市场需求,整合旅游资源,分析旅游信息,运用逻辑与非逻辑思维方法去创造性地审视旅游资源的价值和旅游需求的变化,运用内部可控资源和外部可拓展资源,通过发散思维、精心选择与巧妙组合,实现旅游资源与需求的最佳对接,发挥旅游资源的最大价值。创造性是旅游策划活动的本质特征,是旅游策划活动的生命力所在。离开了创造性,旅游策划就失去了应有的意义和价值。在旅游策划活动中,创造性体现在各个方面。创意是创造性活动的产物,是创造性思维的结晶,是旅游策划方案形成的起点,是旅游策划活动的灵魂。通过旅游创意,推出新理念、新主题,产生化腐朽为神奇的旅游策划方案。

旅游策划的竞争特性来自旅游市场的竞争需要。旅游目的地和旅游企业通过旅游策划,获得竞争策略,提升旅游市场的竞争力,赢得旅游市场发展空间和发展效益。现代旅游行业的竞争愈发激烈,传统意义上的质量竞争、价格竞争、市场竞争,逐步暴露出其局限性,市场竞争开始转向多元化。旅游策划通过以竞争优势为旅游策划的核心理念,找出核心的竞争优势,从新视角构建核心竞争力,采取与竞争对手截然不同的竞争战略旅游策划,以超越游客和竞争对手的视野不断创新产品,提供能将某个特色市场与其他市场清晰、有效地区隔开来的产品与服务,形成较强的竞争力和市场占有率,确定在市场上强有力的竞争地位。旅游产品的多元性和消费的综合体验性,决定了旅游地的核心竞争力应由多元因素构成。旅游策划依靠科学的信息系统,有效地发现旅游策划和掌控机遇,倚重商业远见、经营谋略和创意,谋求具有竞争力的跨越式发展的旅游策划方案,增强企业的实力与竞争力特色。

四、旅游策划的体验与旅游策划的艺术

旅游策划学研究的理论是源于旅游策划的实践,旅游策划的目的之一就是为游客旅游策划出独特而丰富的旅游生活体验,而人们旅游的目的就是为了获得从未有过的休闲生活的享受与体验。体验经济的理念是旅游策划的基本思想方法,体验性贯穿旅游策划的整个过程,体现在旅游策划的方方面面。旅游策划通过对所拥有的旅游资源的独特组合,运用体验设计的技术方法,塑造氛围,设计情景,策划景观,组织活动,配套服务,为游客创造主题鲜明,具有审美、娱乐、教育功能的旅游体验。

旅游策划的艺术性体现在旅游策划人高超的旅游策划技巧、对旅游策划知识的全面把控和了解、高瞻远瞩地预测未来、科学的决策把握和对风险的控制从而策划出令人拍案叫绝的经典旅游产品。旅游策划艺术表现在对旅游景观策划、旅游形象策划、旅游商品策划、旅游娱乐策划等旅游产品的艺术加工与创作设计之中。艺术加工与创作在旅游策划中占有重

要的地位。旅游策划的艺术性,不仅在于融传统文化的诗词、楹联、书画、园林等艺术方法于旅游策划产品之中,提升旅游资源的价值与功能,为普通的旅游产品增添更多的精神内涵,提供无穷的回味空间,更重要的是设计出独特的体验意境和体验方式,使旅游产品具有美学价值和艺术价值,满足游客的审美体验需求,体现旅游活动的价值。旅游策划的艺术性是旅游策划与旅游规划的最大区别。

旅游策划由于其专业性与应用性的特质,决定了旅游策划的多重特性,它是由旅游产业发展对旅游策划的要求所决定的。旅游策划要适应旅游产业发展要求,在适应旅游产业发展中,发挥着与旅游设计、旅游规划不同的特有作用,与旅游设计、旅游规划一起,共同推动旅游产业的科学发展,推动旅游策划理论的形成、丰富和发展。

第二节　中国旅游策划学的研究内容

一、中国旅游策划学的研究对象

中国旅游策划学,是从中国古老的智谋学演变而来的,是从古代的智谋思想中诞生的,而中国的智谋思想,多见之于古代的兵书、战册之中。因此,研究中国旅游策划学,应从中国数千年的兵书史记、智谋文化和旅游策划活动实践的著作中进行科学提炼,并把古代的智谋文化和兵法作为旅游策划学科建设的基础来源。把现代科学管理和科学决策中的旅游策划活动、旅游策划行为作为专门的研究对象,在决策学、管理学、创造学和思维科学的指导下,形成的一门新兴的边缘学科——旅游策划科学。

中国策划学是马克思列宁主义哲学理论和中国改革开放伟大实践相结合的产物,作为一门新兴科学,中国旅游策划学有自身独特的研究对象、研究范围和理论体系。按照它们特定的研究对象的不同而分类,旅游策划活动和旅游策划行为是社会生活中的特殊领域,它具有特殊的矛盾性和独特的运行规律。

研究中国旅游策划学是为了揭示旅游策划活动和旅游策划行为的特殊矛盾,找出旅游策划运筹中的规律性的科学。对中国旅游策划学的研究探索,要围绕管理活动、决策活动和计划活动中的旅游策划活动和旅游策划行为而展开。其目的就是要发现和揭示旅游策划活动、旅游策划行为的客观规律。它所面对的不是旅游策划活动和旅游策划行为的个别现象,而是面对能够代表或主宰这些现象的基本规律,以及能够导致旅游策划活动、旅游策划行为、旅游策划现象在特定的条件下发生转变的本质机理的普遍规律。

这就要求我们的策划理论研究工作者从五个方面开展研究:第一,从中国丰富多彩的策划思想中提炼研究旅游策划活动和旅游策划行为的规律性;第二,从管理活动、决策活动和计划活动中提炼研究旅游策划活动、旅游策划行为的客观规律性;第三,从科学的旅游策划活动要素构成及其旅游策划中基本矛盾的运动规律中,研究旅游策划活动过程中,旅游策划行为的现象及其规律;第四,从中国特色的社会主义市场经济的发展规律以及旅游策划活动在市场竞争中所表现出来的特殊作用研究旅游策划科学的本质、要素、功能、发展趋势及其规律;第五,在社会主义科学发展观指导下,旅游策划活动在这一时期所呈现出的作用和功能。

二、中国旅游策划学研究的基本内容

今天,具有中国特色的旅游策划学的研究才刚刚开始,还处在探索阶段。它所研究的内容,还需要通过不断总结,探索在社会主义市场经济运行和旅游策划过程中积累起来的成功经验,以及参与国际国内旅游策划市场竞争中遇到的新问题,做进一步的理论研究和探讨。但是,在中国旅游策划学研究对象中,旅游项目策划与项目的决策行为和旅游策划活动的现象是研究的核心。围绕这个核心展开对中国旅游策划学内容的研究,创建具有中国特色的旅游策划学学科体系是一个广博而严谨的过程,主要内容应包含如下几个方面。

(一)古代智谋思想的形成及演变研究

研究中国旅游策划学的发展过程,必须从研究中国的策划思想的起源入手。自有历史记载以来,中国出现了无数的军事家、谋略家为统治者治国安邦大业出谋划策,奇谋妙计荟萃,特别是凝聚了中国智谋思想的兵书、战册,如公元前的《鬼谷子》,周朝姜尚的《六韬》《易经》,春秋时期的《战国策》,还有其他时期的谋略书籍,如《资治通鉴》《孙子兵法》《孙膑兵法》《将苑》《三国演义》等谋略类书籍,汇集了中国历代极为丰富的策划思想。春秋战国和三国鼎立时期是策划发展的盛世,在这两个时期群雄争霸,竞争十分激烈,策划手段变幻莫测,奇谋妙计迭出,策划思想异彩纷呈。近现代最为突出的是辛亥革命和国内革命战争时期。清末百家蜂起,各家雄心勃勃、虎视眈眈,经过长期较量和角逐,最终由孙中山领导的国民革命在激烈的竞争中取胜;国内革命战争中,中国共产党同国民党有分有合,有竞有争,结果是中国共产党取胜。取胜的一个重要原因,就是那些顺天时、合地利、顺民心、得民意的策划韬略产生了巨大的作用。奇谋妙计的运用与智谋文化的发展丰富,是形成中国策划思想的主要渊源,是我们这个国家、这个民族的人民在长期政治、军事和生产、生活实践过程中,改造自然、改造社会以及同外部社会交流的经验总结,具有自然的、历史的合理性。在世代交替中,比较稳定地一代一代地传承丰富和发展,并形成了具有特色的智谋文化传统。研究者以中国数千年的智谋文化为基础,并对外国的旅游策划思想的精华加以兼收并蓄地进行研究,形成一套具有中国特色的旅游策划科学。

(二)旅游策划活动实践的理论研究

毛泽东哲学著作实践论、认识论告诉我们,实践的观点是认识论首要的最基本的观点。实践是检验真理的唯一标准,旅游策划活动的实践是认识旅游策划对象、检验旅游策划理论正确与否的基础,是中国特色的旅游策划学学科建设的重要基础之一。旅游策划的科学理论是建立在旅游策划活动实践的基础上发展起来的,并且随着旅游策划活动实践的发展而不断发展、完善。因此,研究创建中国旅游策划学必须对全世界旅游策划活动的实践及其最佳旅游策划方案进行理论提炼和升华,并对我国企业参与国际市场竞争中遇到的新问题以及解决问题的新对策进行科学总结和理论概括。实践是启迪人们智慧的大课堂,不仅要通过旅游策划实践检验来完善已有的科学理论,更重要的是通过实践发现和提炼出新的科学理论。我们在发展社会主义市场经济的大环境中,研究探索旅游策划理论在旅游策划实践、旅游策划活动中所取得的典型经验,最佳旅游策划方案的设计、生成和运行的成功案例,作为发展中国特色的旅游策划理论的重要来源,并以此为基础发展有中国特色的旅游策划科学体系。

(三) 旅游策划观念的理论研究

观念是人们在长期的社会意识形态下,受社会的政治、经济、文化、地域、习俗、思想道德等大环境的影响,所形成的一种看待问题的思维定式。旅游策划行为是由旅游策划观念支配的,有什么样的旅游策划观念,就有什么样的旅游策划行为。旅游策划观念属于意识形态范畴,是由现代社会的特点所决定的。旅游策划观念和旅游策划行为之间具有辩证关系,即一定时期的旅游策划观念产生于一定时期的竞争需要和社会实践需要。我国春秋战国时期和三国鼎立时期的策划观念,产生于封建割据的军事竞争和政治竞争;发展商品经济时期的策划观念,产生于夺取市场的商品竞争和技术竞争;而进入商品经济高度发展时期的策划观念,则产生于争夺消费者公众心理的信誉竞争和形象竞争。策划观念是发展社会主义商品经济和市场战略选择的一个十分重要的问题,在竞争激烈的现代社会里生存发展,必须具备科学的策划观念。而策划观念一旦形成,又成为策划行为的决定性力量。只有具备现代竞争观念的企业家和策划者,才能真正树立起现代的市场经济就是竞争的经济的观念,而在竞争的经济中想取胜必须依靠策划,只有精心策划才能夺得市场竞争的主动权。

(四) 创意思维的开发及其理论研究

创意是任何类型的旅游策划思维的基础,旅游策划实质上就是围绕某一个主题或解决某一个问题,由旅游策划主体运用创新思维的方法,进行解决问题的思谋过程。创意的实质就是创新、创造。关于创意思维,目前尚无一个精确而统一的概念,我们认为它是由各种特性或成分构成的一种复杂的综合体;或者说,它是由一个人多种不同能力的高度整合而形成的一种创造力,它包括灵敏的思维、超常的想象、独立的见解、渊深的智力、丰富的实践、迫切需要解决某一问题的内驱力等因素。旅游策划中的创意思维,要求旅游策划者及其旅游策划主体、决策者至少要具备上述六大能力并融为一体。具体表现是旅游策划者在旅游策划实践中,善于通过调研、分析、观察并发现旅游策划对象在市场竞争中的问题,并在探索找出这些问题的根源过程中,运用多种学科知识和最新成果,在综合、分析、归纳的基础上标新立异,不复前茅。它能在最平凡事物的思考中随机应变,提炼出千姿百态、无穷无尽的新思路、新设想,从而策划、设想出内含奇谋妙计,外显奇招妙法的旅游策划方案。开发创新思维不仅关系到旅游策划方案的质量和效能,同时还是经营创新、市场创新、技术创新、文化创新、产品创新、组织创新和政策创新的源泉和动力。提高旅游策划过程中的创新能力,就会增强旅游策划对象的市场竞争、技术竞争、产品竞争的实力,同时为旅游策划奠定基础。所以,对创意思维、创造力开发的理论研究,是中国旅游策划学重点研究的范围和内容,也是旅游策划思维研究的理论依据之一。

(五) 旅游策划活动构成要素的研究

旅游策划是一种为了达到某一目标、解决某种问题的先发设想和带有预测性的思维过程。旅游策划既是一种思谋行为,也是一种创造性的活动过程。这种行为发生在旅游策划活动之中,旅游策划过程也是一个解决组织问题的活动过程,在旅游策划活动中,存在着旅游策划者、旅游策划目标、旅游策划对象和旅游策划方案四大要素。旅游策划者从旅游策划委托者的市场竞争目标出发,作用于旅游策划客体的环境对象,在适应、平衡中形成旅游策划方案。旅游策划者又通过旅游策划方案的实施,反作用于旅游策划对象和旅游策划目标。这种相互作用和相互制约构成了旅游策划活动的整体,这其中,以智谋为起点,以智谋、探究、咨询三位一体的旅游策划者为核心要素。以智谋作为旅游策划活动中最原始、最基础、最普遍的现象,也是旅游策划过程中最抽象、最简单、最基本的活动范畴,所以,智谋应当是旅游策划活动要素理论研究的逻辑思维的起点。

(六)旅游策划活动规律的理论研究

在旅游策划活动的过程中旅游策划者为了达到预先设定的目标,而进行的谋划、构思和设计的全过程,客观上存在着许多不以人们客观意志为转移的规律。这些规律贯穿于旅游策划活动过程的始终,对整个旅游策划活动过程起着决定性作用,规定并影响着其他各层次。这种在旅游策划过程中形成的特有规律我们称之为旅游策划规律,旅游策划规律作为一个体系大概有下列几个方面。

1. 旅游策划过程的基本规律

在旅游策划活动中存在着旅游策划者、旅游策划目标、旅游策划对象、旅游策划方案四要素相互作用和协调,各种规律的地位、作用是不相同的,其中必有一种处于根本性的地位。这种贯穿于旅游策划活动过程的始终,对整个旅游策划过程起着决定性的作用,规定和影响着其他各层次的规律,这就是基本规律。它有三个特点:① 它决定着旅游策划活动的性质、方向和发展水平,在旅游策划活动规律体系中,处于最基本、最主要的地位;② 它对其他旅游策划活动规律起着支配和决定的作用,其发生作用的范围和程度要受基本规律的制约;③ 在人类文明的进程中,只能有一个旅游策划活动的基本规律,这个规律就是指旅游策划活动中主体目标与目标的对象相协调的规律,旅游策划活动的这一基本规律是由旅游策划活动中的基本矛盾决定的。

旅游策划活动的过程,是一个提出目标到实现目标的过程,也是一个不断提出更高目标到实现更高目标的过程。正确目标的提出,是正确认识目标对象的结果;实现主体目标,则是旅游策划者进行创造性思维和创造性想象,是对客观环境的改造。旅游策划活动就是一个不断地认识环境、改变环境并同环境相适应的过程,而这一过程包含的矛盾是多方面、多层次的矛盾系统。它主要存在着五对矛盾:① 旅游策划者与旅游策划参与者的矛盾;② 旅游策划者与施策者的矛盾;③ 旅游策划者与旅游策划委托者、决策者的矛盾;④ 旅游策划者的愿望与客观实际的矛盾;⑤ 主体目标与目标对象的矛盾。这五对矛盾在旅游策划的全过程中处于不尽相同的地位。

旅游策划者、旅游策划参与者同旅游策划实施者之间的矛盾是旅游策划过程中必然出现的矛盾,解决这三者之间相互矛盾的直接目的是统一认识和行动,形成主观能动力量。而且,三者的根本目的都是为改变客观环境以实现主体目标。旅游策划者、旅游策划参与者、施策者三者之间矛盾的解决都是为基本矛盾的解决打基础、创造前提的。因此,这三者之间的矛盾不是旅游策划活动过程总体中的基本矛盾。

旅游策划者与旅游策划主体决策者、旅游策划者与客观实际的矛盾,虽然也是旅游策划活动过程中必须解决的重要矛盾,但是,任何旅游策划活动过程离开了主体目标作用于目标对象,就无法构成旅游策划活动了。旅游策划者在解决自己同旅游策划委托方、自己同客观实际的矛盾时,必须从解决主体目标与目标对象之间的实际矛盾入手,方能奏效。就是说,旅游策划者同旅游策划委托者、决策者的矛盾,旅游策划者同客观实际的矛盾,不是单独存在的,而是融合在基本矛盾解决之中的矛盾。可见,这也不是基本矛盾。

主体目标同目标对象的矛盾是旅游策划活动过程中的基本矛盾。它贯穿于旅游策划活动过程的始终,支配着其他矛盾的发展和解决,直接决定着旅游策划的成败。旅游策划者通过创造性思维和创造性想象而设计旅游策划方案的过程,就是主体目标与目标对象相适应的过程,就是解决这对基本矛盾的过程。而在实施旅游策划方案过程中,一旦成功地实现了主体目标,基本矛盾得到解决,基本矛盾所制约的其他矛盾也就随之迎刃而解。可见,基本矛盾的展开和解决是具有决定性意义的。

2. 旅游策划活动过程的一般规律

这一规律主要是指一切社会形态中旅游策划活动过程所具有的共同规律。它所起的作用范围和程度受旅游策划活动基本规律所制约,如旅游策划过程的反馈调节循环规律就是如此。这就是说,在一切社会形态中,旅游策划活动过程的展开和运行,都必须遵循旅游策划反馈调节循环规律。或者说,一切社会形态的旅游策划过程一般都是由反馈调节循环系统构成的,如图3-1所示。

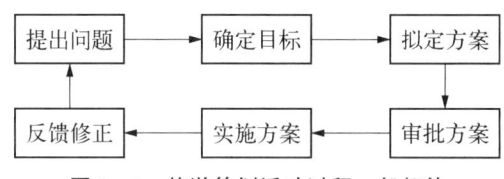

图3-1 旅游策划活动过程一般规律

以上六个子系统构成了一个完整的反馈调节循环封闭回路,使旅游策划过程中的反馈得以不断运行。如其中某一回路中断,都会使整个回路中断,反馈调节循环系统就要遭到破坏,旅游策划主体的目标也就不能实现。这个旅游策划反馈调节循环规律是反馈原理的特殊表现。现代控制论反馈原理认为,控制系统明确输出信息,及时反馈信息,根据反馈信息再输出信息,从而控制本系统的运行方向,以确保预期目标的实现。旅游策划过程中的反馈调节是客观的,因为它客观地存在于旅游策划活动过程中,不是旅游策划者主观可以改变的。所以,反馈调节是所有旅游策划活动中都必须遵循的一条共同规律。

3. 旅游策划活动过程的特殊规律

特殊规律主要是指,某种社会形态中所独有的旅游策划活动过程的规律。它由旅游策划活动过程的基本规律所决定,是旅游策划活动过程一般规律在不同社会形态中的特殊表现。很明显,由于受旅游策划活动过程基本规律的影响,不同的社会性质就有不同的旅游策划规律。例如,我国的旅游策划者与社会发展的关系,表现在旅游策划目标中,必须是符合社会主义阶段的路线、方针、政策,且顺应广大社会公众利益,以促进社会生产力发展为宗旨的规律;旅游策划者与旅游策划参与者、施策者之间的关系,表现为以旅游策划主体为导向的旅游策划者与全体旅游策划参与者、施策者的积极性、主动性、创造性相结合、相统一的规律。这些规律揭示了在社会主义条件下旅游策划活动诸要素之间的本质联系,是旅游策划的基本规律和一般规律在社会主义条件下的特殊表现。

4. 旅游策划活动过程的个别规律

这一规律主要是指在一定的社会形态中,特定的政治、经济、科技教育或某个范围内的策划活动过程的规律。这是比策划活动过程的特殊规律更特殊的规律。如无产阶级军队的策划规律、无产阶级政党的旅游策划规律、社会主义国家政府的旅游策划规律、社会主义企业的策划规律等。

以上四个层次的策划活动过程规律是相对的、相互联系又相互制约的。这些规律的外延有的很宽,也有的很窄;有制约全面的,也有制约某一方面的;有制约高层次的,也有制约低层次的。所以,策划规律又是有级差的,但是策划规律在旅游策划活动过程中起着十分重要的作用。

(七) 旅游策划方法和艺术的理论研究

旅游策划需要方法和艺术,但旅游策划艺术不能等同于一般的方法。艺术是人们按固定的程序与方式去改造自然界的一种方法、技巧和表现手法。不同的人掌握了技术并在实践中应用技术,一般来说都能取得相同或相近的实际效果。而旅游策划艺术在运用中必须因人而异,更多地带有旅游策划者个人的特性,这不仅是方式上的外观表现不同,且同一旅游策划内容因人而异,所取得的实际效果也不相同。这就是旅游策划的艺术。在各种不同的旅游策划活动中,有了旅游策划的艺术,就有了形形色色,令人叫绝的奇思妙想、奇谋妙计的出现。

旅游策划方法和旅游策划艺术是旅游策划过程的重要组成部分。旅游策划方法是旅游策划者实现职能,完成旅游策划任务,达成旅游策划目标的方式、手段和策略,一些基本的旅游策划方法又是旅游策划活动规律性的体现。旅游策划艺术与旅游策划方法相比,具有更多的不规范性。它是建立在一定的旅游策划经验和科学旅游策划的基础之上的、高超的旅游策划技能,是丰富的旅游策划经验、旅游策划方法的熟练而卓越的运用。旅游策划艺术不仅与旅游策划者的旅游策划实践相关,还与旅游策划者个人的知识积累、智谋、素质、修养和风格密切相关。旅游策划艺术一旦呈现出规范化状态,就可以丰富旅游策划的科学方法和内容。我们研究旅游策划方法和旅游策划艺术的理论,对于提高旅游策划者的旅游策划水平和旅游策划工作效率都有重要意义。旅游策划艺术也是中国特色的旅游策划科学的重要组成部分。

(八) 旅游策划者心理素质的理论研究

旅游策划作为人类最高智慧才能的标志,是竞争的艺术,是人类社会竞争的产物,是和人类有意识的对抗活动联系在一起的。有意识的对抗活动是一种复杂的社会生活现象,这种活动只有人类才会有,也只有通过人类的活动才能表现出来。人的行为都是受意识支配的,意识是一种心理现象。如此说来,旅游策划是理性的东西,是人们心理活动的产物,是人类思维的成果,是对客观现实的主观印象。所以旅游策划的含义从心理学的意义上去理解,它是一种进攻的意识,是高度概括出来的、客观事物规律性的理性观念。它是在一定动机因素的作用下,按着既定的目的和目标,去恰当地、客观地施策于一定范围和时机的客观事物的活动过程。

旅游策划作为人类社会知识、智慧的结晶,作为斗争的艺术,在人类改造客观世界过程中,具有举足轻重的地位,具有"运筹帷幄之中,决胜千里之外"的重大作用,人们在各个活动领域都有旅游策划的实践活动。旅游策划对抗是一个极为复杂的心理活动过程。这就不能不对旅游策划的对抗基础、心理特征、心理过程和心理规律等具体问题作逐一深入的探讨和研究。

旅游策划者的心理素质决定了旅游策划者的思维模式和旅游策划水平,对旅游策划者的心理研究,属于中国旅游策划学研究中的最基本范畴,他作为旅游策划行为的主体,是旅游策划活动四要素中的关键要素。可以说,所有中国旅游策划学的内容都与旅游策划者有关。因此,旅游策划者必须具备与其职责相适应的素养,这包括先天的资质和后天的学习、锻炼两个方面。所以,旅游策划者的德、才、作风等素养,特别是旅游策划者的心理素质、创造性、旅游策划的智谋、才能、综合能力的开发与训练,就成为中国旅游策划学必须研究的最基本、最重要的内容之一。

第三节　中国旅游策划学的构成体系

一、旅游策划学在现代科学中的地位

旅游策划学,相对于社会科学和自然科学这样的大学科来说,无论从层次上衡量,还是从研究对象和研究内容的容量上看,都可以确认它处于子学科的位置。

旅游策划学不完全等同于像社会学科中的政治学、经济学,或是自然科学中的物理、化学等二级学科所处的稳定的结构位置。旅游策划学作为一门新兴的高度综合学科,它不仅与社会科学领域的大量学科有着广泛的交叉,诸如思维学、心理学、决策学、运筹学等,也与自然科学中的许多学科有着极为密切的联系,如数学、哲学等,它是一个地地道道的综合学科。

二、旅游策划学的体系构成

尽快建立旅游策划学的理论体系框架,把各种分散的研究,零散的研究,以及多头研究、重复研究,规范到科学体系中来,使各种研究和探讨能明确全局,明确自己研究内容所处的位置,有利于避免事倍功半。

初步设想,旅游策划学的研究可以归纳为:四横和三纵主线来进行研究。

时,即以时间为顺序,以历史发展为脉络,研究旅游策划的历史学。通过对旅游策划发展史、旅游策划行为史、旅游策划方法史、旅游策划人才史等内容的纵向研究,探索不同的历史时期旅游策划活动的客观规律,纵观旅游策划对历史进程所产生的影响,以指导现实和未来的旅游策划研究。

空,即以空间为顺序,以社会结构为台阶,研究旅游策划层次学。通过对宏观旅游策划学、中观旅游策划学、微观旅游策划学的分层研究,改变目前旅游策划研究高低不分,层次含混,信手拣来,牵强借用的状况。这既注重研究运筹全局的宏图大略,也使那些不为人重视的所谓技能配套成龙,使旅游策划研究不只受益于上层建筑,受益于宏观决策,同时也受益

于社会的各个阶层。

职,即以社会的分工作横向展开,以人们最为关注的主要职业为突破口,首先开展旅游策划学与政治、经济、企业经营的关系研究。同时对国家旅游策划学、区域策划学、教育旅游策划学、体育旅游策划学等学科关系的研究,促进旅游策划研究尽快走向行业化、专业化,使人们在不同的实践领域都能受益。在以上学科研究取得一定经验和成果之后,逐步扩展到社会的其他行业。

能,即以旅游策划的内部功能作横向展开,按知识和逻辑进行分类。以人们最熟悉、最常见的内容为突破口,通过对旅游策划心理学、旅游策划优选学、旅游策划方法学、旅游策划咨询学、旅游策划训练学、旅游策划运筹学的率先研究,尽快服务于人们现实的社会实践,而后再挖掘旅游策划的其他若干职能。

所谓三纵,即在四条横线展开研究的同时,深入研究旅游策划哲学、旅游策划科学、旅游策划系统学三个综合学科的研究,以保证大面积的旅游策划研究有正确的方法论武器,有科学、系统的理论指导和周密筹划。

当然,这种"四横""三纵"的划分,只是鉴于旅游策划学尚在初步形成阶段,提出一个初步的概略性的设想。人们在旅游策划研究的实践中,特别是在对"三根纵线"的研究过程中,必定能够研究出更科学合理的旅游策划学理论框架来。这里所讲的理论框架,权当我们是投石探路,抛砖引玉吧。

三、旅游策划学与相邻学科的关系

当今天的人们把旅游策划这一古老而年青的学问用科学的方法加以研究时,越加觉得它的内涵精深,容量博大,涉猎宽广。研究越深入,越呈现出它与相近的一些综合、横断科学的极为复杂频繁的交叉。为了从宏观上把握学科的脉搏,使其与相近学科在共同研究时既互相促进,又免于重复,有必要把旅游策划学与相近的交叉学科的关系加以认真地研究。

(一)旅游策划学与战略学

有人认为,战略之中包含着策划,既然已经有了战略学,策划没有必要作为一门学科来研究;也有人认为,策划和战略,含义很相近,甚至说是一码事。其实,这些认识都是不够全面的。战略与策划,有着千丝万缕的联系和交叉,但又有着非常明显的区别。在此略举几个方面。

1. 战略源于战争,策划源于思维

"战略"一词的来源,至今在世界上有两种说法,我国常说的战略最早见之于西晋(公元265—317年)司马彪著的《战略》。在《三国志》《二十一史战略考》等史书史料中陆续沿用了这一概念,其含义与现代的战略也基本相同。在西方,"战略"一词最早出现于公元580年,是拜占庭皇帝毛莱斯为训练高级将领而写了名为 Strateqicon 的军事教科书,希腊文为"将道"之意,而英文的战略(Strategy)则是由此演变而成的。到了19世纪末,中国留学人员才从西方带回"Strategy"。"战略"的概念产生于战争的实践,没有战争就谈不上战略,战争实践没有发展到一定规模,也还不可能有战略而言。战略原指"战争指导的艺术",长期以来,战略广泛使用于军事领域。

中国策划的起源，要比战略早得多。策划并非大规模战争实践的产物，在大规模战争实践之前，人类早有策划实践。可以说，自从人类有了思维，头脑有思考能力，也就随之学会了"出主意，想办法"，"策划"也就应运而生了。

2. 战略为将之道，策划为官之道

战略，特别是古代战略，实质就是研究为将之道的一门学问，这门学问具有浓厚的军事特色，自古以来是以将的统军作战为主题的。随着时代的发展，战略概念的内涵不断变化，外延不断扩大。第二次世界大战爆发及以后，随着战争形态的发展，战略开始把国家经济潜力、后备兵员等因素包括在内，实际已泛指对经济、军事、精神等力量的综合应用。今天，战略的外延虽然已大大超出军事领域，进入政治、经济、科技、文化、教育、体育、人才、人口、环境、生态等诸多方面，但战略无论是本来意义，还是发展的含义，其渊源的军事特点都是十分明显的。

策划，当然也研究为将之道，研究打仗的学问，且这方面出的成果也最多，但旅游策划研究的领域从开始就十分广泛，涉及社会的各个阶层和各行各业，从相对于战略渊源的军事特色来看，策划既有军事特色，也表现出丰富的社会其他领域的特色。在初始阶段，战略纯粹研究统军作战；旅游策划既有统军作战，更有治国安邦，特别是许许多多的官场上的各种生存和发展的技法，包括良谋和奸计。如果说战略开始主要研究为将之道，是将军所领的要旨，则策划开始主要研究为官之道，当然，"将"亦在"官"的范围之内，但主要特色是显著不同的。

3. 战略是宏观韬略，策划是全观韬略

宏观和全观，如不细加分析，可能认为它们是一码事，其实有很大的区别。作为宏观研究的战略，是专门研究大学问的韬略。如果从空间意义上观察，战略和战役、战术相组合，形成一个整体，战略以研究宏观问题为重点，战役以研究中观问题为重点，战术以研究微观问题为重点。著名军事理论家克劳塞维茨把战略定义为："战略是为了达到战争目的而对战斗的运用。"可以说，不是对全局的运筹和谋划，就谈不上战略。我们通常说的"要有战略头脑"，即是把握全局。谋全局者是战略家，谋一域者是战术家；宏观研究是战略研究，微观研究是战术研究。

策划，从空间概念出发，既要谋全局，也要谋一域；既要谋势，也要谋子。只要是需要动脑子、出主意、想办法的领域，旅游策划都涉猎。所以，旅游策划是一种全观的韬略。就空间意义上讲，无所不用谋，无处不设谋。但这种涉猎，空间上反映战略、战役、战术的宏观、中观、微观的三个概念无法完全代替策划。旅游策划研究，从特点上说，旅游策划不同于研究战略、战役、战术那么"实"，那么完完全全地直接用于某一特定实践活动。旅游策划也以一直接的实践目标为对象，但更多的则是以多个实践目标为对象，用旅游策划思想指导某一实践活动，具有一定的"超脱性"和"抽象化"，常常不宜用空间的大或小来概括它，有着全观意义。

4. 战略是长远的方略，策划是综合的方略

从时间概念讲，战略是研究具有长远意义的问题，所谓计谋深远，或叫深谋远虑。只看眼前利益者，我们常说他没有战略眼光；只想局部利益者，我们常说他缺少战略头脑。无论是国家战略，还是军事战略、经济战略、企业发展战略，既要在空间意义上从全局出发，也要在时间意义上从长远出发，没有长远打算而应付眼前的一切措施，都谈不上战略。

策划就大不同于战略,它既要搞深谋远虑、长远设计,也常常需要"急中生智""灵机一动"。策划既有决策者研究国之大事,也有小商小贩在街头赚钱的雕虫小技;既要有战略家那样深远的"眼光",又要有战术家"机灵"的头脑。策划研究的问题,不似战略家、战术家那样在空间和时间上具有特定性,不宜用时间上的长或短或空间的大小来描述它,具有时间上和空间上的综合性和通用性。

尽管策划与战略有诸多的区别,但它们之间还是有一些共性的。比如,它们都要经过头脑的思维加工,都受某种心理的影响,都以竞争为背景,具有明显的对抗性等。我们不能因为它们有诸多个性而忘却了它们的共性,得出战略和旅游策划是"冰炭不同炉"的荒谬结论;也不能因为它们有诸多共性和交叉而忽视它的个性,进而认为只要加强战略研究就可以了,策划必定包含其中的结论。

(二)旅游策划学与心理学

心理学是研究人的心理现象及其规律的科学。它与旅游策划学有许多相通之处,比如,心理学和旅游策划都要研究大脑,研究神经,研究感觉、知觉、反应等诸多心理、生理现象。但是,它们之间的区别又是非常明显的。

策划的研究对象,古来就与宗教殿堂的主宰——灵魂相去很远,与现代心理研究的对象——物质本体(思维过程)有一定关系。比如,需要对旅游策划心理过程、心理特征加以研究,但这种研究不是停留在神经阶段的,而是以人的行为和社会实践为主体的,且旅游策划心理方面的研究,仅是旅游策划大厦之中的一个有机部分,并非主体乃至全部,是旅游策划学与心理学结合必然要研究的内容。

在研究目的上,心理学是寻求神经过程规律的一门科学;而旅游策划学则是研究智慧、施策、用谋规律的一门科学。前者是深邃的单一色彩,有着鲜明的指向性;后者是色彩斑斓的世界,表现出明显的广泛性。

在研究方式上,心理研究是以实验研究为主体的,无论是巴甫洛夫第二信号系统的证实,还是冯特对感觉、知觉、联想、感情系统的研究,都主要依靠在实验室内解决问题,而实验室对于旅游策划研究来说,则是一筹莫展的。可以说,心理研究有着鲜明的实验特色,而旅游策划研究,表现出明显的社会实践和行为特色。

旅游策划研究和心理研究的区别还可以举出很多,在此就不一一赘述了。

(三)旅游策划学与思维学

思维学,作为一门新型的综合学科,其基本任务是研究人的有意思维的特点、规律、历史发展和人模拟的科学,它与心理学有着广泛交叉,与旅游策划学研究在血缘上也比较接近。思维学的研究,将帮助人们认识思维的规律,自觉地按思维规律思考问题,从而提高思维能力和思维效率。思维学的发展为新型的思维工具(计算机、电脑)的诞生准备理论基础,为进一步解放人的脑力劳动创造条件。思维学研究的主要内容有社会思维、逻辑思维、形象思维和灵感思维等,这些都与旅游策划学的研究有着千丝万缕的联系。

思维学是研究思维规律的科学,旅游策划研究同样离不开对思维的研究。那么,是否可以将思维学替代旅游策划学的研究呢?回答当然是否定的。

一般来说,思维研究是以人类普遍的、共性的思维特点和思维规律为对象的,而旅游策划研究则是在特定的社会活动中,以人们个别的特殊思维实践和思维方法为主体的。旅游策划的社会性、实践性、竞争性等特点，都是思维科学研究较少涉猎的。

思维的研究虽然十分复杂，但它具有一定的规律性。这种规律性，不但可以被逐步认识，而且可以被牢牢把握，并可以部分地用人工模拟替代它。旅游策划虽然也可以部分用电脑代替人脑，但就其主要成分来说，是无法替代的。不仅现在替代不了，就是将来科学进一步发展了，这种替代仍然是局部意义的。"古今旅游策划无常法"，变化无常、无奇不有，当然变化无常、无奇不有本身也是一种规律，但这种规律是无法完全驾驭或使用人工模拟方法来替代的。

另外，思维的研究，主要可以在实验室内，在现代化的设备上，在科学家的桌案前进行；而旅游策划则要到广阔的社会实践之中去觅迹，具有直接的应用性。

思维的研究不能替代旅游策划，旅游策划的研究同样无法替代思维的研究。相互补充、相互扶持、共同发展、相得益彰，是对思维研究和旅游策划研究，乃至战略研究和心理研究的共同要求。

（四）旅游策划学与决策学

决策，是指人们为了实现特定的目标，运用科学的理论与方法，系统地分析主客观条件，在掌握大量有关信息的基础上，提出若干预选方案，从中选择出作为人们行动纲领的最佳方案。决策科学，是研究决策原理、决策程序和决策方法的一门综合性学科。决策与旅游策划、决策科学与旅游策划科学，有着极多的相近之处，但它们的区别也是非常明显的，主要包括以下几个方面。

一是侧重点不同。决策学注重研究抉择，其基本目的就是要研究如何能在诸多方案中优选出一个最佳方案，进而果断执行，成为人们的行动纲领，正如美国学者亨利·艾伯斯所精辟阐述的"决策就是在几种方案中做出抉择"。而旅游策划学注重创造，其基本目的就是要研究如何能创造和设想出多个方案，进而进行周密的运筹和谋划。显然，决策研究的重点优选方案，以抉择为重点；旅游策划研究的重点在设想方案，以创造为重点。

二是基本内容不同。就某一个方案来说，决策所着眼的内容是最后的一个阶段，即拍板定案阶段。重点研究这一拍板阶段，如何能决得适时、断得恰当。为了保证决断的正确，进而深入研究决策原理、决策程序和决策方法。而旅游策划研究的基本内容是如何运用正确而灵活的创造思维，筹划出高明的行动方案。以从方案设计到实施的一个完整过程来剖析，不难发现，决策研究的重点集中在从方案制订到实施的最后一个较为短暂的阶段，旅游策划研究的重点是方案制订的全过程。当然，这都是从最一般的情况、从相对意义上去讨论的，因为决策研究不可不涉及制订方案的过程，旅游策划研究也不可能不涉及方案的决断，但各自研究内容的重点也是显著的。

三是主要对象不同。决策的实施者多是各行各业、各个层次的手握权柄之人。无大权在手，就无决策可言；果断实施决策，"二把手""三把手"不行，非"一把手"莫属。因此，决策研究和实施的人物对象是各行各业、方方面面的"一把手"；而策划研究的和实施的人物对象，既有秦始皇、毛泽东那样的"一把手"，也有孔明、张良那样的"二把手"，还有大量的像毛遂那样的"末把手"，乃至许多许多像摊贩、工匠等社会平民。在人物对象上，决策研究的范围相对于旅游策划研究来说，要窄得多。

以上略举几条，就可以看出，决策学与策划学虽然很相近，但不能互相替代。决策需要研究和运用策划，策划需要研究和运用决策，但它们都有各自不同的历史使命。

（五）旅游策划学与运筹学

"夫运筹帷幄之中，决胜千里之外"，这是刘邦对策划家张良的美誉，这里刘邦说张良的运筹，就是指出谋划策。这一名言影响了许多人对新近发展起来的运筹学的正确理解，认为运筹学就是运筹谋划的学问，和策划学没有什么两样。其实，这是一种误解。

运筹学产生于第二次世界大战期间。为了研究兵力的部署、武器的配备和军需物品的运输等问题，罗维最早提出了运筹学的概念。第二次世界大战结束后，一些原在军队从事运筹学工作的人，在英国成立了一个民间组织——运筹学俱乐部，定期讨论如何将运筹学民用化的问题。于是，运筹学在各个经济部门逐步得到应用。20世纪50年代，先后产生了线性规划、排队论以及优选和统筹、图论和网络、价格效应分析和价格分析理论。20世纪70年代初，又使得运筹学中的数学规划理论得到大力发展，出现了整数规划、随机规划、参规划、组合规划、多目标规划等新的分支学科。

从运筹学的产生和发展过程，我们清楚地看出，它是研究经济活动和军事活动中能用数量来表达的有关营运、筹划与管理等问题的一门科学。如果你有暇翻阅一下英国的《运筹学季刊》和我国的《运筹学杂志》，了解一下大学的运筹学课程，你就会非常明显地感觉到，运筹学与旅游策划学的相近之处，比起战略学、决策学等学科与旅游策划学的相近之处，似乎要少得多。最突出的如：

运筹学是一门硬科学，而旅游策划学是一门软科学。运筹学所研究的问题，可以大量地通过计算机和电脑去加以运算和处理，可操作性强；而策划学则主要依靠人脑，依靠人的创造艺术来完成。运筹学注重数字运算，绝大部分研究方法，都与数学有直接关系；而旅游策划学注重内心筹划，用脑思考，所谓"运用之妙，存乎一心"。

运筹学注重准确性，强调精确度；旅游策划学注重正确性，强调随机性，注重把握"模糊度"。

运筹学相对具体、确切、可行；旅游策划学相对抽象、笼统、善变。运筹学相对展开在一定的领域和空间；旅游策划学具有更大的包容性和广阔性。

当然，旅游策划学和运筹学的相通之处也是很多的，诸如他们的研究对象常同处于一个空间和时间区间，研究方法可以互相借鉴、互相补充，学科性质都具有综合特征，都要借助数学运算和计算机等。

中国旅游策划学的理论体系由若干分支学科所组成，形成纵向知识要素分类和横向学科分类，组成一个纵横交错的旅游策划科学矩阵研究体系。从中国旅游策划学所需要的科学知识和构成要素来划分，中国旅游策划学可以从纵向方面划分为旅游策划心理学、旅游策划思维学、旅游策划设计学、旅游策划工程学、旅游策划艺术学、旅游策划咨询学、旅游策划人才学和中国旅游策划思想史。从横向方面来分类，中国旅游策划学又可以划分为行政旅游策划学、企业旅游策划学、事业旅游策划学和管理旅游策划学、决策旅游策划学、计划旅游策划学、公关旅游策划学。横向学科研究的深化，离不开纵向知识要素的参与和发展。而横向知识要素的发展，又可以促进纵向学科研究的完善。因此，采用纵横的矩阵研究方法，广泛地促进中国旅游策划纵横知识要素的交叉和渗透，就可以推动中国旅游策划学研究工作的逐步深化和理论体系的逐步完善。经过广大企业界、学术界和管理学界的连续探索和研究，必将创立起具有中国特色的旅游策划科学及其纵横交叉的分支学科（见图3-2）。

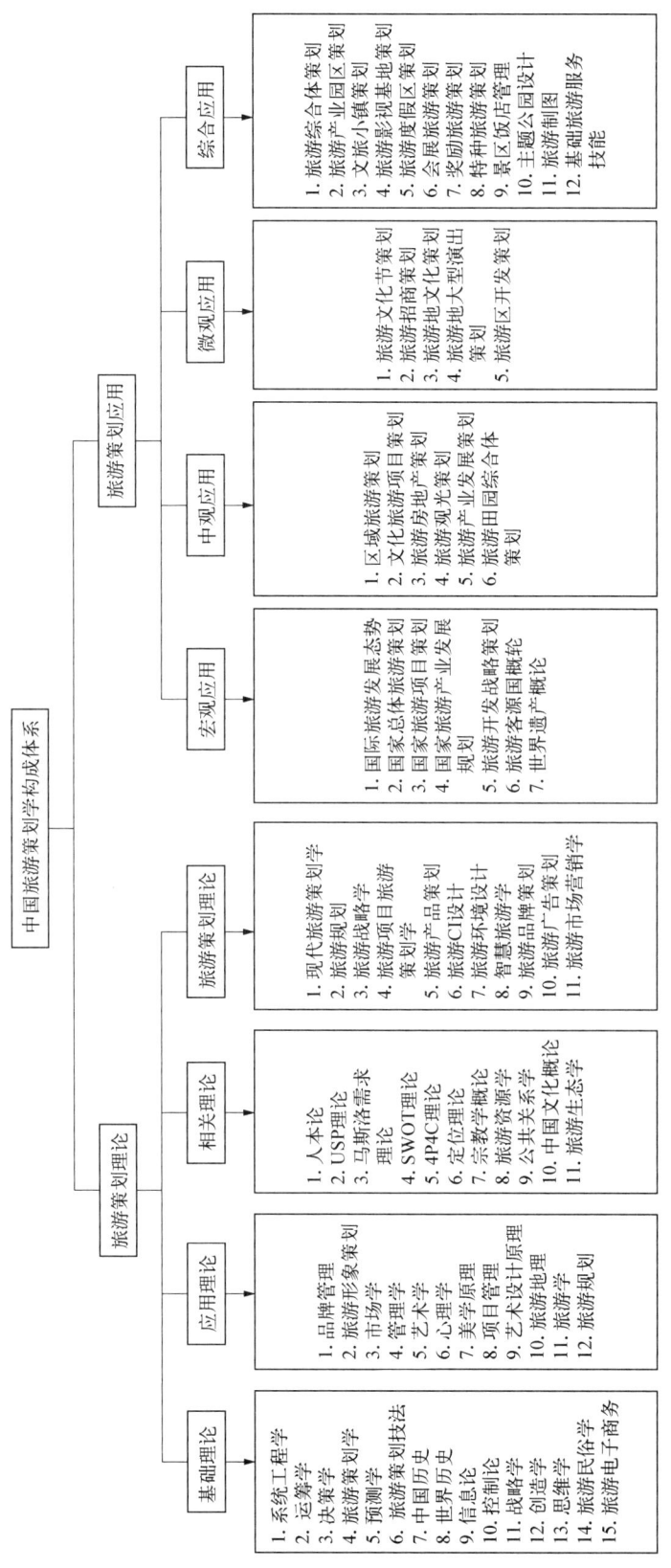

图 3-2　中国旅游策划学构成体系图

创建中国特色的旅游策划科学是一项前无古人的浩大工程,它需要几代人的共同努力和孜孜不倦的追求和探索。中国特色的旅游策划科学重点在"中国特色"四个字,它既与欧美的咨询学、日本的企业诊断学有相同、相似之处,又与他们有明显的区别,其根本在于西方的咨询学,它是以中国几千年的谋略思想为基础发展演变而成的,它们创造的一套理论在西方适用,因为它们的社会制度决定了它们生存的价值。对于西方的理论我们只能有选择地借鉴,不能照搬硬套,因为我们的国情、社会主义市场经济的特点、国体、政治制度要求我们必须走自己的创新发展之路,紧紧抓住中国特色这个核心主题,围绕社会主义发展战略,以科学发展观为指导思想,把握住旅游策划为社会主义市场经济服务这个纲,调动各方面的积极因素,整合一切资源,争取用数年时间,大家携起手来,共同努力,创立一套中国特色的旅游策划科学体系。

 思考题

1. 论述发展中国旅游策划学理论的意义。
2. 论述中国旅游策划学研究的基本内容。
3. 论述旅游策划学与思维学的关系。

【微信扫码】
相关资源

第二部分

现代旅游策划学新编

现代旅游策划新思维

第四章

旅游发展战略策划

旅游战略策划实质就是关于旅游业未来3至5年的长远发展规划的创新构思及其谋划过程。旅游发展战略策划涉及的内容与层次较多、范围较广。旅游发展战略策划是针对国家和区域层面的策划,从策划内容、程序、过程和方法上来说,两个层次策划基本相近,包括了发展目标、计划、措施、政策等。两个层次策划的不同在于,旅游发展国家战略策划强调总体与分区利益协调,目标描述宏观,而旅游发展区域战略策划,在目标和计划上更注重实现性与操作性。旅游发展战略是综合性的,既包含政策表述,也包含实施内容。

第一节 旅游发展战略概述

一、战略策划的内涵

战略一词源于古希腊,原意是"将道"或"将军",即战争指导的艺术,或对战争全局的谋划和指导。现代战略不再局限于军事,已被广泛地引进应用于社会组织以及社会活动的各个领域、各个行业、各个方面、各种活动的内容中,如政治战略、经济战略、科技战略、市场战略、名牌战略、旅游发展战略、人才培养战略等。战略已成为有关社会组织或社会活动带有全局性、整体性、长远性的谋划和部署代名词。从策划的角度讲,战略就是带全局性或决定性的总体设想和规划,是对基本方向和总体方针的规定,是对目标和行动的规范。

管理学对战略的定义,是指制定、实施和评价使组织能够达到其目标的、跨功能决策的艺术与科学。

战略策划,就是对社会活动的全局、长远、整体进行运筹,即对社会活动全局、整体、长远进行总体设想和规划。战略策划的内涵应包括以下几层意思。

(一)战略策划是有关全局的谋划

战略策划事关社会组织的生存和发展,是社会活动的成功与失败的综合的、总体的谋断;是全方位、整体性、立体性的谋划;是视野开阔,通观全局,总揽全局,统筹兼顾的谋划。它要运筹社会组织内外环境条件和要素以及社会活动自身的各个方面。完整地体现社会组织生存和发展的要求,因而,战略策划就是对社会活动过程本身的总体要求和总体纲领的策划,它包括制定组织或社会活动的战略目标、战略重点、战略阶段、战略措施和战略对策等。

(二)战略策划是有关组织长远目标的运筹

战略策划对于解决社会组织或社会活动未来的长远发展目标和规划的运筹至关重要。欲使社会活动具有长远意义,社会组织能长远发展,核心是怎样立足于现实,面向未来,开拓和创造未来,求得长远发展。因而,战略策划要求必须具有战略眼光、目光高远、深谋远虑、注重后劲;计议长远、深思熟虑、作长远的打算和安排。"人无远虑,必有近忧"就是讲要有战略眼光、长远眼光。因此,战略策划排斥目光短浅,只顾眼前,急功近利,苟一时之安,图一时之便,偷一时之利,临时性应付。否则就会自造其乱,自己搞垮自己。

(三)战略策划是带根本性、指导性的运筹

战略策划是轴心策划,它不仅要确定发展方向和目标,而且要确立实现目标的最佳通道或途径。确定通道途径实现战略目标的战略规划和战略对策,以及具体的实施方法。因而战略策划应是"深思熟虑""老谋深算""巧妙运作"的杰作,而不应是浮躁、盲目、轻举妄动的草率从事。否则,就会导致整个社会活动陷于混乱而失败。总的来说,战略策划应是指对社会组织或社会活动带有全局性、长远性、指导性、根本性的谋划。

二、旅游发展战略概述

旅游发展战略,从企业的角度即从微观的角度来讲,就是从市场营销的角度出发制定发展战略。从宏观来看,旅游发展战略旨在确定旅游目的地中长期的总体发展方向、目标和任务。

(一)旅游发展战略策划的概念

旅游发展战略策划是在对旅游发展的现实条件、机会及可能出现的问题进行分析的基础上,对旅游发展战略思想、战略目标及战略重点的谋划。它一般是对某个地域较大范围的较长远的谋划。它主要是从宏观的角度出发所进行的综合性的战略思考。制定旅游发展战略,应对旅游行业的特点、本质有正确的理解。

旅游发展战略就是国家或区域层面上通过对自身优势的认识,而制定未来3~5年的发展目标、措施和程序的总称。通俗地说,就是定发展基调、定发展规模、定发展计划。定发展基调,指的是旅游发展的定位、指导思想与方针,是战略制定的根本问题;定发展规模,指的是旅游区域的范围,发展的规模、目标、方向等,是战略制定的核心问题;定发展计划,则是指旅游发展的计划与过程,以及具体的发展战略措施,是战略制定的主要问题;三者结合后才是解决区域旅游发展的战略问题。

(二)旅游发展战略策划的任务

旅游发展战略策划的主要任务是明确旅游业在国民经济和社会发展中的地位与作用,提出旅游业发展目标与任务,进行准确的战略定位,优化旅游业发展的要素结构与空间布局,实施有效发展旅游业方案,促进旅游业持续、健康、稳定发展。

（三）旅游发展战略策划的内容

旅游发展战略策划的内容主要涉及以下几个方面：旅游业发展的指导思想，旅游业的发展速度，旅游产业的地位，旅游产业结构优化和产业整合战略，旅游资源与旅游产品开发战略，旅游市场开发与营销战略，旅游产业时空布局战略，旅游资源与旅游环境保护战略等。

（四）旅游发展战略策划的要点

1. 科学明确的定位

对任何事情而言都是先有定位后有目标，没有准确的定位就无法找到切实合理的发展目标，对一个旅游业组织发展战略而言，都是建立在准确定位的基础之上的，没有准确可行的定位，即使制定再好的战略目标也是空中楼阁。所以，旅游发展战略策划首先要对策划的对象有科学明确的定位。比如江苏省的苏州市有"上有天堂，下有苏杭"的美名，而苏州素以古园林景点吸引了大批旅游者。苏州又是一座江南水乡古镇，人们常把苏州定位为"东方威尼斯"。江苏省盐城市地处黄海之滨，号称"黄海明珠""东方湿地之都"，"十一五"旅游发展规划的发展战略定位是：突出湿地生态休闲旅游，积极发展红色旅游，以长三角地区为主要客源市场，以规划建设盐城湿地生态国家公园为重点，全力打造五大旅游经济区，完善城市旅游功能，提升产业要素水平，着力提高旅游核心竞争力。

2. 战略总体目标与分目标

战略总目标，是指要达到的整体目标。如：江苏省2016—2020年旅游发展总体战略（节选）如下。

发展目标：充分发挥旅游业作为综合性产业和国民经济战略性支柱产业的作用，提升旅游业在经济社会中的贡献度。丰富旅游产品有效供给，优化旅游市场秩序，提升旅游发展质量和效益，加快把江苏建设成为国内领先的旅游强省、国际著名的旅游目的地。

产业实力显著增强。到2020年，全省旅游总收入达到16 000亿元，年均增长13%左右；旅游业增加值占全省地区生产总值比重达到8%左右；全省旅游投资额达到2 700亿元，年均增长10%左右，五年累计完成旅游投资超万亿元。全省旅游就业总数达到500万人，提高旅游业就业对社会就业的贡献率。延长游客人均逗留天数至3天，每人次平均消费达到1 700元。全省旅游服务管理与国际标准全面接轨，旅游产业素质和综合效益基本达到国际先进水平。

江苏省盐城市旅游发展战略的总目标是：力争到2010年建成旅游大市，把盐城湿地生态国家公园建成太平洋西岸最大的湿地公园、亚洲东部最佳的生态旅游公园，尽快使盐城市成为国内外知名的东方湿地之都。

战略分目标，战略分目标的制定依据是先制定总目标，而分目标是为了实现总目标而实施的具体战略环节、步骤所要达到的目标。

四川省绵阳市旅游发展总目标是：成为西部旅游目的地和集散地，确定绵阳市在川西北地区的旅游中心地位，创建中国优秀旅游城市，完成旅游中心区和八大旅游产品（王朗、小寨子沟、罗浮山温泉、窦圌山、七曲山、螺祖坛、云台观、仙海）的配套体系，发挥主导产品的拉动辐射作用，带动配套产品的发展，与邻近区域建立良好的旅游产品协作关系。

四川省绵阳市旅游发展分目标是：四川省绵阳市依据总目标提出了针对性极强的六个

具体战略分目标：实现旅游业长期均衡增长战略；建立特色旅游基地，实施优势发展战略；构建旅游创新体系，实施跨越式发展战略；注重人才素质提高，实施高质发展战略；创建旅游网络系统，实施区域联动战略；发展生态旅游项目，实施可持续发展战略。

3. 竞争制胜的战略创新

我们认为，当前，充满瞬时竞争的快经济时代已然到来。旅游产业要想在多变的环境中制胜，就必须具备瞬时竞争力。全球50大商业思想家排行榜(Thinkers50)战略奖获得者丽塔·麦克格兰斯针对当今瞬时优势的战略现实，提出了应对破坏与动荡的环境，并产生高绩效的6大竞争制胜战略。即持续重组、良性割舍、灵活的资源配置、培养创新能力、领导力和思维模式以及瞬变环境对个人的影响，掌握这些竞争战略创新方法才能助力旅游企业在瞬变的市场竞争环境中迅速抓住机遇，实现优势转换。

竞争制胜的旅游发展战略，就是一个提倡创新的旅游发展战略，他不仅是旅游业发展的不竭动力，也是提升地区知名度的重要举措。比如江苏省苏州市是老牌旅游目的地，如何能进一步挖掘旅游发展的潜力，保证旅游快速持续地发展，创新是关键。苏州旅游发展规划把创新作为市场竞争的发展战略的灵魂，在观念、制度、文化和管理四个方面进行创新。

旅游竞争发展战略策划，是在对基本现状分析的基础上，从宏观的角度对未来数年旅游发展战略的策划，即在对旅游发展的机会、必要性以及可能出现的问题分析的基础上，对旅游发展战略思想、战略目标、战略重点、影响战略目标实现的因素、实现战略目标的办法、步骤的谋划。

三、旅游发展战略策划应重点解决的问题

（一）旅游经济在特定地区国民经济中的地位

主要是根据特定地区的旅游资源、市场需求、旅游发展现状与地位（占GDP的比重）、地区的经济发展形势诸方面进行综合分析得出结论。旅游发展战略的制定应因地制宜。

（二）旅游供给和旅游市场

旅游业的发展取决于两大因素：旅游供给和旅游需求。旅游供给包括旅游资源和为旅游提供服务的各种物质条件和人力资源。旅游需求可以划分为国内市场需求和国外市场需求。

（三）旅游开发导向

资源导向：早期观念，只看重旅游资源而忽视市场需求，旅游产品必将被旅游者冷落。

市场导向：只强调市场需求，而忽视资源特点与地位，难免导致旅游开发项目雷同，失去自己的资源优势。

资源—市场二元导向：偏重经济效益，忽视综合效益。

资源—市场—文化三元导向：以资源为基础，以市场为导向，以文化为灵魂，重视旅游可持续发展。这是旅游开发应坚持的导向。

（四）旅游发展方向和总体布局

在确定旅游发展方向时，应遵循以下原则：

① 重点优先。优先开发那些最有垄断性、竞争力的旅游资源，打造拳头产品。防止全面开花，分散力量；

② 客源市场导向。根据各自的旅游资源和区位条件来确定自己的主要客源市场和开拓对策，并根据旅游市场形势的变化，进行旅游项目的调整。

旅游总体布局包括旅游景区景点的布局、旅游企业的布局、交通运输布局以及相关行业和部门的优化、整合与布局等。

（五）旅游业内部和各种有关行业或部门的综合配置

旅游策划应全面考虑旅游业内部和各种有关行业以及部门的综合配置。特别应注意旅游业与农业、工业、商业、交通运输业等产业和文化、教育、城市建设等部门的互动与整合。旅游发展战略策划应注意发挥旅游在优化地区产业结构中的作用。

旅游的"六大要素"（行、食、宿、游、娱、购）涉及旅行社、饭店或宾馆、交通、通讯、旅游景点、旅游商店、文体设施，以及文化、教育、保险、医疗、检疫、银行、海关、公安、法律等。旅游发展战略策划应根据需要和可能对这一切有关行业和部门进行综合配置和整合，使之形成合理的结构与规模。否则，短缺方面必将成为"瓶颈因素"，或称为"水桶效应"，限制效益的发挥。

此外，区域旅游战略定位、旅游形象等也是旅游战略策划应重点解决的问题。

四、旅游发展战略策划的层次

旅游发展战略策划活动是针对国家或区域层面上的，从策划内容、程序、过程和方法上来说，基本相近，包含了发展的目标、计划、措施、政策等，但区域范围与层面的不同，战略策划是有区别的。如国家层面上更强调总体与分区利益协调，目标表述比较宏观，而在区域层面上更强调目标与计划的可行性、实用性与可操作性。

（一）国家层面旅游发展战略策划

国家层面的旅游发展战略因所处国家的大小、地位、现状、资源条件等因素不同而有着不同的关注点，通常这样的策划或规划活动由各个国家政府或大型的旅游组织完成，这一层面的战略表述更加宏观，体现了国家旅游发展的大方向、大思路、大政策。

例如：为响应党中央关于对党员加强革命传统教育的号召，各地出现了重走长征路的红色经典教育活动，为了配合形势的发展需要，国家层面的红色旅游发展战略应运而生。红色旅游发展战略就是在战略定位上，把发展红色旅游作为巩固党的执政地位的政治工程，是弘扬民族精神、加强青少年思想政治教育、建设社会主义先进文化的文化工程，是促进革命老区经济社会发展、提高群众生活水平的经济工程。在组织领导上，成立高层次的组织、协调机构。在实施步骤上，规划先行，科学打造红色旅游精品；加大红色基地的基础配套建设；制定优惠政策，引导红色旅游消费和社会投资；加大宣传造势力度，尽快扩大市场和培育品牌。在规划布局上，重点发展12个"重点红色旅游区"、30条"红色旅游精品线路"、100个"红色旅游经典景区"。

(二)跨区域旅游发展战略策划

随着社会经济区域经济一体化的发展,我国形成了长三角、珠三角和环渤海三大都市经济圈。有研究预测,今后10年到20年,区域经济交流与合作将进一步加强,全国由南到北有望形成由珠江经济带、珠江——西江经济带、长江经济带、陇海——兰新经济带、京津——呼包银经济带和大东北经济区构成的"五带一区"的经济协作基本格局。

跨区域经济合作推动了旅游产业区域合作时代的到来。从20世纪90年代初期的珠江三角洲地区的旅游互动开始,出现了长江三角洲、华北地区、北方十省市、沿黄河省市、环渤海地区等区域旅游合作。

旅游产业是一个关联性、带动性和综合性很强的产业,对跨区域旅游发展战略的策划,不可沿用传统产业的发展模式和战略,需要走包容性发展之路,以旅游产业集群作为旅游产业发展的新模式、新战略。旅游产业集群的形成以打破区域行政区划为前提,围绕旅游区的核心吸引物,以产品生产和价值增值为主线,对区域的自然旅游资源、人文旅游资源、客源市场、品牌形象、生态环境等,进行动态网状集成创新,系统划分旅游区,优化内部产品结构,重组旅游产品,避免产品雷同、产业同构带来的恶性竞争,减少旅游区各地之间的内耗,共同塑造独特、不易模仿的战略品牌,提高区域整体的旅游核心竞争力。

跨区域旅游发展战略需要区域政府之间的联动,以包容性展开政府间合作,遵循互利共赢、合作共生,横向协调为主体、纵向协调为补充的原则,实现区域旅游经济包容性发展。

(三)区域旅游发展战略策划

相对国家层面,区域层面的旅游发展战略策划则显得更为具体和复杂一些,通常作为旅游策划来说,由于区域范围的不同,分为省级(省、直辖市和自治区)、市级(地市)、县级(县、区)和景区四个层面。区域旅游发展战略的策划需要对区域旅游发展有准确的定位、科学的目标、可行的战略措施、切实的计划。

1. 省级层面旅游发展战略策划

省级旅游发展战略相对国家级要具体一些,但相对市县级又要宏观一些,更注重总体利益与分区利益的统一协调。江苏省旅游发展战略强调政府主导战略,成立了旅游产业发展领导小组,统一协调解决全省文化旅游发展中的重大问题,包括强化旅游行政管理部门的综合管理和协调职能,特别是公安、交通、文化、文物、宗教等部门,要主动配合旅游部门,共同搞好文化旅游资源的综合利用和开发管理。在区域利益协调方面,策划出在世界、国内有影响的拳头景区,能够吸引游客的精品旅游线路。

例如:江苏省2016—2020年旅游发展总体战略(节选):发展战略。

根据旅游供给侧改革的总体要求,突出转型升级、提质增效,着力扩大旅游消费需求,改善旅游发展环境,促进旅游业更好更快发展。

全域旅游战略。营造全社会共同参与旅游业的发展环境,推动全省范围内县域旅游发展规划全覆盖,在旅游业为主导产业的重点地区编制实施全域旅游规划,建立起与全域旅游发展要求相适应的旅游公共服务体系和旅游综合管理体制,通过旅游业发展带动经济社会全面包容发展,实现共建共享。

融合发展战略。推进"旅游+"融合发展,促进农业、文化、体育、制造业、交通、医疗、信息、教育、科技、金融、保险业等相关产业与旅游业深度融合,引导社会力量积极参与旅游业发展。旅游产业深度融合互联网,加快形成江苏智慧旅游高地。

创新发展战略。以创新理念促进旅游业转型升级,积极培育旅游业改革创新先行区。围绕"大众创业、万众创新",加强旅游内容、商品和产业模式创新,进一步加大对创新企业、创新人才的支持力度,激活产业主体活力,积极创建国家级旅游创客基地和创客示范项目。

开放合作战略。加大旅游业对外开放合作力度,拓展江苏旅游业发展格局。进一步提高旅游国际化水平,大力发展入境旅游,扩大国际客源市场。突出江苏东方文化典范的特色形象,打造园林、大运河、扬子江、水乡古镇等世界旅游品牌产品。通过旅游国际合作展示江苏形象,以国际化思维开展推广营销。

特色发展战略。从我省地域、文化、经济特征出发,坚持个性设计,特色发展。加强对各地旅游发展进行特色定位和个性引导,形成差异化发展、优势互补的多元格局。

绿色发展战略。牢固树立"绿水青山就是金山银山"的发展理念,厚植绿色之基、彰显生态之美。严格保护、合理开发旅游资源,积极引进环保理念、技术建设旅游项目,大力建设生态型旅游区,引导游客低碳出行、保护环境。(资料来源:江苏省"十三五"旅游业发展规划。江苏省人民政府办公厅 2017 年 2 月 7 日发布)

2. 地市层面旅游发展战略策划

地市层面旅游发展战略策划,更强调抓住全市旅游发展的突出矛盾所在,关注旅游发展中的主要问题,强调定位的准确、旅游资源的整合、旅游发展的创新意识、特色旅游产品的开发、旅游竞争的策略、旅游市场的开拓、旅游产业的发展和旅游体制的改革等问题。

例如江苏省省会南京十三五规划中提出:突出明文化、佛教文化、红色文化、遗产文化和古都文化等文化资源载体,以及温泉、会展、美丽乡村等休闲度假资源,打造国际知名、国内一流的文化休闲旅游胜地。将南京江北新区打造为高水平的生态休闲旅游目的地。

苏州:依托苏州古城、工业园区以及园林、古镇、太湖等资源载体,发挥吴文化优势,打造国际一流的旅游目的地,使苏州成为具有中国古典文化特色的国际化旅游城市。

苏州的太湖旅游度假区是国家级风景名胜区和度假区,在其发展战略的准确定位上提出了"保护前提下的重点乡镇适度开发"的战略模式,即严禁破坏生态区的建设行为,建设成以自然生态和自然保护区为组团式的空间发展模式。该模式有利于环境保护,有利于经济发展。

3. 县级旅游发展战略策划

县级旅游发展战略策划对比省市级的战略策划更具体,更注重可操作性,更强调市场营销与产品开发策略,更看重县域内的旅游龙头对全县旅游发展的示范效应。

如南京市浦口区地处江北,位于南京西北郊拥有丰富的自然和人文旅游资源,在华东地区拥有非常重要的生态地位。但他没有长江南岸紫金山、中山陵、玄武湖、总统府等景点知名度高、人气旺。江北的旅游主打什么产品?旅游龙头是什么?如何带动全区的旅游发展?

浦口区正视自己的处境,深挖自身潜力,充分利用浦口区发展旅游所具有的良好的生态环境、独特的自然资源,针对目前人们对生态观光和休闲度假产品的迫切需求,面对强劲的市场需求,浦口深挖现有境内的景点如:国家级老山森林公园,省级珍珠泉旅游度假区,享誉全国的汤泉温泉旅游区的潜力,在良好的旅游产业发展基础上,充分创新创造出了一系的特色旅游景点如"不老村""楚留香"农村生态游。

浦口的旅游发展战略模式是：以生态观光与休闲度假旅游双重驱动，观光与休闲度假共同发展的发展模式。在"一山三泉"(老山、珍珠泉、琥珀泉、汤泉)区域里，开展以生态、温泉、文化休闲为主导的休闲度假旅游，同时借助良好的生态环境和独特的自然资源开展商务、会议、公务旅游，把浦口区建设成环境优美、轻松愉快的休闲度假社区。

为了促进浦口区旅游产业的更快发展，使旅游经济适应区域经济的发展步伐，实现旅游业的快速成长，确立以"生态浦口，休闲天堂"为旅游品牌，重点打造"生态、文化、养生、休闲"旅游产业主题，构建"一区一城风光带"的旅游产业发展格局，提出"旅游产业整合策略""旅游可持续发展策略"，以期明确浦口区后期的旅游产业发展方向和发展策略。

4. 景区旅游发展战略策划

风景区旅游发展战略是风景旅游发展策划的主要内容之一，相对于前面所叙述的国家、省市县级更加具体，更具备可操作性，重点在解决风景区旅游发展的主要矛盾、产品定位、营销目标、经营体制和形象定位，尤其重视景区的持续发展和新市场的开拓。

如千岛湖位于淳安县境内腹地，是国家级风景名胜区、全国首批 AAAA 级旅游区。千岛湖旅游经过 20 余年的发展，已具有良好的产业基础、响亮的品牌声誉、蓬勃的发展势头和灿烂的发展前景。千岛湖旅游未来发展战略的目标定位是：打造观光旅游、休闲、度假与会展四位一体的长三角一流、国内著名、世界知名的休闲度假胜地，塑造湖泊旅游典范，建设旅游经济强县。

通常意义上的区域旅游发展战略策划就包括以上几个层次，当然还有介于这几个层面之间的区域范围，比如国家级层面的"丝绸之路"旅游、西部旅游，大区域的长三角旅游、沿江沿河沿海旅游、江南古镇系列等，这些旅游发展战略各有特点，比较宏观，突出发展大的层次思考。

5. 旅游产品发展战略策划

旅游产品，亦称旅游服务产品，由实物和服务构成，包括旅行商集合景点、交通、食宿、娱乐等设施设备、项目及相应服务出售给旅游者的旅游线路类产品，旅游景区、旅游饭店等单个企业提供给旅游者的活动项目类产品。旅游产品的发展战略策划必须坚持人本主义的原则。所谓人本主义原则，就是指把以人为本，遵循人体生理与心理的规律，满足人类审美、修学、交流、康体、休憩及整个生活方式需求作为第一要义的原则。《江苏省"十三五"旅游业发展规划》中对江苏省的主要旅游产品在未来五年的发展做出战略性的规划。具体内容如下：

(1) 观光旅游产品

以世界遗产和精品旅游景区为支撑，通过整合资源、挖掘内涵实现产品提档升级。"十三五"期间力争新增 5 家国家 5A 级旅游景区。推动侵华日军南京大屠杀遇难同胞纪念馆、无锡惠山名胜区、常州春秋淹城、镇江西津渡、泰州凤城河、泗洪洪泽湖湿地、常州东方盐湖城等景区创建国家 5A 级旅游景区。进一步提高 4A 级景区品质，整体提升我省观光产品的建设与管理水平。重点打造八类观光系列产品。

名胜遗产旅游产品。以大运河等世界文化遗产以及古镇古村落、汉文化遗迹、明文化遗址、六朝遗迹、名山景区等名胜遗产为基础，深度挖掘文化内涵，丰富特色，形成一批具有国际吸引力的观光产品。

滨海风光旅游产品。充分发挥连云港、盐城和南通等城市滨海旅游资源和景观优势，打造沿海岸线多类滩涂湿地观光产品，推出一批沿海旅游产品。利用西游记、郑和下西洋、鉴真东渡等著名历史事件和故事，打造经典滨海文化旅游产品。

城市景观旅游产品。依托城市特色景观带、历史街区，以及高品质经济技术开发区，打造城市开放式景区，优化城市景区周边环境。重点旅游城市开通观光巴士，开辟"环城游"线路，打造城市夜景系统，丰富游客体验。

特色农业旅游产品。充分利用规模化设施农业、国家休闲农业示范基地等，发展体验农业、创意农业等新产品。

珍稀动植物旅游产品。以大丰麋鹿、盐城丹顶鹤、南通中华鲟、邳州银杏、沭阳古栗林等珍稀动植物资源为主要吸引物，推出特色游览方式，重视玩偶纪念品、饰品等特色旅游商品的开发。

自然生态旅游产品。依托大海大江大湖、名山、湿地、森林等自然生态旅游资源，开发体验式旅游项目，赋予科学教育内涵，促进自然生态旅游产品可持续发展。将太湖、洪泽湖、姜堰溱湖、天目湖、虞山尚湖等打造为国家重点生态旅游目的地。

书画观光旅游产品。梳理全省丰富的书法景观资源和书画旅游资源，推出书法景观观光旅游产品，如镇江焦山碑林、丹徒米芾书法公园、苏州碑刻博物馆、江南古典园林刻帖系列等，加强对历史文化景区书画景观的旅游解说。

主题公园旅游产品。深入挖掘历史内涵，借助声光电等科技手段，打造不同凡响的主题公园。提升并完善一批主题乐园项目。支持旅游资源匮乏地区引进高附加值的主题公园项目，带动地方旅游发展。

（2）休闲度假旅游产品

依托我省丰富的水体资源等生态环境资源，深度结合我省文化资源禀赋，打造一批国内一流、国际知名的综合型旅游度假区。支持发展比较成熟、品牌特色鲜明的省级旅游度假区创建国家级旅游度假区。"十三五"期间力争新增5家国家级旅游度假区。重点提升打造八类休闲度假产品。

都市休闲度假产品。打造城市休闲度假产品，重点支持南京夫子庙—秦淮河和老门东、苏州金鸡湖和平江路、扬州东关街、无锡清名桥、镇江长江路文化休闲街区以及徐州云龙湖和户部山等休闲度假产品建设，拓展都市休闲空间，为游客和居民打造良好的休闲和消费空间。

乡村休闲度假产品。加快乡村休闲度假旅游产品特色化、品牌化建设步伐。鼓励以古镇、古村落、湖泊、高科技农业园、大型采摘园等为基础，发展高品质的乡村民宿、度假农庄、养生基地、乡村俱乐部等系列旅游度假产品。

温泉休闲度假产品。挖掘温泉养生资源，构建温泉生活方式。推动南京汤山温泉旅游度假区发展成为世界知名、国内一流的精品温泉旅游度假区。促进连云港东海温泉、淮安洪泽老子山温泉、南京浦口汤泉等提升开发水平，打造精品温泉旅游度假区。丰富全省温泉旅游产品的医疗美容配套功能，提供修身养性和高端养生SPA旅游产品。

养老休闲度假产品。依托自然资源，结合气候、生态及中医理疗等优势条件，开发养老休闲度假产品，形成银龄人群为主要客源的养老休闲度假旅游产品系列。

情感休闲度假产品。依托特色旅游资源，如连岛度假区、江南古镇、运河湖滨生态资源，营造浪漫和温情氛围，开发蜜月、亲子、家庭、情侣主题等系列旅游产品。

海滨休闲度假产品。依托连云港秦山岛、滨海月亮湾、南通通州湾、启东吕四渔港、圆陀角等优质滨海、海岛旅游资源,打造特色鲜明的滨海休闲旅游产品。推出海鲜特色美食、海钓、邮轮等度假产品,打造集滨海度假、游乐体验于一体的国家级滨海休闲度假区。

运动健康休闲度假产品。依托专业的运动健康、康复疗养基地,重点建设一批生态休闲和运动健身相结合、具有地域特色的运动健康休闲度假基地。依托宁镇山脉、宜溧山地等打造森林健康休闲度假区,推出登山、跑步、骑行等山地户外体验旅游产品。在滨江滨湖区打造水上运动休闲度假区,推出漂流、水上飞机、帆船、野钓、索道滑水等体验性强的运动旅游产品。

研修体验度假产品。依托并深入提炼我省丰富的文化资源,结合昆曲、评弹、评话等艺术形式,推出文化研修体验度假产品。发挥我省文化创新优势,深度策划文化实景演出节目,"十三五"期间,推出1～2台具有国际影响力的实景演出节目。充分挖掘我省现代农业科技园、高科技制造基地的娱乐元素,推出科技研修体验旅游产品。

(3) 专项旅游产品

适应大众旅游时代需要,大力开发专项旅游产品。"十三五"期间,重点打造九类专项旅游产品。

商务会展旅游产品。依托长三角城市群,加大商务、会议、展览、节事等旅游产品的开发力度,加快建设一批国际水准的会展中心和商务旅游集聚区。优化会展业发展环境,提高专业服务水平,培育发展国际消费中心,塑造江苏商务会展旅游形象。依托我省优势产业,打造生物医药、机械制造、电子信息、新能源、纺织、旅游用品制造等领域的国际级展会,自主培育和积极引进国内外大型会展品牌。

研学旅游产品。结合中小学素质教育,推出一批具有江苏特色的科普教育、历史文化、红色旅游等主题研学旅行基地,积极探索文化体验、科技体验、娱乐体验等不同研学旅游产品。发挥我省科技、教育的优势,将现代农业科技园、高科技制造业基地、科研院所、知名高校培育为研学旅游吸引物。"十三五"期间,在全省范围内新辟十条以上"研学旅游专线"。

自驾旅游产品。依托江苏通达的交通网络,推动自驾旅游基地建设,推出集装箱主题旅馆、自驾车旅居车营地等系列化自驾游产品。"十三五"期间,在全省范围推出十五条以上精品自驾游线路,培育江苏十大自驾车旅居车营地。

低空飞行旅游产品。支持依托各地通用机场,开展低空飞行、热气球、固定翼等特色航空旅游。支持南京滨江与浦口老山、徐州督公湖、常州西太湖、苏州工业园区、南通通州湾、连云港连岛、扬州瓜洲、宿迁骆马湖、泰州兴化等有条件的地区发展低空飞行旅游。

红色旅游产品。重点提升淮安周恩来故居、侵华日军南京大屠杀遇难同胞纪念馆、南京雨花台烈士陵园、无锡张闻天故居、徐州淮海战役纪念馆、常州瞿秋白故居、溧阳新四军江南指挥部纪念馆、苏州沙家浜旅游风景区、泰州黄桥战役纪念馆、海安苏中七战七捷纪念馆、盐城新四军纪念馆、镇江茅山等红色观光旅游景区的建设与管理水平,推出一批红色旅游景点线路。

宗教旅游产品。丰富宗教文化旅游内涵,积极打造禅修、研修等体验性旅游产品。将无锡灵山圣境旅游区、南京牛首山文化旅游区打造成为世界知名的宗教文化旅游胜地。

体育旅游产品。与体育部门合作遴选体育旅游精品项目。重点建设一批具有地域特色的体育旅游基地,推动"国家级体育旅游示范基地"创建。推出攀岩、探险、骑行、极限运动、赛车等体育旅游产品。大力发展水上体育旅游产品与航空体育旅游产品。沿江沿湖、城市滨水空间推出龙舟、赛艇和垂钓等水上体育旅游产品。依托重大体育赛事,发展体育观赛旅游。进一步培育群众广泛参与的马拉松、自行车等赛事,推出江苏精品体育旅游产品。

工业旅游产品。依托全国工业旅游示范点,建成一批在全国有影响力的工业旅游景区,大力发展融参观、游览、体验、保健、购物于一体的工业旅游产品。支持常熟隆力奇、高淳陶瓷、康缘药业、海澜之家、江苏今世缘酒业、宿迁洋河集团、镇江恒顺醋业等知名企业打造工业旅游项目。支持南通家纺、丹阳眼镜、南京云锦、苏州刺绣、常熟服装、扬州玉器等产业打造旅游工艺品类的旅游项目,支持南通洋口港、连云港港等打造现代水上运输业旅游产品。支持无锡、常州、南通等城市打造近代民族工商业遗址旅游产品。

书香旅游产品。依托历代书院、藏书楼、名人读书处等阅读文化遗存和图书馆、实体书店、特色书屋等现代阅读设施,弘扬传统文化,传承江苏书香文脉,打造书香体验之旅经典景区和产品。(资料来源:江苏省"十三五"旅游业发展规划。江苏省人民政府办公厅2017年2月7日发布)

第二节 旅游发展战略策划

一、旅游区域发展战略条件分析

(一) 旅游业发展的区位条件评价

旅游发展区域战略策划是局部区域层面的策划,是更为具体和复杂的战略策划。旅游发展区域战略以旅游发展国家战略为指导,以区域旅游发展实际为依据,提出旅游发展区域战略。

旅游发展区域战略策划是区域旅游产业发展的根本性、全局性和总体性的设计和谋划。旅游发展区域战略策划,需要置身于区域旅游产业的发展大环境中的特定时间、地域、产业的背景之下,置身于国民经济发展的生产力布局、区域产业结构布局的整体框架之内,统筹进行旅游产业发展战略思考。

区位侧重指一事物与其他事物的空间联系。旅游区位主要是指旅游目的地、旅游景区(或其他旅游企业)与其他事物(旅游资源、客源地、交通条件等)的空间联系。旅游区位评价主要是从市场角度对这些空间联系的优劣状况做出评判,具体内容包括资源区位评价、客源区位评价、交通区位评价等。认识旅游发展区域战略区位,对于把握旅游地的开发方向、发展前途,有着至关重要的影响和决定性的作用。旅游发展区域战略区位认识包括区位内客源、区位内资源、区位内交通和发展地区的关系等的认识与思考。

1. 客源区位看位置

旅游景区游人的多少并不完全取决于资源的吸引力,很多时候起重要作用的是位置的吸引力,这是因为多数游人的"钱""闲"有限,只能选择近地域游览。例如北京周边大大小小的风景区都"人满为患",并不全是因为那儿的资源价值高造成的,而是它们靠近北京市区,满足了城市居民的双休日休闲游览的需求。因此,规划区客源区位的评价,一定要分析客源市场距离规划区的远近和客源市场出游的潜力。

2. 交通区位看线路

交通不便,可进入性差往往是不少风景优美之地的制约因素。例如,不少"老、少、边、穷"地区虽然有着"真山真水真貌真情"的旅游环境,但却因位置偏僻、地形阻隔,经济落后而缺"路"少"线",难以进入,致使旅游事业发展比较缓慢。例如,西藏的拉萨、云南的香格里拉、新疆的喀纳斯湖等就是这类例证。

另一类别的旅游地并非因地处"天涯海角",却因交通线路不畅(如航线航班少抑或没有国际国内机场、乘机后再中转进入的旅游地)而影响和制约了旅游业的发展。反之,那些交通区位良好,飞机直航、列车直达的旅游地则可以吸引众多的远方游人。交通区位会随着经济的发展、旅游的开发逐步改变,因此要用动态的眼光来评价。

3. 资源区位看结构

一个旅游景区能否兴旺发达乃至兴旺发达的程度,不仅取决于资源的绝对价值,而且更取决于资源的相对价值,即取决于旅游景区在空间位置中与邻近区域资源的组合结构。同一地区内,地位较低的旅游景区倘若与他处雷同,则会"雪上加霜",处于死地。例如在云贵高原上,贵州难于PK云南;在宜昌,葛洲坝难于PK三峡大坝。反之,资源不为同一类别而相互补充,则会产生叠加效应,形成综合吸引力,例如泰山和曲阜"三孔"。

(二)旅游资源条件

旅游资源是吸引人们前来游览、娱乐的各种事物的原材料(旅游吸引物)。它具有审美性、多样性、综合性、地域性、稀缺性等特点。旅游资源是旅游开发的物质基础,旅游资源的丰富与否,直接影响旅游发展战略的制定。

评价旅游资源关键要抓住个性、特色和差异,抓住关键词——旅游吸引力,相对价值往往比绝对价值更重要。在某种角度上讲,差异就是旅游资源,特色也是旅游资源。资源价值、景观价值不等于旅游价值。这是旅游策划中特别应注意的问题。

(三)旅游市场条件

现代市场营销理念的核心思想是"以顾客需求为中心,最大化的实现顾客价值"。因此,旅游开发首先必须解决这些问题:谁是你的目标顾客?这些顾客的需求特点是什么?如何提供优势产品和采用有效策略吸引这些游客?如何能够留住顾客并最大化地实现顾客的价值?

先进的旅游策划理念是我们应该树立"策划即营销"的思想。即用市场营销的眼光、思维、理念来指导旅游策划,来考量旅游策划的质量。遵循"策划即营销"的指导思想来开展旅游策划工作,可以避免制定出的旅游策划方案"好看不中用"和"束之高阁"的局面。

二、旅游发展战略策划方向的把握

确定战略目标,瞄准战略方向是旅游战略策划的首要问题,方向是旅游业制定战略方案和战略决策的基础。确定旅游业的战略方向,必须对市场吸引力、旅游竞争力进行有效和客观平衡。若市场吸引力大,而旅游竞争力弱,也无法实现旅游发展战略目标。

（一）认识市场吸引力

在旅游战略策划过程中，认识市场吸引力是正确把握战略方向的一项重要基础。市场吸引力就是旅游资源和旅游产品对旅游业的价值。分析旅游资源和旅游产品是否有市场吸引力，就是判断是否有市场发展前景。认识市场吸引力，需要重点认识市场的规模、市场的增长率、增长空间和市场营利性。其一，认识旅游市场的规模，需要明确在特定区域范围内，旅游市场规模的大小。一般而言，规模越大的旅游市场，存在越多的旅游发展机会。其二，认识旅游市场的增长率。旅游市场增长速度越快，存在的市场发展机会越多，旅游发展获得成功的可能性也越大。其三，认识旅游市场的可增长空间。旅游市场可增长空间的大小，将决定旅游市场未来发展规模的大小。其四，认识旅游市场的营利性。不同旅游区域市场，市场的营利性是不同的，有的旅游区域市场盈利比较高，有的旅游区域市场盈利比较低。旅游市场的营利性将决定旅游业未来的发展前景。

（二）把握旅游竞争力

旅游业不仅要充分利用所拥有的旅游资源和旅游产品在市场上的竞争力，同时也要客观评价自身所具有的竞争力。旅游业所具有的竞争力，可以重点从旅游业绩和地位、资本能力、团队能力、品牌声誉、公共关系等方面进行认识。在旅游业绩和地位方面，需要分析旅游市场占有率、盈利情况等。在资本能力上，需要分析现有资金和可筹集或动用的资金的规模。在团队能力方面，需要分析关键团队成员的忠诚度和积极性。在品牌声誉方面，需要分析旅游品牌的声誉和旅游品牌的影响力。在公共关系方面，需要分析在旅游发展过程中可拥有的公共关系的处理能力。

在旅游开发与建设的策划中，科学地找到区域旅游战略发展方向，是至关重要的纲领性思路。正确选择和确定的战略方向是保障旅游业持续发展的基础，科学把握战略方向，必须从市场吸引力、旅游竞争力等方面展开战略策划工作。

三、旅游发展战略目标的设定

旅游发展区域战略目标是旅游业战略经营活动预期取得主要成果的期望。战略目标的设定，同时也是旅游业宗旨的展开和具体化，也是战略经营活动所要达到的水平的具体规定。近年来，全国许多地方都把旅游业作为经济发展的重要支柱产业或优势产业，提出建设"旅游大省""旅游强省"的战略目标。区域旅游发展战略策划，必须需要认识战略目标的特性、构成、评价，制定一个科学合理、切实可行的战略目标。

（一）旅游战略目标特性

旅游发展区域战略目标是一种宏观目标，是从宏观角度对旅游发展区域旅游业发展的一种总体设想，是旅游发展区域整体发展的总任务和总要求，是旅游发展区域整体发展的根本方向。旅游发展区域战略目标是一种着眼于未来和长远的长期目标，规定了长期发展的方向，是一种长期任务，需要经过相当长的努力才能够实现的目标。战略目标的长期性就规定了在一定的时间内战略目标的总方向、总任务保持相对稳定。当然，强调战略目标的稳定性并不排斥根据客观需要和情况的发展而对战略目标做必要的修正。

旅游发展区域战略目标着眼于全局统筹局部，着眼于长远利益兼顾现实利益，体现旅游发展战略的全面性要求。战略目标是总目标、总任务和总要求，需要分解成具体目标、具体任务和具体要求。在空间上，总目标可以分解成具体目标和具体任务；在时间上，可以把长期目标分解成多阶段的具体目标和具体任务。战略目标的可分性使战略目标成为可操作和可实现的目标。

旅游发展区域战略目标必须能够反映旅游发展区域使命和功能，易于为旅游发展区域人们所理解和接受。旅游发展区域战略目标应该是具体和可以检验的。需要采用定性化的术语来表达战略目标达到的程度，明确战略目标实现的时间。战略目标的定量化是战略目标具有可检验性的最有效的方法。

(二) 战略目标的构成要素

旅游发展区域战略目标是多元化的目标系统，既包括经济目标，又包括非经济目标；既包括定性目标，又包括定量目标。既包括长期目标，又包括中期目标与近期目标，具体由市场目标、竞争目标、创新目标、盈利目标、社会目标等要素构成。

(三) 战略目标评价方法

战略目标方案策划出来之后，需要组织多方面的专家和有关人员对所提出的战略目标策划方案进行评价和论证。战略目标评价需要注意三个方面：

其一，评价拟定的战略目标是否符合旅游发展区域战略，是否符合企业的整体利益与发展需要，是否符合外部环境及未来发展的需要。

其二，论证和评价战略目标的可行性。一是分析旅游发展区域实现战略目标的实际能力，说明战略目标的可行性。二是分析外部环境及其客观条件对实现战略目标的可行性。

其三，评价战略目标是否明确，分析战略目标的内容是否协调一致和有无改善的余地。如果在战略目标评价论证时，有多个战略目标策划方案，评价论证就要在比较中进行。通过对比、权衡利弊，找出各个目标方案的优劣所在。比较评价需要注意目标方向的正确程度、可望实现的程度、期望效益的大小三个方面的权衡。对战略目标方案进行评价论证过程，也是战略目标方案的完善过程。要通过评价论证，找出目标方案的不足，不断进行修改完善。

四、旅游发展战略实施的措施

制定实施旅游发展区域战略的措施，是实行具有全局意义的旅游发展区域战略的保障。因各自所处的旅游区域不同，选择的实施旅游发展战略的措施就有差别。依照旅游发展规律、旅游资源、旅游品牌、景观、业态、节庆、市场、交通与信息、展会、旅游标准化等要素，都是制定区域战略措施的共性要点。就我国旅游发展的成功经验和区域旅游发展规律而言，总结出了如下几类战略措施可供策划者选择。

(一) 整合优势旅游资源

打造特色旅游品牌。区域优势旅游资源是区域旅游的吸引力，构建以旅游观光型产品、休闲度假型产品、文化旅游型产品、生态旅游型产品、康疗养生型产品、民族风情型产品等为依托的特色旅游品牌。整合区域优势旅游资源，把握现代旅游业发展趋势，保持资源的原创性、真实性。打造具有区域旅游特色优势和市场不可替代的旅游品牌产品。

(二) 发展新业态旅游

我国国土幅员辽阔,地大物博、自然资源丰富多彩。区域类型多元而丰富,山地、江河、平原、河谷、盆地等给旅游者以多样化的视觉享受,具有景观多样性的特点。因此,除了发展常规的观光旅游,发展露营、自行车、登山、徒步、钓鱼等现代户外游憩旅游之外,还可以充分发挥景观优势,积极推广国家风景道路、自行车道、度假村、户外露营地的建设,完善服务,为广大的自驾车旅游者、自行车旅游者等提供便利。另外,要结合产业结构调整,发展以动漫产业为主体的创意旅游,以及会展商务旅游等与产业经济关系密切的旅游新业态。

(三) 不断拓展区域旅游市场

旅游发展区域需要积极打造旅游节事、节庆活动,以有效的旅游市场营销力度和效益,拓展区域旅游市场。节庆、节事活动具有区域旅游推介面广和影响深刻的作用。发挥节庆活动媒介效益,需要在尊重区域文化传统的基础上,大力发展具有区域乡土内涵的各类文化节庆活动和年轻一代旅游者感兴趣的登山节、汽车拉力赛、自行车拉力赛、极限运动比赛等现代节庆活动,扶持若干品牌性的旅游节庆活动,使品牌性的旅游节庆成为区域旅游的高端生产力。

(四) 畅通交通与旅游信息服务

旅游交通与旅游信息服务是区域旅游发展的必要前提。旅游发展区域战略需要重点发展高速公路网和以高铁为主体的快速铁路交通,建设区域旅游网络化旅游交通,提高区域旅游的可进入性。需要进一步强化旅游信息、旅游交通标识、旅游车辆进入等方面的服务能力,便利自驾车者和普通散客。需要加强以旅游集散中心、旅游咨询服务中心和旅游信息服务为主体的旅游公共服务设施建设,加强区域旅游点对点旅游直通车和旅游线路对接等合作,在更大范围内整合区域旅游资源,形成区域旅游线路,推动区域旅游市场的互动。

(五) 利用展会,提升旅游形象

重大的会展活动对国内外旅游者都具有较强的吸引力,区域旅游发展需要利用重大会展契机,加大自身的形象宣传。要制订会展期间区域旅游营销和形象宣传计划。除了举办以旅行社和媒体为目标的各种推介会外,更要加强对普通旅游者的宣传。在会展活动城市的出入口,竖立旅游宣传展示牌,宣传区域旅游特色,以逐步深入人心。此外,利用电视媒体,以及其他数字和平面媒体有计划地进行区域旅游广告宣传,提升区域旅游形象的认知度。

(六) 加快旅游业内的标准化建设

加快旅游业内的标准化建设,构建良好的旅游环境。旅游业是现代服务业的主体产业,也是服务贸易的重要组成部分,随着服务业标准化进程的加速,旅游标准化正日益成为规范和指导旅游产业发展和提高旅游服务质量的重要手段。区域旅游发展需要进行旅游行业标准化的建设,以旅游标准化规范旅游企业经营。以旅游标准化培养国际旅游人才,提高旅游服务质量,提升区域旅游的国际竞争力。

第三节　旅游发展战略策划的步骤

一、制定旅游发展战略策划方案的三阶段

（一）确定战略目标

旅游业在未来的发展过程中,要应对各种社会环境和形势的变化所要达到的战略目标。

（二）制定实现目标的规划

当战略目标确定了以后,要考虑使用什么手段、什么措施、什么方法来达到这个战略目标,这就是战略规划。

（三）战略策划内容文本化

为了把战略构思创意的内容完整地表达出来,要把内容进行文本化的设计与包装,以备评估、审批。如果审批未能通过的话,那可能还需要制作多个替代的方案,需要认真考虑怎么修正,力争获得批准。

二、旅游发展战略策划的方法

旅游战略策划的思想方法主要是:把握大势,理念创新,策略设计,要素(资源)整合。

（一）把握大势

对于旅游战略策划而言,预见力、整合力、创新力缺一不可。预见是旅游战略策划的源泉。创新不是凭空想象,而是建立在对旅游发展规律的把握以及未来趋势准确判断的基础之上,没有对旅游发展大势的预见,旅游战略创新就是无水之源、无本之木,可谓"谋子不如谋势"。

（二）理念创新

创新是旅游战略策划的灵魂。在这个一切都过剩的时代,创新思维是最稀缺的资源;凡是可以克隆的东西,价值都是有限的;创新的背后是观念或理念,策划的意义最终在于改变和更新人的观念。

（三）策略设计

旅游战略需要实施和落实,具有可操作性,因此应进行策略设计。策略设计是旅游战略策划的核心内容。

（四）要素(资源)整合

整合力是旅游战略策划的血脉。无法实施的旅游战略策划是纸上谈兵,任何一个成功

的旅游战略策划都需要具体执行的平台和手段。旅游策划者不仅要改变旅游开发商和地方官员的观念，更要为它们搭建平台、整合资源和实施项目引爆。

在具体的旅游策划中，通常采用的战略方法有旅游形象提升战略、旅游资源整合战略、旅游产业优化战略、旅游瓶颈消除战略、旅游营销组合战略、旅游目的地建设战略、旅游保障体系实施战略等。

三、旅游发展战略策划方案的制定与实施

旅游战略策划需要经历调查研究、拟订方案、方案论证、计划执行四个具体步骤。

（一）旅游发展战略环境的调查与分析

旅游发展战略策划而进行的调查研究不同于其他类型的调查研究，它的侧重点是调查旅游业的发展与外部旅游发展环境的关系和对未来旅游发展研究和预测。在制定旅游战略目标之前，必须进行相关的调查研究工作。调查研究既要全面进行，又要突出重点。对旅游业发展的历史与现状的调查研究自然是有用的，但是，对旅游发展战略目标决策来说，最关键的还是那些对旅游发展未来具有决定意义的外部旅游发展环境信息的调查研究。在调查研究工作完成之后，需要对调查资料进行整理研究，采用SWOT分析法认真评估当前所面临的优势与劣势、机会与威胁、自身与竞争者、市场与资源、需要与环境、现在与未来，分析他们之间的关系，为制定旅游发展战略目标寻找到可靠的依据。

（二）制定旅游发展战略目标方案

对战略环境调查与分析后，首先是要确定旅游发展战略目标，拟定旅游发展战略目标的内容，包括拟定目标方向和目标水平。在既定的旅游发展战略经营领域内，依据对外部旅游发展环境、发展需要和旅游资源等综合的考虑，确定旅游发展战略目标方向；其次，通过对现有旅游发展能力与旅游营销手段等条件的全面衡量，对沿着战略方向展开的旅游活动所要达到的旅游发展水平做出初步的设定，形成可供决策选择的旅游发展战略目标方案。

在确定旅游发展战略目标过程中，其一，注意旅游发展战略目标结构的合理性，排列出各个目标的综合次序；其二，在满足旅游发展战略总目标需要的前提下，要尽可能减少旅游战略目标的数量。一是把从属旅游目标归于旅游发展总目标。二是把类似的旅游目标合并成一个旅游发展目标。同时，在拟定旅游发展战略目标的过程中，需要充分发挥旅游专家和旅游企业内相关人员的作用，根据实际需要与可能，尽可能多地提出多种旅游发展战略目标方案，以便对比分析和决策时参考。

除了对自身的情况进行分析之外，还要分析客观环境，对社会、经济、政治、文化、技术等各个领域现在或将来可能发生的变化情况也要有所了解。在此基础上，寻找市场机会并识别出把握市场机会将遇到什么障碍，会有什么缺陷，这是对战略环境进行分析和预测的目的所在。

战略目标的表述方式应采用定性与定量相结合的方式。通常描述性表达都是定性的，并不是一个量化的目标。我们所制定的战略规划，落脚点应该是可评估、可衡量、可操作的规划，量化的目标是做到这一点的基础。比如说，对于某个地区旅游企业来讲，它的市场份额要达到多少，销售额要达到多少，利润又要达到多少，要达到这些目标的时间是怎么控制

的,何时实现这些目标,这些都是对目标的量化。

(三) 旅游发展战略目标的论证

旅游发展战略目标策划方案拟定出来之后,需要组织多方面的专家和有关人员对旅游发展战略目标策划方案进行正确性、完整性、可行性的分析和论证。

分析和论证旅游发展战略目标策划方案是否正确。要着重研究策划所拟定的战略目标是否符合国家和地区的旅游产业发展规划,是否符合旅游目的地和旅游企业的整体利益与发展需要,是否符合旅游发展外部环境及未来旅游发展的空间需要。

分析和论证策划方案所拟定的旅游发展战略目标是否完整。一是,目标表述是否明确清晰。所谓表述明确清晰,是指旅游发展战略目标应当是单义的,只能有一种理解,而不能有多义解释;二是,多项旅游发展战略目标是否分出主次轻重,目标责任是否能够落实,实现目标条件是否清楚;三是,不同层次的旅游发展战略目标内容是否上下协调一致。如果不同层次的目标内容不能协调一致,完成其中一部分指标势必会牺牲另一部分指标,那么,旅游发展战略目标内容便无法完全实现。

分析和论证旅游发展战略目标策划方案所拟定的旅游发展战略目标是否可行。一是,如果分析和论证外部旅游发展环境及未来旅游发展的变化对旅游业发展比较有利,旅游业也有办法找到更多的发展途径、能力和措施,那么就要考虑提高旅游发展战略目标的水平。二是,按照旅游发展战略目标的要求,分析旅游业的实际能力,找出目标与现状的差距,然后分析用以消除这个差距的措施。如果所提出的措施,对消除目标与现状差距有保证,就说明旅游发展战略目标可行,反之就是不可行。

分析和论证旅游发展战略目标策划方案的过程,也是旅游发展战略目标方案的完善过程。要通过分析论证,找出旅游发展战略目标方案的不足,并想方设法使之完善起来。

(四) 确定旅游发展战略执行计划

制定实施旅游发展战略计划方案,就是为了实现旅游发展战略目标。旅游业在明晰了旅游发展战略目标后,就必须专注于如何将旅游发展战略目标方案落实,将旅游发展战略目标转化为旅游发展业绩。如果没有科学的执行方案,旅游发展战略目标就不能实现,所以我们在制订执行计划时要注意先后顺序。

首先,要先制定出明确可以实现的旅游战略计划的目标,目标包括终极目标、过程目标、可以添加的目标三类。一类是行动的终极目标,即通过长期努力预想可以实现的目标。另一类是阶段性目标,是每个计划阶段过程中能够做到的事情。还有一种目标叫作过程性目标,在完成计划过程中能做哪些事情,就是完成了计划目标,但不管结果如何。第三类目标叫可以添加的目标,是针对自己行动过程中的态度、意志、精神等软性因素所提出来的。

其次,结合自己行动计划中的三类目标任务,设计行动所需要的方法、策略,安排好进度和时间,针对每个安排的时间段,要预期到可能会遇到的困难,将上述因素归纳入自己的计划中,必须详细、目标细化、计划分段、细致明确、预估困难、设计好解决实施过程中可能遇到的困难的化解方案。

旅游发展战略目标实施,也是一个自上而下的动态管理过程。所谓"自上而下",就是旅游发展战略目标在旅游业高层达成一致后,再向中下层传达,并在各项工作中得以分解、落实。所谓"动态",就是在旅游发展战略目标实施过程中,常常需要在"分析——决策——执行——评估——反馈——再分析——再决策——再执行"的不断循环中实现旅游发展战略目标。旅游发展战略目标实施有四个相互联系的阶段。

1. 实施前的全员动员

在旅游发展战略目标实施发动前,要展开全面动员,好的战略目标的实现要靠大家的智慧和参与,旅游产业的领导人要研究如何将旅游发展战略目标的理想,变为旅游目的地和旅游企业全体人员的实际行动,调动全体人员实现旅游发展战略目标的积极性和主动性。对企业管理人员和员工进行培训是发动阶段的常用方式,利用培训向企业各类管理人员和员工明白实现新的战略目标为大家带来的利益,并利用动员培训灌输新的思想、新的观念,提出新的口号和新的概念,消除一些不利于旅游发展战略目标实施的旧观念和旧思想,逐步接受新的旅游发展战略目标。在开始实施一个新的旅游发展战略目标时,相当多的人会产生各种疑虑,而一个新战略目标往往要将人们引入一个全新的境界,如果旅游发展战略目标没有充分得到旅游目的地和旅游企业管理人员和员工的认识和理解,就不会得到拥护和支持。因此,在旅游发展战略目标的实施发动阶段,要向广大员工讲清楚,旅游发展环境的变化给旅游业带来的机遇和挑战、旧战略存在的弊端和危机、新战略的优点和风险等,使员工能够认清形势,认识到实施旅游发展战略目标的必要性和迫切性,树立信心,打消疑虑,为实现旅游发展战略目标的美好前途而努力奋斗。在发动阶段,重要的是争取旅游发展战略目标执行人员的理解和支持。

2. 实施计划的层层分解

在旅游发展战略目标计划阶段,需要将旅游发展战略总目标分解为若干战略子目标而后针对目标制定出实施阶段,每个战略目标实施阶段都有分阶段的目标,每个战略目标实施阶段都配套有相应的政策措施、部门策略以及相应的方针。每个战略目标实施阶段,需要定出分阶段目标的实施时间表,对各分阶段战略目标进行统筹规划、全面安排,并注意各个阶段战略目标之间的衔接。在战略目标实施的第一阶段需要注意新战略目标与旧战略目标的衔接,以减少阻力和摩擦。近期阶段的战略目标实施方针应该尽量详细,对于远期阶段的战略目标实施方针可以概括一些。每个战略目标实施阶段的计划,需要加强具体化和操作化,通过制定年度目标、部门策略、方针与沟通等措施,使战略目标实施最大限度地具体化,变成旅游业各个部门可以具体操作的业务。

3. 制定并落实实施的措施

为了确保战略目标的实现,必须围绕目标制定强有力的保障措施,包括章程、规定、条例、制度、考核措施、检查评估标准、奖惩事项等。

在旅游发展战略目标实施的执行阶段,要重视各级领导人员的素质和价值观念、旅游业的组织机构、旅游企业文化、旅游产业资源结构与分配、旅游发展信息沟通、战略目标实施控制及激励制度六大工作。在运作阶段,通过做好六大工作,将旅游发展战略目标实施真正进入到旅游业的日常管理和经营活动中去,成为常态化的工作内容。

执行过程中必须明确四点:① 制订计划的重要性,伟大的行动,总是以伟大的目标为先导。② 制订执行计划的详细性要求,要真正实现目标就必须有详细的计划。把目标分解,便于执行和检查考核。③ 行动计划的制订必须具有可行性和可操作性。④ 实施计划的坚持性,伟大目标的实现过程绝不是一帆风顺的,可能会遇到许多困难与障碍,只有坚持不懈、持之以恒才能到达理想的彼岸。

4. 实施过程中的控制与评估

任何战略策划都是带有前瞻性和预测性的，由于社会的快速发展，战略实施的宏观、中观、微观环境也在变化。面对变化我们应该以变应变，随机应变，紧跟时代的潮流前进，所以，在旅游发展战略目标实施的控制与评估阶段，要清楚认识到旅游发展战略目标实施是在不断变化了的旅游发展环境中进行的，旅游业只有加强对战略目标执行过程的控制、跟踪调查与评估，发现问题及时调整实施战略的某些不适应的方面，才能适应快速发展的旅游环境的变化，按时完成旅游发展战略目标任务。在控制与评估阶段的主要工作，就是建立控制系统、监控绩效和评估偏差、控制及纠正偏差，保证旅游发展战略目标始终沿着预定的方向和目标前进。

思考题

1. 旅游发展战略策划有哪些层次？
2. 论述旅游发展区位条件评价的主要内容。
3. 简述旅游发展战略策划的步骤。

【微信扫码】
相关资源

第五章

旅游策划实操技巧

第一节 策划的常用理论

一、二八法则

二八法则是19世纪末20世纪初意大利经济学家帕累托发现的。他认为,在任何一组东西中,最重要的只占其中一小部分,约20%,其余80%尽管是多数,却是次要的,因此又称二八定律。例如:

80%的收入来源于20%的客户;

80%的财富掌握在20%的人手中;

公司里80%的业绩是20%的员工完成的;

20%的强势品牌占据着80%的市场;

……

"二八法则"要求管理者在工作中不能"胡子眉毛一把抓",而是要抓关键人员、关键环节、关键用户、关键项目和关键岗位。

"二八法则"之所以得到业界的推崇,就在于其提倡的"有所为,有所不为"的经营方略,确定了传媒业的视野。

二、长尾理论

与二八法则相对,21世纪又出现了长尾理论。长尾理论的基本原理是:只要存储和流通的渠道足够大,需求不旺或销量不佳的产品所共同占据的市场份额可以和那些少数热销产品所占据的市场份额相匹敌甚至更大,即众多小市场汇聚成可与主流大市场相匹敌的市场能量。在长尾理论中,实际上"长尾"是二八法则中原先不怎么被重视的那80%非关键的市场和低收益客户等。

长尾理论要想发挥效果必须具备条件:足够的存储和流通渠道,并且市场维护成本要尽可能小。计算机和网络技术高度发展使之得以实现。因此我们看到大批长尾理论的获利者都是互联网企业,传统市场中"二八法则"依旧大行其道,毋庸置疑。

三、5W2H 法

5W2H 分析法又叫七问分析法,是二战中美国陆军兵器修理部首创。简单、方便,易于理解、使用,富有启发意义,广泛用于企业管理和技术活动,对于决策和执行性的活动措施也非常有帮助,也有助于弥补考虑问题的疏漏。5W2H 包含以下七个方面:

(1) Why:为何——为什么要如此做?
(2) What:何事——做什么?准备什么?
(3) Where:何处——在何处着手进行最好?
(4) When:何时——什么时候开始?什么时候完成?
(5) Who:何人——谁去做?
(6) How:如何——如何做?
(7) How much:何价——成本如何?达到怎样的效果?

包含了品牌从战略(WHO、WHY)到策略(WHAT、WHEN、WHERE)直至战术(HOW)的完整运作系统,再加上另一个 H——HOW MUCH(多少)即品牌预算,实际就是一个完整的品牌运作全案!

做任何工作都应该从 5W2H 来思考,有助于我们思路的条理化,从而杜绝盲目性。

四、SWOT 分析法

SWOT 分析法又称为态势分析法,它是由旧金山大学的管理学教授于 20 世纪 80 年代初提出来的,是一种能够较客观而准确地分析和研究一个单位现实情况的方法。SWOT 四个英文字母分别代表:优势(Strength)、劣势(Weakness)、机会(Opportunity)、威胁(Threat)。

从整体上看,SWOT 可以分为两部分:第一部分为 SW,主要用来分析内部条件;第二部分为 OT,主要用来分析外部条件。将调查得出的各种因素根据轻重缓急或影响程度等排序方式,构造 SWOT 矩阵。在完成环境因素分析和 SWOT 矩阵的构造后,便可以制订出相应的行动计划。制订计划的基本思路是:发挥优势因素,克服弱点因素,利用机会因素,化解威胁因素;考虑过去,立足当前,着眼未来。运用系统分析的综合分析方法,将排列与考虑的各种环境因素相互匹配起来加以组合,得出一系列公司未来发展的可选择对策。

五、马斯洛需求理论

美国心理学家马斯洛(Abraham H. Maslow,1908—1970)所首创的一种理论。

马斯洛提出需要的 5 个层次如下:

1. 生理需要,是个人生存的基本需要,如吃、喝、住处。

2. 安全需要,包括心理上与物质上的安全保障,如不受盗窃的威胁,预防危险事故,职业有保障,有社会保险和退休基金等。

3. 社交需要,人是社会的一员,需要友谊和群体的归属感,人际交往需要彼此同情、互助和赞许。

4. 尊重需要,包括要求受到别人的尊重和自己具有内在的自尊心。

5. 自我实现需要,指通过自己的努力,实现自己对生活的期望,从而对生活和工作真正感到很有意义。

心理学是营销学的基础,对人类需求层次理论的高度把握能更好地为营销服务。

六、CI 系统

CI 由 MI、VI、BI 组成。

MI(Mind Identity):理念识别(企业思想系统),是指企业思想的整合化。通过企业的经营想法及做法,进行标语的整合,宣传画的美化,思想观念的教育,向公众及员工传递独特的企业思想特点。它包括了经营理念、经营宗旨、事业目标、企业定位、企业精神、企业格言、管理观念、人才观念、创新观念、工作观念、客户观念、人生观念、价值观念、品牌定位、品牌标准广告语等。

VI(Visual Identity):视觉识别(品牌视觉系统),是指企业识别(或品牌识别)的视觉化。通过企业或品牌的统一化、标准化、美观化的对内对外展示,传递企业或品牌个性(或独特的品牌文化)。它包括了基础要素和应用要素两大部分。基础要素是指:企业名称、品牌名称、标志、标准字、标准色、辅助色、辅助图形、辅助色带、装饰图案、标志组合、标语组合等;应用要素是指:办公用品、公关用品、环境展示、专卖展示、路牌招牌、制服饰物、交通工具、广告展示等。

BI(Behavior Identity):行为识别(行为规范系统),是企业思想的行为化,通过企业思想指导下的员工对内对外的各种行为,以及企业的各种生产经营活动,传达企业的管理特色。它包括干部教育、员工培训、规章制度、质量管理、行为规范、文娱活动、公关活动、公益活动、品牌推广等。

形象一点说,CI 就是一支军队,MI 是军心,是军队投入战争的指导思想,是最不可动手的一部分;VI 是军旗,是军队所到之处的形象标志;而 BI 则是军纪,它是军队取得战争胜利的重要保证。

七、品牌形象论

20 世纪 60 年代由大卫·奥格威提出的品牌形象论是广告创意策略理论中的一个重要流派。在此策略理论影响下,出现了大量优秀的、成功的广告。

其基本要点是:

1. 为塑造品牌服务是广告的最主要的目标。广告就是力求品牌具有并维持一个高知名度的品牌形象。

2. 任何一个广告都是对品牌的长期投资。从长远的观点来看,广告必须尽力去维护一个好的品牌形象,而不惜牺牲追求短期效益的诉求重点。

3. 随着同类产品差异性减小,品牌之间的同质性的增大,消费者选择品牌时所运用的理性就越少。因此,描绘品牌的形象要比强调产品的具体功能特征要重要得多。

4. 消费者购买时所追求的是"实质利益+心理利益",对某些消费群来说,广告尤其应该运用形象来满足其心理的需求。

八、4P 理论

杰瑞·麦卡迪(Jerry McCarthy)教授在其《营销学》(*Marketing*,第一版,出版于1960年左右)最早提出了这个理论。4P为企业的营销策划提供了一个有用的框架。它的提出是自上而下的运行原则,站在企业立场,重视产品导向。

产品—Product,从市场营销的角度来看,产品是指能够提供给市场被人们使用和消费并满足人们某种需要的任何东西,包括有形产品、服务、人员、组织、观念或它们的组合。

价格—Price,是指顾客购买产品时的价格,包括折扣、支付期限等。价格或价格决策,关系到企业的利润、成本补偿,以及是否有利于产品销售、促销等问题。

影响定价的主要因素有三个:需求、成本、竞争。

最高价格取决于市场需求,最低价格取决于该产品的成本费用。在最高价格和最低价格的幅度内,企业能把这种产品价格定多高则取决于竞争者同种产品的价格。

通路—Place,所谓销售渠道是指在商品从生产企业流转到消费者手上的全过程中所经历的各个环节和推动力量之和。

推广—Promotion,很多人将 Promotion 狭义地理解为"促销",其实是很片面的。Promotion 应当是包括品牌宣传(广告)、公关、促销等一系列的营销行为。

九、4C 理论

4C理论是由美国营销专家劳特朋教授在1990年提出的,它以消费者需求为导向。它强调企业首先应该把追求顾客满意放在第一位,其次是努力降低顾客的购买成本,然后要充分注意到顾客购买过程中的便利性,而不是从企业的角度来决定销售渠道策略,最后还应以消费者为中心实施有效的营销沟通。

消费者的需求与欲望(Consumer needs and wants):把产品先搁到一边,赶紧研究消费者的需求与欲望,不要再卖你能制造的产品,而要卖某人确定想要买的产品;

消费者愿意付出的成本(Cost):暂时忘掉定价策略,赶快去了解消费者要满足其需要与欲求所必须付出的成本;

购买商品的便利(Convenience):忘掉通路策略,应当思考如何给消费者方便以购得商品;

沟通(Communication):最后请忘掉促销,20世纪90年代以后的正确新词汇应该是沟通。

十、USP 理论

罗瑟·瑞夫斯(Rosser Reeves)提出 USP 理论,要求向消费者说一个"独特的销售主张"(Unique Selling Proposition),简称 USP 理论。

USP 理论包括三个方面:

一是每个广告不仅靠文字或图像,还要对消费者提出一个建议,即买本产品将得到的明确利益;

二是这一建议一定是该品牌独具的,是竞争品牌不能提出或不曾提出的;

三是这一建议必须具有足够力量吸引、感动广大消费者,招徕新顾客购买你的东西。

1954年,瑞夫斯为M&M糖果所做的"只溶在口,不溶在手"广告创意是USP理论典范之作。

十一、马太效应

美国科学史研究者罗伯特·莫顿(Robert K. Merton)归纳"马太效应"为:任何个体、群体或地区,一旦在某一个方面(如金钱、名誉、地位等)获得成功和进步,就会产生一种积累优势,就会有更多的机会取得更大的成功和进步。它的名字来自圣经《新约·马太福音》中的一则寓言。

此术语后为经济学界所借用,反映贫者愈贫,富者愈富,强者恒强,弱者恒弱,或者说,赢家通吃……竞争将更加残酷。

十二、麦克尔·波特竞争理论

麦克尔·波特来自哈佛商学院,他提出的竞争理论:一个企业要在市场竞争中取得优胜地位,有三种战略可供选择:最低成本、差异化营销、市场集中(lowest cost, differentiation, focus),为企业的战略定位提供了构架。

尽管波特的战略框架在学界评价不一,但对于全球商界领导人来说,有着非凡的说服力。而且,德鲁克也承认,波特是仅有的几个为管理做出重要贡献的学者之一。

十三、蓝海战略

W.钱·金和勒妮·莫博涅教授合著了《蓝海战略》一书。蓝海战略其实就是企业超越传统产业竞争,开创全新的市场的企业战略。如今这个经济理念,正得到全球工商企业界的关注。"红海"是竞争极端激烈的市场,但"蓝海"也不是一个没有竞争的领域,而是一个通过差异化手段得到的崭新的市场领域。在这里,企业凭借其创新能力获得更快的增长和更高的利润。

在某些领域,蓝海战略受到质疑,其实完全没有这个必要。我们仔细分析一下,即使竞争再激烈的市场一样会有市场空白存在,发现市场空白并第一时间介入,这一过程被国外学者给冠了一个很动听的名字——蓝海战略。

十四、定位理论

定位理论的创始人是特劳特与里斯。定位起始于产品,但并不是对产品本身做什么行动。定位是指要针对潜在顾客的心理采取行动,即要将产品在潜在顾客的心目中确定一个适当的位置。因此,定位是对顾客的头脑进行争夺的理论。其目的是在潜在顾客心中得到有利的地位。

定位的真谛就是"攻心为上",消费者的心灵才是营销的终极战场。要抓住消费者的心,必须了解他们的思考模式,这是进行定位的前提。

十五、木桶理论

所谓"木桶理论"也即"木桶定律",其核心内容为:一只木桶盛水的多少,并不取决于桶壁上最高的那块木块,而恰恰取决于桶壁上最短的那块。根据这一核心内容,"木桶理论"还有两个推论:

其一,只有桶壁上的所有木板都足够高,那木桶才能盛满水。

其二,只要这个木桶里有一块不够高度,木桶里的水就不可能是满的。

"木桶理论"可以启发我们思考许多问题,比如企业团队精神建设的重要性。在一个团队里,决定这个团队战斗力强弱的不是那个能力最强、表现最好的人,而恰恰是那个能力最弱、表现最差的落后者。因为,最短的木板在对最长的木板起着限制和制约作用,决定了这个团队的战斗力,影响了这个团队的综合实力。也就是说,要想方设法让短板达到长板的高度或者让所有的木板维持"足够高"的相等高度,才能完全发挥团队作用,充分体现团队精神。

十六、羊群效应

羊群效应是指管理学上一些企业的市场行为的一种常见现象。例如一个羊群(集体)是一个很散乱的组织,平时大家在一起盲目地左冲右撞。如果一头羊发现了一片肥沃的绿草地,并在那里吃到了新鲜的青草,后来的羊群就会一哄而上,争抢那里的青草,全然不顾旁边虎视眈眈的狼,或者看不到其他还有更好的青草。

羊群效应一般出现在竞争非常激烈的行业,而且这个行业有一个领先者(领头羊)占据了主要的注意力,那么整个羊群就会不断模仿这个领头羊的一举一动,领头羊到哪里去吃草,其他的羊也去哪里淘金。

有则幽默故事也反映了羊群效应:一位石油大亨到天堂去参加会议,一进会议室发现已经座无虚席,没有地方落座,于是他灵机一动,喊了一声:"地狱里发现石油了!"这一喊不要紧,天堂里的石油大亨们纷纷向地狱跑去,很快,天堂里就只剩下那位后来的了。这时,这位大亨心想,大家都跑了过去,莫非地狱里真的发现石油了?于是,他也急匆匆地向地狱跑去。

十七、果子效应

对于消费者而言,品牌是一种经验。在物质生活日益丰富的今天,同类产品多达数十上百甚至上千种,消费者根本不可能逐一去了解,只有凭借过去的经验,或别人的经验加以选择。因为消费者相信,如果在一棵果树上摘下的一颗果子是甜的,那么这棵树上的其余的果子也都会是甜的。这就是品牌的"果子效应"。

"果子效应"能保证企业在开发新产品,介入新的领域后利用原品牌影响力来为统领市场。

十八、魏斯曼营销战略学说及竞争四种手段

1. 领导者战略:公司的相关产品在市场中占有最大的市场份额,它通常在价格变化、新

产品引进创新、分销覆盖和促销强度上,对其他公司起着领导作用。

2. 挑战者战略:在行业中占有第二、第三和以后的位置,它可以攻击市场领先者和其他竞争者,以夺取更多的市场份额,提升自己,有可能取代领导者的地位。

3. 市场追随者战略:它们在市场上采取跟随领导者的策略,从产品、命名、宣传等都和领导者极为相似,利用领导者的资源分割市场。

4. 利基者战略:他们只注重小块市场,并把它做深做透,从中投入较少的资源,获取较大的利润,成为小块市场的领先者,他们经常避免与大公司竞争。

第二节 旅游策划的步骤及方法

一、旅游策划的程序

旅游策划是一项涉及多方面的综合工程,每一项具体工作细节不同,但每一个成功的旅游策划,都是按照一定的程序,有计划、有步骤地完成的,并在策划的发展过程中不断地改进和完善,最终成为具有轰动效应的旅游策划书。旅游策划书创作的流程包括:确立旅游策划者、界定问题和制定策划目标、拟定计划和组织分工、调查分析、策划创意、方案的构思和确立、写作策划报告书、修改和实施反馈等步骤。

众所周知,解决问题是策划的根本目的。欲解决问题必须首先要找出问题,而后通过分析研究找出主要矛盾。在旅游策划中,界定问题和明确目标是旅游策划程序的第一步,也是最为重要的一步。如果问题不清晰,目标不明确,那么旅游策划不仅毫无意义,而且还会造成决策失误,给旅游策划各方面带来损失。

(一)选择策划人

问题是人发现的,它需要人来解决。旅游策划者的因素特别是旅游策划者的素质,在旅游策划中起着决定性的作用。旅游策划者应具备以下素质:① 应有强烈的问题意识,不仅能够掌握问题的实质,还能够发现新的相关问题。② 应具备一定的旅游知识,了解旅游发展的趋势。③ 应有综合、归纳、联想的能力,富有创造性。综合别人的看法和意见,归纳出有意义的结论,再联想到自己的问题,然后创造性地提出解决问题的方案。

旅游策划人的素质和水平直接关系到策划的质量,关系到项目能否成功地实施和取得预期的效益,无论旅游策划的项目可能是企业所属的策划部门来做,还是可能是委托给的专业策划公司或高等院校、研究所做,最终都离不开组织中高素质策划人的谋划运筹,所以我们必须重视选择高素质的策划人。如果是委托策划公司做策划,需要由委托单位和被委托单位双方签订一份策划委托合同或协议,明确双方的责任和权利,尤其要明确策划的内容和目标,以及策划所需要的费用。

(二)界定问题

界定问题就是对问题进行仔细分析,把问题的实质和范围加以准确说明。界定问题要全面考虑各方面的需要和可能,将问题明确提出。只有界定了问题,才可能将目标具体化。

界定问题,首先要弄清委托方的本意和要求,把有限的时间、智慧和财力专注其中。如果掌握不了委托方的本意,可能导致策划结果与委托者的本意相差太远而无法实施,浪费大量的人力、物力、财力和时间,甚至失去了发展的大好时机。

其次,要调查研究策划的对象。了解了委托者的本意后,不必立即着手进行策划,还要对委托者的本意进行调查研究,看是否可行,是否可以改进以获得更大的效果。如果委托者提出无意义的策划要求,或者是被委托者不感兴趣的策划要求,进行策划会令人提不起精神,无法发挥自己的智慧和才能。如果提出的策划难度很大,而自己又不能胜任,则最好放弃策划任务,以免给自己和他人带来不必要的麻烦。

调查研究还要对策划对象进行考察分析,看看委托者的本意是否符合实际情况,在策划过程中是否能够得到委托方的支持,策划结果能否被执行下去。如果这些问题都不太令人满意,那么就得慎重考虑进行策划的实际意义了。在旅游策划实践中,我们曾碰到过这样一桩案例:某集团公司委托我们策划开发一个娱乐性质的主题公园。经我们调查核实,该公司既无地块,也无资金,只不过想从中介中赢利而已。经过反复权衡,我们最终决定放弃这次委托。结果证明,做出这样的决策是明智的,数月之后,该项目便不了了之。

调查研究需要到实际中去走走、去看看,以便对策划对象有一个感性的认识,对委托者的本意有一个深入的领悟,并有可能获得策划的灵感。

最后,要明确重点。旅游策划涉及许多方面的问题,在这些相关的问题之中,总有一个重点,即主题。只有在解决了重点问题之后,其他的问题才能迎刃而解,因此在界定问题时,要找到重点。旅游策划的重点可能是委托者或上级给定的,也可能是各部门和策划部门讨论出来的。为了使旅游策划重点明确,旅游策划人员要同决定策划对象、主题的人好好商量,确定主题无误后,方可进行实际操作。

(三) 拟订策划运作工作计划

旅游策划公司接受委托后,应成立专门的旅游策划课题小组,负责整个项目策划的领导、组织和协调工作。旅游策划课题小组主要有两个方面的功能和作用,即拟订计划和组织分工。

1. 拟订计划

旅游策划是一个有计划有步骤的活动过程,什么时候开展市场调查,什么时候组织讨论,什么时候撰写策划报告书,什么时候完成策划任务,事先应根据委托合同书上的要求进行周密的部署和安排。

2. 组织分工

旅游策划课题小组成立后,应明确各自的分工任务,做到职责分明。

(四) 市场调查分析

调查分析是旅游策划的基础和依据,其调查的内容是收集市场从生产到消费全过程的有关资料,经分析研究,确立旅游策划的目标、受众、诉求点、表现方法和实施策略。

1. 确定调查的内容

在收集整理资料之前,要明确调查的内容。收集资料带有一定的目的性,调查的内容和策划对象有关,以下是风景区旅游项目策划所要调查的内容。

旅游资源调查。对旅游地的资源调查比区域旅游规划中的调查要详细得多,要求旅游地的绝大部分都被调查过,对于一些面积广大、条件恶劣的部分,可以借助遥感图协助调查,有条件的还可以用直升机来协助调查。旅游地的资源调查要详细记录旅游地内的景点、景物,对一些重要的景点、景物,还要进行拍照、摄像,制作幻灯片。

环境质量调查,大致有如下一些内容:① 有关地震、断层、火山、滑坡、泥石流、水土流失等;② 有关水域特征、水位、水量、潮汐、泥沙量、凌汛、水质污染等;③ 有关气候特征、温度、湿度、降水量、风向、风速、冰冻、季节期、有害气体等;④ 有关土壤、植被、水质、大气污染情况及污染源的状况等;⑤ 有关自然灾害、人为破坏、地方病、有害动植物等;⑥ 工矿企业、科研机构、医疗机构、仓库堆积、生活服务、交通运输等方面的排污、放射性、易燃易爆、电磁辐射等。

开发条件调查,大致有如下一些内容:① 社会经济文化状况,包括人口、民族、经济发展水平、物资供应、人民生活水平、文化素质等;② 内外交通情况;③ 服务设施状况,包括游览、食宿、购物、文娱、医疗、邮政、银行、厕所等;④ 基础设施状况,包括供水、排水、供电、通讯、环卫、污水处理、防火安全设施等;⑤ 管理工作状况,包括管理体制、机构设置、立法工作等。

旅游市场的调查,以下内容可供参考。

(1) 与旅游者有关

看法和态度:旅游目的地形象,对旅游目的地的反应,对宣传、广告和公共关系的反应,推销效益,对旅游设施服务水平,对旅游价格,对旅游分配渠道。

旅游动机和行为:旅游的主要动机,旅游的方式(散客、家庭、团体,经济豪华,等等)。对旅游市场经营策略的反应,对未来旅游期望的变化趋势。

(2) 与旅游市场有关

旅游市场的特点和趋势:旅游市场的大小,旅游市场的地理位置,旅游市场的人口分布特点,旅游市场细分情况,旅游市场分类。

旅游市场竞争:旅游目的地市场竞争的基本策略,竞争者旅游产品的长处和短处,竞争对手的市场经营策略,竞争对手的旅游价格策略。

(3) 与旅游市场环境有关

旅游市场社会人口学情况:人口分布特点,城市化趋势,城乡人口的生活习惯和闲暇时间,文化、教育水平,不同的年龄群,家庭规模和消费习惯,社会风俗和传统习惯,劳动和就业。

经济政治环境:不同阶层的家庭及收入,对旅游产品的购买力,旅游客源地(国)的宏观经济形势与币值,消费者的政治倾向,旅游目的地或旅游客源地(国)带来的政治影响,政府在开发旅游方面的作用,税收政策。

(4) 与旅游目的地有关

① 旅游资源:自然资源、人文资源。

② 旅游设施和服务:

基础设施:内部交通道路系统,水、电、气、热的供应系统,废物、废气、废水的排污处理系统,邮电通讯系统等,以及从客源地到目的地的外部交通基础设施。

旅游服务:分基本服务和辅助服务。基本服务有客房服务、餐饮服务、交通服务、导游服务、购物服务、娱乐服务等;辅助服务有理发、医院、洗衣、金融、保险、通讯咨询、出入境手续、托运、签证等。

③ 自然环境：气候条件、环境污染与保护措施。

2. 收集第二手资料

市场调查人员面临的信息资料有原始资料和第二手资料两种。原始资料是指须由调查人员为本次调查目的直接从调查对象处搜集的信息资料。第二手资料是前一次或由他人所收集、整理并存放于某处的信息资料，也称现有资料。调查人员应当首先从搜集第二手资料入手，只有当第二手资料不能满足调查目的需要时，才需着手搜集原始资料。这样做的好处是：① 搜集资料所需的时间短；② 搜集资料所耗费的人力、财力、物力少；③ 有助于更精确、更有针对性地搜集原始资料。第二手资料的不足之处：所收集的资料往往不能很好地满足调查的目的，对解决问题不能完全适用；缺乏时间性，过时的资料比较多；缺乏精确性和可靠性。

第二手资料主要有以下几个方面的来源。

(1) 企业内部来源。包括各种会计、统计报表，企业内部的有关记录、凭证、各种经营指标，客户资料以及以前的研究报告。

(2) 政府来源。有政府发布的有关信息、文件、统计公报、研究报告等。

(3) 报刊书籍。包括各种有关的报纸、杂志、手册、年鉴、书籍、企业名录以及有关机构分布的资料。

(4) 商业资料。包括由企业发布的信息资料，企业咨询机构出售的信息资料和研究报告。

第二手资料往往具有一定局限性，不能直接原封不动地加以利用。

3. 收集原始资料

第二手资料往往不能满足工作的需要，许多资料需要旅游策划者自己亲自去调查。第一手资料不仅能够弥补资料的不足，而且还使得资料更具有可靠性、时效性和真实性。原始资料的收集一般来说有如下几种方法。

(1) 观察法

它是由调查人员在现场观察有关参与者及其环境的一种方法。观察的对象可以是产品、顾客，也可以是竞争对手、环境因素等。观察得到的第一手资料往往比较生动、直观、可靠。观察法的局限性在于：它一般只能看到表层现象，很难对深层因素进行分析，比如，顾客的职业、文化水平、心理动机等，就很难通过观察法去了解。

(2) 询问法

这是运用最多、适应面最广的一种市场调查方法，可以用来搜集各种市场信息资料。比如，顾客的行为、动机、态度、意见，竞争对手的动态，市场的热点问题，企业的广告效果，各销售渠道的状况等。询问法最适合于描述性调查。具体的调查方法有三种。

① 电话访问。这一方法获得信息最迅速，最及时，反应率较高，可以及时解决许多疑难问题。此法也有一定局限性，一是谈话时间有限，不能提太多的问题；二是访问对象仅限于有电话的人士。

② 发放问卷。包括邮寄问卷、街头发放、上门发放三种形式。此法送达率较高，成本较低，比较容易被调查对象所接受。局限在于：反应率无切实保障，问卷的回收率比较低，一般不会超过30%~40%。

③ 人员访问。包括预约访问和街头采访。由于采用面谈方式,因此此法最灵活,内容可多可少,可以深入交谈,可以察言观色,随时调整访问的内容。此法成本最高,最费时和费力。

(3) 实验法

它是将选定的刺激因素引入被控制的环境中,进而系统地改变刺激程度,以搜集和测量调查对象的反应的一种方法。有时可根据需要,将调查对象分成若干小组,然后分别给予不同程度的外部刺激,以便进行分析对比。特别是当对同一现象存在不同解释的时候,运用实验法可以找出真实的原因。因此,实验法适合于因果调查。比如,为确定某项产品的价格,可以进行这样的实验:在两处环境基本相同的销售点以两种价格同时销售该产品,然后统计两处的销量,若两处对比销量相差不大,说明价格不是影响该商品销售量的主要因素;反之则说明价格对该产品有重要影响。这种结果若在一段时间内持续稳定则可证明它是可靠的。

4. 整理资料

收集来的资料很多,需要进行分门别类、去粗取精、去伪存真,这是旅游策划调查分析阶段资料的整理过程。

在对第二手资料进行评估时,应掌握以下三条标准。

(1) 公正性。资料应客观公正,不带偏见和恶意,发布资料的机构越具权威性,其资料就越客观公正。

(2) 时效性。应当注意考察资料是否过时。

(3) 可靠性。多数统计资料是采用抽样调查的方法得到的,因此,抽取的样本是否具有典型性、代表性,抽取样本的数量是否充足,对资料的可靠性有很大的影响。

将收集来的资料按照不同的类别进行整理,使凌乱的资料变成有用的情报,这样对问题的认识更深入一步,也基本上产生了解决问题的方案。

(五) 策划创意

1. 创意的来源

旅游策划是为了找到能够解决问题的方法、方案,这种方法、方案就是旅游策划的创意。创意不是单凭某一个人的点子就可以简单得来的,而是经过系统的组织、整理,形成可以实现的构想和方案。

一般来说,创意可能来自以下三方面。

(1) 来自组织内部。有许多好的创意可能已经存在于旅游工作人员的脑海里,只不过他们的创意没有被发现,或者没有被重视,抑或还只是一个点子,因此需要策划人员对内部人员进行广泛的征询和调查。

(2) 来自社会。对于某一方面的问题,可能在社会上已经存在解决方案,如在书籍中、在从事相同工作的人的意识里,已有成功的先例(社会上很多关于成功策划案例的书籍)。这就需要策划人员占有大量的资料、具有丰富的阅历,以及对此类问题解决方案的把握。

(3) 来自策划人员的灵感。谈到某一具体的策划,也许人人都能说上几条意见,拿出几套解决方案,但要得到好的策划创意、好的解决方案,就不是人人能够做到。这需要策划人员有丰富的经验和一定的素养。

(4) 来自信息的收集与积累创意的形成。

2. 寻求策划创意的线索

策划创意的获得并没有秘诀,好的策划创意往往来自创意的灵感,也就是创意暗示、创意联想、模糊印象、灵机闪现等,将灵感经过整理、变形、加工和组合,就形成创意。因此,寻找策划创意的线索就是要寻找创意的灵感。产生好的策划创意的人,并非一定要绝顶聪明、反应敏捷,关键在于能否正确把握策划主题,能否深入地看待问题,能否有丰富的联想,能否掌握正确的策划方法。

以下是寻求策划创意线索的几种常见的方法。

(1) 临时收集信息法。前面谈到了策划创意可能的三个来源,其中,第一和第二方面的来源,表明有现成的策划创意可供借鉴、借用。在广泛调查的基础上,我们可能会得到这些现成的策划创意。这是最省时、省钱、省力的方法。

(2) 添加新内容。前述方法基本上是照搬现成的策划创意,策划者并没有什么新的创意,也没有发挥自己的智慧。添加新内容是在收集来的好的策划创意的基础上,加减增补新的内容,加以修改、变更和加工,也就是说加上自己的重新塑造,改变若干切入点,或加以新的灵感与创意。

(3) 感性认识法。仅靠现成的策划创意来应付策划的需要是不够的,同样,仅靠策划小组成员袖手枯坐、绞尽脑汁想点子也是不够的。必须积极走动,亲自去探寻,以求获得感性认识。在感性认识的基础上,往往会获得新的创意或灵感。感性认识法,就是参加到生产、经营、消费过程中,同各种生产者、批发商、零售商和消费者进行交谈,必要时还得拜访同业前辈及不同行业的人士,多开座谈会,多到有成功策划经验的企业去考察,从各种关系人士中获得创意和灵感。

(4) 日积月累法。很多创意不是突然产生的,而是在日积月累的基础上产生的。策划者在日常的工作和学习过程中,慢慢地积累起有关旅游策划的资料和经验,在需要的时候,可以顺利地做出高效率的策划来。日积月累法常用的手段有:经常去参加策划方面的座谈会,听这方面的演讲;向前辈同行请教,摘抄,剪报,记录,做卡片,并且将这些收集来的资料进行整理,分门别类。

(5) 联想法。利用策划者的大脑,通过联想获得策划创意的方法就是联想法。联想法中还有一些具体的方法:① 动脑会议法。策划小组成员在一起开会,让每个成员把他的想法说出来,然后让每个人根据大家的想法,动动脑子,再加上自己新的联想,提出新的看法,最后能获得比较一致的创意。② 关键词法。事先收集一些与本策划有关的关键词写在卡片上,然后,翻阅卡片以寻求联想点。③ 核对表法。将一些与本策划有关的问题写出来,然后根据这些问题进行思考,从而导出联想点来。④ 梦想法。即策划者脱离实际,通过假想、臆想、空想、构想、胡思乱想等,得到看来不太可能实现的结果,然后想办法实现这个结果。

3. 创意方法

(1) "三境界"法

国学大师王国维(字静安,1877年—1927年)在代表作《人间词话》中,提出的"古今之成大事业大学问者,必经过三种境界",用三段绝美的宋词极其形象地描述了思维求索"解决方案"的过程:

第一境界——"昨夜西风凋碧树,独上高楼,望尽天涯路",是对目标、对象和环境的高视点、多角度、全方位的观察(搜集)、整理和分析。

第二境界——"衣带渐宽终不悔,为伊消得人憔悴",是根据经验、标准、规律等参照系对前阶段经过分解列举的各个关联要点进行筛选、判断,是不断地去伪存真、去粗存精的艰辛过程。

第三境界——"蓦然回首,那人却在灯火阑珊处",是经过不断的探索、比较、验证的思维过程,终于顿悟开朗的创新时刻。

王国维的"三境界说"被广泛地运用在很多需要创新的工作领域,不论是学习还是研究,是做行动计划还是设计广告,因为不论任何主体客体,人类思维的行进过程都是相似的。

(2) 5W2H法

所谓5W2H法就是分别从七个方面去对策划创新的对象、目标进行设问。既是角度,也是分解创意策划对象的程序。

分解这七个方面的英文单词的第一个字母正好是5个W和2个H,所以称为5W2H法。这七个方面是:

Why——为什么需要创新?

What——什么是创新的对象,即创新的内容和达成的目标。

Where——从什么地方着手?

Who——什么人来承担任务?

When——什么时候完成?

How——怎样实施,即用什么样的方法进行。

How much——达到怎样的水平或需要多少成本。

5W2H法能够帮助我们的思维路径实现条理化,围绕目标,理清步骤,有助于在管理中乃至生活中杜绝思维的盲目性、随意性和资源浪费。

(3) 行停法(going-stopping method)

美国创造学家阿里克斯·奥斯本(A. F. Osbern)总结整理出的一种设问类型的创新技法。通过"行"(go)——发散思维(提出创造性设想)与"停"(stop)——聚敛思维(对创造性设想进行冷静分析)的反复交叉进行,注重程序,逐步接近所需解决的问题。行停法的操作步骤是:

"行"(go)——思考列举与所需要解决的问题相关联的要点因素;

"停"(stop)——对此进行详细的分析和比较;

"行"(go)——对解决问题有哪些可能用得上的信息;

"停"(stop)——如何方便地得到这些信息;

"行"(go)——提出解决问题的所有关键点;

"停"(stop)——判断确认最好的解决切入口;

"行"(go)——尽量找出验证试验的方法;

"停"(stop)——选择最佳的试验验证方法……循环往复,直至思维创新达到预期目标,获得成功答案,形成完整的策划方案。

(4) 六顶思维帽法(lateral thinking)

英国剑桥大学的心理学医学博士爱德华·德·波诺(Edward de Bono),在1980年代发明了"平行思维法"。针对一件具体事情,思维的一个小环节,在同一个时刻,人们在思考时,情感、信息、逻辑、希望、创造力等都要参与到思考之中,人们要同时控制它们。

该方法主张:要把情感和逻辑分开,将创造力与信息分开,以此类推。波诺先生形象地把各个概念比做不同颜色的思考帽,戴上一顶帽子代表使用一种思维方式。

白帽:纯白,纯粹的事实、数字和信息。

红帽:刺目的红,情绪和感觉,包括预感和直觉。

黑帽:漆黑,做错误倡导者,否定判断,代表负面因素。

黄帽:阳光的,明亮和乐观主义,肯定的,建设性的,机会。

绿帽:象征丰收,创造性的,植物从种子里茁壮成长,意动,激发。

蓝帽:冷静和控制,管弦乐队的指挥,对思维进行思维。

戴上上述不同颜色的帽子,分别从不同的倾向角度去面对问题,得出的结论会有所不同,综合这些思维结果所得出的结论往往是最好的决策。

(5) 头脑风暴法(Brain-storming)

就像中国成语"集思广益"的意义一样,阿里克斯·奥斯本(A.F.Osbern)于1938年发明了著名的头脑风暴法,这是激发人的大脑思维产生创造性设想的一种集体讨论方法,又称BS法。奥斯本把这种方法的有效性归因于四个方面:

其一,思想的产生有赖于联想,联想能力在一定程度上依赖于不同思想的相互启发和诱导。

其二,一般人在小组讨论中比单独思考更能发挥其想象力。

其三,智力活动在竞争情况下,其产生思想的能力增强50%,其中尤其以产生灵感的能力增强最为突出。

其四,在小组中个人设想往往会立刻得到他人的鼓励、引申和发展,从而更加激发自己提出更好的设想。

头脑风暴法的具体做法是:围绕某个目标明确的主题,召开一次有10人左右参加的小组讨论会。会议主持人的言辞必须妙趣横生,使场面轻松、和谐,善于引导、激励会议成员积极思考。为了使会议气氛热烈,富有成效,对到会的人员约定4条原则:第一,不允许批评别人提出的设想;第二,提倡无约束地自由思考;第三,尽量提出新奇设想;第四,结合他人的见解提出新设想。

头脑风暴法主要包括准备、热身、明确问题、畅谈、加工设想五个步骤。通过这五个步骤,先把设想归为明显可行的、荒谬的和介于两者之间的三类,经评价筛选出最佳方案。

在头脑风暴法的基础上,日本学者武知考夫提出了 T.T.STORM 法,把创意的思维过程归结成集中目标、广泛思考、探索相似点、系统化、择优、具体化六个步骤。其他还有不少国内外学者专家在此基础上做出了改进和创新。

(六) 确立策划方案

在旅游策划过程中,往往会有几个策划创意,得到几个策划方案,但是实际操作却只能是一个策划方案,因此要选定和确立一个方案。

一个可行的方案,应具备以下三个条件。

1. 方案应具有可操作性。方案本身要符合单位和企业的实际情况,包括人力、物力、时间和财力;此外还要有此方案实施时所必须具备的外部条件。

2. 方案应得到领导的信任与支持。策划方案能否顺利推行,执行到底,与领导的信任和支持程度有很大的关系。因为，推行一个策划，往往需要大量的资金投入，而在推行之初，看不出任何效果，如果领导意志不坚定，对策划方案的信心产生动摇，支持与信任的程度降低，会使策划方案夭折。

3. 方案应得到其他部门的支持与配合。方案的实施除了领导的支持外，还要其他部门的全力配合。作为旅游策划来说，如果是对一个地区进行策划，那么其他部门就是与旅游相关的部门，如园林、建设、环保、规划等；如果是对企业进行策划，那么其他部门就是企业内部的各个部门。因此，在策划方案制定之初，就必须与其他部门沟通、协商，最好请各个部门的领导直接参与策划。这种经过大家共同制定的策划方案，是大家所参与的、认可的方案，可以得到各部门的全力支持和配合。

如果策划方案只停留在策划者的脑海里，不为他人所知、所接受，策划思想和策划创意是不可能实施的。策划书作为策划的物质载体，是策划的文字化，它使策划由思想一步步地变为现实。因此，旅游策划方案必须整理成策划书，提交给上级和相关部门，才能够推行下去。

（七）创作旅游策划书

旅游策划书是旅游策划的体现形式，具体结构和内容将在本节第三部分给出具体介绍。

（八）策划案的修改和实施

1. 答辩（征求意见）

实施一项旅游策划需要较长的时间，花费较多的经费，所以一项策划在实施之前必须征求意见或答辩。征求意见是把策划书下发给各个相关部门的主要领导和其他人员，广泛征求他们的意见。答辩则要严格一些，由主要领导和相关部门的领导就策划的内容询问，策划小组就这些问题进行回答。更严格的答辩，不仅主要领导和相关部门的领导，还要请一些这方面的专家参与。

策划小组应对策划书的内容做出比较详细的阐述，对提出的问题做明确的答复，并认真记下各个方面的意见和建议，虚心接受批评，不能感情用事，对领导、专家的意见和建议不听不问，甚至顶撞对立。

2. 修改

从各方面反馈回来的意见和建议要认真对待，意见和建议有正确的，也有不正确的。通过对这些意见和建议进行整理，保留正确的；然后根据正确的意见和建议，对策划书进行修改。如果意见不多，则可以少修改；如果意见较多，则需要进行较大的修改，甚至从头再来。所以，在调查阶段工作要做得细一些，尽可能多地获得资料信息；在确定策划创意阶段，要与领导和相关部门多沟通、多交流。

3. 实施

经过同意和批准的旅游策划，就要付诸实践，进入策划的实施阶段。在实施过程中，要对策划进行有效的管理，尤其要保持策划的连续性、权威性，按照策划的内容实施，不得随意改变策划的内容。如果情况确实发生了较大的变化，可以对策划书做出修改。

实施阶段是一个比较长的阶段，可能是几个月、几年，甚至几十年。

二、市场调查与可行性分析

(一) 旅游市场调查的内容与预测

旅游策划的市场调查包括旅游相关政策法规、区域背景、旅游资源、旅游业现状、旅游客源市场五个方面的调查分析。

1. 旅游相关政策法规的调查分析

旅游相关政策法规的调查分析包括国家法规、行政法规、部门规章、地方性法规、规范性文件和行业标准。

2. 区域背景的调查分析

区域背景的调查分析包括区位、自然、经济条件与社会文化环境四个方面。

区位：区域的自然地理位置、经济地理位置、交通地理位置以及三者之间的综合分析。

自然：调查区的地貌特征、水文特征、生物特征、气象、气候和环境因素等。

经济条件：宏观经济环境、微观经济环境等。

社会文化环境：调查区的概况、历史沿革、文化氛围、社会氛围等。

3. 旅游资源的调查评价

旅游资源调查是对一个区域旅游资源进行考察、勘查、测量、分析、整理的一个综合工作过程，它是旅游资源科学评价的前提，是区域旅游有效规划和开发的基础，是旅游资源有效保护的依据。其目的是系统地、全面地查清该区域旅游资源的规模、类型、特点、地理分布、功能、价值等信息；

调查的主要内容包括：类型、规模、组合结构、开发现状和保护现状；

调查程序： ① 搜集现有资料；② 实验室预测：地图、航片分析；③ 现场勘察：粗线条勘查、重点研究勘查、比较评价勘查；④ 整理归纳：整理归纳资料。

调查方法： ① 收集资料；② 利用现代科学技术手段；③ 室内测量；④ 现场勘察。

调查成果： ① 调查报告；② 旅游资源调查系列图；③ 旅游资源一览表；④ 旅游资源声像资料；⑤ 其他。

旅游资源评价的主要内容包括：旅游资源自身的评价(资源品质和资源结构)、旅游资源外部环境的评价和旅游资源开发条件的评价；

旅游资源评价方法

旅游资源评价是一项极其复杂而重要的工作，由于评价的目的、资源的赋存条件、开发导向等不同，可采用不同的评价方法，大体可分为定性评价和定量评价两大类，在具体应用时则根据情况采用定性与定量评价相结合的方法比较理想。

（1）定性评价法

定性评价法使用广泛，形式多样，内容丰富，是在旅游资源调查的基础上，根据调查者的印象所做的主观评价，多采用定性描述的方法，评价的结果主要与评价者的经验与水平有关，因此也叫作经验评价法。

该方法简单易行，对数据资料和精确度要求不高，但不可避免地存在结论的非精确性和推理过程的相对不确定性。

定性评价法主要有"三三六"评价法和"六字七标准"评价法。

① 卢云亭的"三三六"评价体系

即"三大价值、三大效益、六大开发条件"评价体系。

"三大价值"指旅游资源的历史文化价值、艺术观赏价值、科学考察价值。

"三大效益"指旅游资源开发之后的经济效益、社会效益、环境效益。

"六大开发条件"指旅游资源所在地的地理位置和交通条件、景象地域组合条件、旅游环境容量、旅游客源市场、投资能力、施工难易程度六个方面。

② "六"字"七"标准

六字：指美、古、名、特、奇、用。美是指旅游资源给人的美感；古为有悠久的历史；名是具有名声或与名人有关的事物；特指特有的、别处没有的或少见的稀缺资源；奇表示给人新奇之感；用是有应用价值。

七项标准：指对旅游资源所处环境，采用季节性、环境污染状况、与其他旅游资源之间的联系性、可进入性、基础结构、社会经济环境、客源市场七个方面进行评价。

（2）定量评价法

根据一定的评价标准和评价模型，以全面系统的方法，将有关旅游资源的各评价因子予以量化，使其结果具有可比性。

较之定性评价，结果更直观准确。但是定量评价难以动态地反映旅游资源的变化，对一些无法量化的因素难以表达，且评价过程较为复杂。主要有以下几种方法：

① 单途径单因子评价法

选用某个评价途径的某个指标进行评价的方法即为单途径单因子评价法，这种方法一般多见于对自然旅游资源的评价，特别是对于开展专项旅游活动的评价，如登山、滑雪等尤为适用。

比较有影响的旅游要素的单途径单因子有日本洛克计划研究所的地形适宜性评价；乔戈拉斯的海滩和海水浴场的评价；美国土地管理局的滑雪旅游资源评价；我国的气候的适宜性评价。

② 单途径多因子评价法

选用一个评价途径的多个指标进行评价的方法即为单途径多因子评价法。此法比较简单，在旅游资源类型单一的情况下有较好的评价效果。

③ 多途径综合评价法

选用两个或两个以上评价途径的指标进行评价的方法即为多途径综合评价法。此法能对旅游资源进行全面的评价，比单因子评价法更能接近实际情况或者说能降低犯错误的概率，因此建议在条件允许的情况下优先选择多因子评价法。

④ 因子综合评价法

该方法首先是给出各个因子的具体指标值，再按照各因子的相对重要性赋予不同的权重，求出总的综合指数值，最后按评价标准划分不同的评价等级。其计算公式为：

$$I_{CP} = \sum_{i=1}^{n} \omega_j L_{pij}/n$$

式中 ω_j——参数的权重；L_{pij}——某类因子（指标）具体值，根据计算结果，参照相应的评价标准，即可得到评价结果。

⑤ 因子加权加和法

因子加权加和法具有补偿性，个别指标下降会因其他指标上升而使总和不变，故该法仅适用于同类型指标评价。因为如果是进行综合评价或考虑最小限制因子的作用,所有指标中任何一项较低,总评价结果都不可能高,故可采用边乘法来计算。

$$I_{CB} = \prod_{i=1}^{n} I_{BI}^{\lambda i}$$

⑥ 模糊评价法

该方法是基于模糊数学的理论,给每一个评价因素赋予评语,将该因素与系统的关系用 0~1 之间连续值中的某一数值来表示。其具体工作程序是:建立评价因素集——确定模糊关系——分组综合评价——总体综合评价。

罗成德运用模糊评价法以地表岩石、构造、侵蚀速度、地貌组合、旅游环境、知名度、愉悦感或奇异感七项因子对旅游地貌资源进行打分,对峨眉山、张家界等 10 个景区(点)进行评价。

首先,建立聚类因子模糊评分标准,根据旅游地貌资源方程,对 7 个自变量因子赋分;然后对于峨眉山、张家界等 10 个景区(点)按 7 个指标分等定分;接着建立模糊相似矩阵,计算模糊等价关系矩阵;最后,进行模糊聚类,对模糊等价关系矩阵取不同置信水平λ进行聚类,根据λ不同的取值范围,即可将旅游景区(点)的旅游地貌资源综合评价为若干等级。

一等:包括峨眉山、张家界、路南石林、凌云山 4 个景区;二等包括西昌土林、青城山 2 个景区;三等包括弥勒白龙洞、沙湾石林、白云峡 3 个景区;四等包括风洲岛 1 个景区。

⑦ 层次分析评价法

按照各类因素之间的隶属关系把它们分为从高到低的若干层次,建立不同层次因素之间的相互关系,根据对同一因素相对重要性的相互比较结果,决定层次各因素重要性的先后次序,以此作为决策的依据。

基本步骤为:建立层次结构模型(划分目标层、准则层、指标层等)>构造判别矩阵(可由客观数据、专家意见或分析者的综合获得)>排序及检验(求上述矩阵的特征根和特征向量)>层次总排序>一致性检验。

⑧ 主成分分析评价法

将多维信息压缩到少量维数上,构成线性组合,并尽可能反映最大信息量,从而以尽可能少的新组合因子(主成分)反映参评因子之间的内在联系和主导作用,从而判定出可观事物的整体特征。

4. 旅游资源评价的程序

旅游资源评价的内容确定后,首先确定各评价因子的权重,其次获得各评价因子的评估值。

(1) 确定各评价因子的权重

① 确定评价因子

评价因子的选择与确定是科学评价的关键,因此在选择评价因子时要本着代表性和重要性的原则,选择对旅游资源开发价值有重要影响的因子;层次性和系统性的原则,明确评价因子的层次关系,并形成一个具有层次网络结构的评价因子体系;唯一性和区分性的原则,评价因子相互之间应该是并列平行关系,因子不能重叠与兼容,要有唯一性和可区分性。

② 建立评价因子权重系统

旅游资源综合评价的关键和重点就是给定评价因子予以恰当的权重值,各评价因子权重的获得,常常采用特尔菲法:可请地理、建筑、经济、旅游管理等有关行业专家 20—30 位,直接咨询其各评价因子的权重值,然后采用所有专家的平均意见为平均因子权重值;此法亦可分几轮进行,最终得出评价因子结果。也可不要求专家评价出评价因子的权重值,而要求就相对重要性进行比较,给出定性的结论,然后将其量化,运用数学方法处理后获各评价因子的权重值。

(2) 旅游资源因子评价

① 评价因子指标分级:根据评价因子的含义及重要性程度,进行模糊等级划分,每一个等级都应有具体描述。

② 评价因子量化打分:评价因子的评分值一般取 10 分,可用连续的实数 0—10 来表示因子分值的变化范围,也可将其划分为不同档次,给予不同分值。

③ 计算评价值:对每一因子评价后,进行综合评价值的计算,综合评价值一般取 100 分。

④ 评价等级划分:根据旅游资源评价总分,一般可将旅游资源划分为特品级、优良级和普通级。

5. 旅游业现状的调查分析

旅游业现状的调查包括以下七个方面:

(1) 酒店的数量、床位、类型、档次、分布等;

(2) 旅游景区的数量、面积、类型、级别、分布等;

(3) 旅行社的数量、规模、类型等;

(4) 餐饮店的数量、规模、类型、档次、分布等;

(5) 旅游购物店和旅游购物街的数量、规模、类型、分布;

(6) 康乐企业的数量、项目、类型、分布;

(7) 旅游交通状况。

6. 旅游客源市场的调查研究

旅游客源市场调查:指运用科学的方法和手段,有计划、有目的、有系统地收集、记录、整理、分析和总结与规划决策相关的旅游客源市场需求信息,以了解现实客源市场和潜在客源市场,为科学地进行旅游规划提供客观依据的活动。

(1) 市场调查的范围和内容

旅游客源市场的调查范围包括环境调查、需求调查和竞争调查三部分。

其中环境调查包括自然地理环境、经济与社会文化环境和政策法律环境。需求调查包括客源市场的总体状况和游客消费行为。竞争调查包括竞争者的数量、分布与实力,竞争者的优势与不足以及与竞争者合作的可能性。

其中需求调查的主要指标可分两大类:其一为衡量来访旅游者实际状况的指标,如旅游人次、人均消费、人均停留天数;其二为衡量客源市场需求潜力的指标,如出游率、重游率、开支率等。

旅游人次:指一定时期内来到旅游目的地的旅游者人次总数;

人均消费:为一定时期内旅游者消费总额与旅游人次之比,即旅游者消费额的算术平均值;

人均停留时间:一定时期内旅游者在旅游目的地停留时间的算术平均值;

出游率：指一定时期内一个地区的出游人次与其人口的比率；

重游率：指来旅游地的旅游人次与旅游人数之比，亦即旅游者来目的地旅游次数的算术平均值；

旅游开支率：指旅游开支与其年均收入之比率。

(2) 旅游客源市场现状分析

旅游客源市场的现状及其特征的分析内容主要包括：客源市场的空间结构分析、客源市场的时间分布结构分析、旅游客源市场特征分析。

① 客源市场的空间结构

客源市场的空间结构主要指旅游者的来源和强度，其具体内容包括旅游市场范围的确定、旅游客源市场空间分布的集中性

a. 旅游市场范围的确定

空间距离市场范围，引力模型公式：

$$T_{ij} = G \frac{P_i A_j}{D_{ij}^a}$$

式中：T_{ij} 为客源地 i 与旅游目的地 j 之间旅游次数的某种量度；P_i 为客源地 i 的人口规模、财富或旅行倾向的量度；A_j 为目的地 j 的吸引力或容量的某种量度；D_{ij} 为客源地 i 与目的地 j 之间的距离；G、a 为经验参数。

根据距离衰减法则，旅游者的行为（活动）空间变化遵循距离递减的规律，距离愈近，活动的机会愈多，距离增加，活动机会减少。由此可以得到以旅游地为中心的周边地区客源地的旅游次数或旅游流量的某种度量值，并根据其随距离变化曲线的拐点划分出一级市场、二级市场和三级市场的范围。

时间距离市场范围

时间距离即从旅游客源地到旅游目的地所需的时间，它是空间距离在时间维上的表达。

可以以旅游目的地为中心，将旅途所需时间相等的旅游客源地联结起来，绘制成旅游等时线图。

一般情况下时间距离越近，旅游的机会越大。因此，旅游目的地的客源市场往往集中在交通沿线。

b. 旅游客源市场空间分布的集中性

旅游客源市场空间分布的集中性可以用地理集中指数（G）来定量分析。

地理集中指数计算公式为：

$$G = 100 \times \sqrt{\sum_{i=1}^{n} \left(\frac{x_i}{T}\right)^2}$$

其中 x_i 是第 i 个客源地的游客数量，T 为目的地接待的游客总量。

地理集中指数（G）的意义为：

游客来源越少越集中，G 值就越接近 100；G 值越小，则客源地越多越分散。

对于任何一个旅游地，客源地越分散，旅游经营越稳定，如果客源太集中，易受到客源地（国）社会、经济、政治等变化的冲击。

② 客源市场的时间分布结构

旅游客源市场的时间结构主要表现在市场时间分布的集中性，包括季节性、节律性和高

峰性。

a. 旅游市场的季节性

气候的季节性变化使得旅游客源市场具有季节性。旅游市场的季节性可以用季节性(时间)强度指数 R 来定量分析。季节性强度指数(R)的计算公式为：

$$R = \sqrt{\sum_{i=1}^{12}(x_i - 8.33)^2/12}$$

式中：x_i 为各月游客量占全年的比重

$$x_i = \frac{各月游客量}{全年游客量} \times 100$$

季节性强度指数的意义为 R 值越接近于零，旅游需求时间分配越均匀；R 值越大，时间变动越大，旅游淡、旺季差异越大。它较适用于不同年份(时段)的比较和不同旅游地(设施)的比较。R 值不仅取决于旅游客源变化，而且随选择分析的时段长短而变化。

b. 旅游市场的节律性

旅游的周末集中性可用时间集中强度指数进行分析，公式如下：

$$R = \sqrt{\sum_{i=1}^{7}(x_i - 14.29)^2/7}$$

式中：R 为出游人数分日时间集中指数；x_i 为一周内每日游客人数占该周游客总人数的比重；i 为某周某日(周一至周日)

c. 旅游市场的高峰性

客源市场高峰性特征可以用高峰指数(P_n)来度量。高峰指数的计算公式：

$$P_n = \frac{V_1 - V_n}{(n-1)V_1} \times 100$$

式中：V_1 为最繁忙时期的游客数；V_n 为在第 n 个时期内的游客数；n 为参照时段(1＝最繁忙时期)。

高峰指数的意义为当游客量在所有时期都相同时，$P_n = 0$；当游客集中于某些时期时，P_n 值会增大。它主要用于对不同旅游地进行比较或用于考察某一设施随时间变化而出现的高峰趋势。

③ 旅游客源市场特征分析

旅游客源市场特征分析的主要内容包括：

a. 地域构成：本地、周边、本省、省外、海外。

b. 人口学特征构成：性别构成、年龄构成、文化程度构成、职业构成、收入构成。

c. 消费行为构成：出游目的、出游方式构成、出游交通工具构成、停留时间、住宿方式构成。

(二) 调查问卷的设计

1. 调查问卷概念

调查问卷概念又称调查表或询问表，是以问题的形式系统地记载调查内容的一种印件。

问卷可以是表格式、卡片式或簿记式。设计问卷，是询问调查的关键。完美的问卷必须具备两个功能，即能将问题传达给被问的人和使被问者乐于回答。要完成这两个功能，问卷设计时应当遵循一定的原则和程序，运用一定的技巧。

2. 问卷的结构和内容

问卷表的一般结构有标题、说明、主题、编码号、致谢语和实验记录6项。

(1) 标题

每份问卷都有一个研究主题。研究者应开宗明义定个题目，反映这个研究主题，使人一目了然，增强填答者的兴趣和责任感。例如，"厂级干部推荐表"，这个问卷的标题，把该厂人事部门的调查内容和范围列出来了。又如，"中国互联网发展状况及趋势调查"这个标题，把调查对象和调查中心内容和盘托出，十分鲜明。但是在实际工作中，有时不注意问卷的标题，要么没有标题，要么列一个放之四海而通用的标题。

(2) 说明

问卷前面应有一个说明。这个说明可以是一封告调查对象的信，也可以是指导语，说明这个调查的目的和意义，填答问卷的要求和注意事项，下面同时写上调查单位名称和年月。问卷开头主要包括引言和注释，是对问卷的情况说明。

引言应包括调查的目的、意义、主要内容、调查的组织单位、调查结果的使用者、保密措施等。其目的在于引起受访者对填答问卷的重视和兴趣，使其对调查给予积极支持和合作。

引言一般放在问卷的开头，篇幅宜小不宜大。访问式问卷的开头一般非常简短；自填式问卷的开头可以长一些，但一般以不超过两三百字为佳。

(3) 主题

这是研究主题的具体化，是问卷的核心部分。问题和答案是问卷的主体。从形式上看，问题可分为开放式和封闭式两种。从内容上看，可以分为事实性问题、意见性问题、断定性问题、假设性问题和敏感性问题等。问题设计严谨，精炼准确，排序合理有逻辑，先易后难，先封闭后开放。

(4) 编码号

并不是所有问卷都需要的项目。在规模较大又需要运用电子计算机统计分析的调查，要求所有的资料数量化，与此相适应的问卷就要增加一项编码号内容。也就是在问卷主题内容的右边留一统一的空白顺序编上1,2,3……的号码(中间用一条竖线分开)，用以填写答案的代码。整个问卷有多少种答案，就要有多少个编码号。如果一个问题有一个答案，就占用一个编码号；如果一个问题有3种答案，则需要占用3个编码号。答案的代码由研究考核对后填写在编码号右边的横线上。

(5) 致谢语

为了表示对调查对象真诚合作的协议，研究者应当在问卷的末端写上感谢的话，如果前面的说明应经有表示感谢的话语，那末端可不用。

(6) 实验记录

其作用是用以记录调查完成的情况和需要复查，校订的问题，格式和要求都比较灵活，调查访问员和调查者均在上面签写姓名和日期。

以上问卷的基本项目，是要求比较完整的问卷所应有的结构内容，但通常使用的如征询意见及一般调查问卷可以简单些，有一个标题，主题内容和致谢语及调查研究单位就行了。

3. 调查问卷实例

重庆旅游目的地形象调查问卷

您好！我是重庆师范大学的一名学生，为了了解公众对重庆旅游形象满意度，希望您能抽出几分钟宝贵的时间完成这份问卷！调查数据仅供研究统计分析用，不涉及您的个人隐私信息，请您放心作答！谢谢！

1. 您的性别：(　　)
   A. 男　　　　　　　　B. 女
2. 您的年龄：(　　)
   A. 18 岁以下　　B. 18—30 岁　　C. 31—50 岁　　D. 50 岁以上
3. 提到重庆，您的第一时间会想到(　　)
   A. 山城　　　　B. 美食　　　　C. 美女　　　　D. 红色旅游　　　E. 时尚购物
   F. 西部的经济中心　　　G. 热情豪爽的重庆人　　　H. 丰富的夜生活
   I. 悠久的历史文化　　　J. 三峡的源头　　　　　　K. 其他
4. 您到过重庆吗？(　　)
   A. 到过(到下一题)　　　　　B. 没到过(跳到第 6 题)
5. 您是否愿意再来重庆旅游？(跳到第 7 题)(　　)
   A. 非常愿意　　B. 愿意　　　　C. 一般　　　　D. 不愿意
6. 您是否愿意来重庆旅游？(跳到第 8 题)(　　)
   A. 非常愿意　　B. 愿意　　　　C. 一般　　　　D. 不愿意
7. 您选择去重庆旅游的原因是(　　)
   A. 历史文化丰富，名胜古迹独特　　B. 地理位置、气候特殊，自然风景优美
   C. 是西部大开发的战略重点地区　　D. 市民文化特殊，有特别的都市生活
   E. 城市规划建设特别　　　　　　　F. 打黑唱红圣地　　　　　　G. 其他
8. 您觉得最能代表重庆城市旅游形象的是(　　)
   A. 红色旅游胜地　　　　　　　　B. 独特的山水城市——山城雾都
   C. 内地的购物天堂　　　　　　　D. 悠闲逍遥的生活节奏，丰富的夜生活
   E. 特别的重庆人——豪爽、热情，美女　　F. 美食天堂　　　　G. 其他
9. 您对重庆市的第一印象是怎样的(　　)
   A. 环境优美的现代化都市　　　　B. 条件优越的商务城市
   C. 特色鲜明的人文城市　　　　　D. 发展迅速的旅游城市
   E. 激情四射的现代都市　　　　　F. 有一定底蕴的历史文化名城
   G. 普通的省会城市　　　　　　　H. 火锅、美女、火热的天气
10. 您知道的重庆的旅游景点有(多选)(　　)
    A. 长江三峡　　B. 大足石刻　　C. 武隆天生三桥　　D. 缙云山、金佛山、四面山
    E. 渣滓洞、白公馆、烈士墓等红色景点　　F. 丰都鬼城　　G. 合川钓鱼城
    H. 小三峡——小小三峡　　　　I. 其他_____
11. 您对重庆最突出的印象是(　　)
    A. 山水风光　　B. 特色小吃　　C. 历史文化　　D. 休闲娱乐
    E. 其他_____

12. 您从哪些渠道获取有关重庆旅游目的地的信息？（可多选）（　　）
   A. 电视　　　　　B. 亲朋好友的宣传　　　C. 杂志　　　　　　　D. 网络
   E. 报纸　　　　　F. 实地旅游　　　　　　G. 旅行社宣传　　　　H. 其他
13. 您认为重庆城市的标志性建筑是（　　）
   A. 解放碑　　　　B. 朝天门　　　　C. 重庆人民大礼堂　　　　D. 三峡博物馆
14. 您对重庆的认知形象是(请选择每项中选择一个最适合的)：
   ① 多样的旅游活动（　　）
   A. 很同意　　　B. 比较同意　　　C. 一般　　　D. 不太同意　　　E. 很不同意
   ② 良好的社会治安（　　）
   A. 很同意　　　B. 比较同意　　　C. 一般　　　D. 不太同意　　　E. 很不同意
   ③ 卫生的旅游景区（　　）
   A. 很同意　　　B. 比较同意　　　C. 一般　　　D. 不太同意　　　E. 很不同意
   ④ 饮食独具特色（　　）
   A. 很同意　　　B. 比较同意　　　C. 一般　　　D. 不太同意　　　E. 很不同意
   ⑤ 服务人员素质高（　　）
   A. 很同意　　　B. 比较同意　　　C. 一般　　　D. 不太同意　　　E. 很不同意
   ⑥ 宜人的气候（　　）
   A. 很同意　　　B. 比较同意　　　C. 一般　　　D. 不太同意　　　E. 很不同意
   ⑦ 交通便捷（　　）
   A. 很同意　　　B. 比较同意　　　C. 一般　　　D. 不太同意　　　E. 很不同意
   ⑧ 丰富的历史文化（　　）
   A. 很同意　　　B. 比较同意　　　C. 一般　　　D. 不太同意　　　E. 很不同意
   ⑨ 良好的城市整体形象（　　）
   A. 很同意　　　B. 比较同意　　　C. 一般　　　D. 不太同意　　　E. 很不同意
   ⑩ 良好的市容状况(包括户外广告、店面、门牌、路灯等)（　　）
   A. 很同意　　　B. 比较同意　　　C. 一般　　　D. 不太同意　　　E. 很不同意
15. 您对重庆的情感形象是(请选择每项中选择一个最适合的)：
   ① 令人放松的（　　）
   A. 很同意　　　B. 比较同意　　　C. 一般　　　D. 不太同意　　　E. 很不同意
   ② 令人愉快的（　　）
   A. 很同意　　　B. 比较同意　　　C. 一般　　　D. 不太同意　　　E. 很不同意
   ③ 有趣而令人兴奋的（　　）
   A. 很同意　　　B. 比较同意　　　C. 一般　　　D. 不太同意　　　E. 很不同意
   ④ 令人流连忘返的（　　）
   A. 很同意　　　B. 比较同意　　　C. 一般　　　D. 不太同意　　　E. 很不同意
16. 如果您向朋友介绍重庆，您觉得最值得赞美的是（　　）
   A. 重庆绿化好、环境优雅　　　　　B. 重庆巴渝古城古都　　　　C. 重庆的旅游景点多
   D. 重庆美女多、火锅好吃、气候湿润　E. 重庆很热　　　　　　　　F. 重庆经济发达
   G. 重庆人文特色鲜明　　　　　　　H. 重庆交通便捷　　　　　　I. 重庆人激情火辣
   J. 重庆市是直辖市

17. 如果要提升重庆城市形象,您认为最需要解决的是什么问题?(　　)
A. 提高重庆的综合经济实力　　　　　B. 加快城市化步伐扩展重庆城市空间
C. 增强重庆城市建设的规划性　　　　D. 加强重庆以城市为单位的对外交流与合作
E. 改善重庆城市的市容、市貌　　　　F. 建设重庆的标志性建筑
G. 提升重庆市政府的形象　　　　　　H. 提高重庆人的文化素养
I. 培育国内一流的与国际接轨的大型企业　J. 改善重庆的旅游形象
K. 增设重庆的公共服务设施　　　　　L. 塑造重庆的文化品牌
M. 改善重庆的城市道路状况　　　　　N. 活跃重庆的文化舞台

再次感谢您的帮助！祝您身体健康,合家幸福！

三、策划案的结构和内容　　　　　　　（资料来源：《旅游策划实务》,方法林）

策划书的一般格式包括题目/封面；目录；方案的背景；策划的目标/主题；方案的时间,地点,对象；详细方案实施过程；经费概算；实施进度表及人员职位分配表；策划需要的场所、环境和条件；预测和评估；参考资料及注意事项等内容。其实策划书没有固定的格式,只要清楚、完整地反应一次策划活动即可。上述是每一个策划书中所必需的,可以根据实际的情况来设置,也可以用其他的文字来表达。

(一) 题目/封面

一般由策划书的名称、策划单位、日期、编号等内容组成。

封面是策划书的"脸面",决不能小视,尤其是策划名称,必须注意简单明确、立意新颖、画龙点睛、富有魅力。

(二) 目录

如果封面引人注目,那么目录就务求读过后能使人产生强烈的了解策划书全貌的冲动和欲望。

(三) 背景

主要描述策划项目的来龙去脉、背景资料、策划团队的介绍、策划书内容的概括等,一般要简明扼要,让人一目了然。

这部分内容应根据策划书的特点在以下项目中选取内容重点阐述。

具体项目有：基本情况简介、主要执行对象、近期状况、组织部门、活动开展原因、社会影响以及相关目的动机。

其次,应说明问题的环境特征,主要考虑环境的内在优势、弱点、机会及威胁等因素,对其做好全面的分析(SWOT分析),将内容重点放在环境分析的各项因素上,对过去和现在的情况进行详细的描述,并通过对情况的预测制订计划。如环境不明,则应该通过调查研究等方式进行分析加以补充。

(四) 策划目标/主题

目标表达要求突出准确性、挑战性、现实性、可衡量性和时间性。尽量采用标准、规范的专业术语,避免概念含糊不清。

活动的目的、意义应用简洁明了的语言将目的要点表述清楚；在陈述目的要点时，该活动的核心构成或策划的独到之处及由此产生的意义（经济效益、社会利益、媒体效应等）都应该明确写出。活动目标要具体化，并需要满足重要性、可行性、时效性。

主题：点睛之笔，口号。

（五）主体内容

主体内容是整个策划书的主体部分，主要包括各种调查资料和结论、企业问题与机会点、问题的原因和机会的依据、创意方法和内容、改进方法及其具体措施、策划要注意的问题等。实际就是调查报告、解决方案两部分。

作为策划的正文部分，表现方式要简洁明了，使人容易理解，但表述方面要力求详尽，写出每一点能设想到的东西，没有遗漏。在此部分中，不仅仅局限于用文字表述，也可适当加入统计图表等；对策划的各工作项目，应按照时间的先后顺序排列，绘制实施时间表有助于方案核查。人员的组织配置、活动对象、相应权责及时间地点也应在这部分加以说明，执行的应变程序也应该在这部分加以考虑。

（六）预算

最好列表说明实施策划书所需费用的细目及其依据，排出预算进度时间表。

活动的各项费用在根据实际情况进行具体、周密的计算后，用清晰明了的形式列出。

（七）实施进度表及人员职位分配表

把策划活动起讫全部过程拟成时间表，明确何月何日做什么，以及工作阶段、工作任务、工作方式、注意事项等。

何人担任什么职务，负责何事，一旦发生权责不清或某项环节出现差错，可马上更换。

（八）策划需要的场所、环境和条件

对在策划项目操作过程中，需要何种环境、提供哪些场所、求助于何种协作以及需要什么条件等，都要在策划书中加以说明，以保证策划工作得以顺利进行。

（九）预测和评估

一个成功的策划，其效果是可以预测的。所以，策划者应依据已有的资料，对策划实施后的效果进行科学的预测，并将分析成果体现于策划书中，以增强其策划力度。

（十）参考资料及注意事项

列出完成本策划案的主要和实用的参考文献，如报刊、行业协会或企业内部的统计资料等，以表示策划者的负责态度、提高企业策划的可信度。

列出企业策划主体双方的责任权利；关注策划书顺利实施的条件。

第三节　旅游策划技巧

借势、用势的策划艺术，是在旅游策划中应用得最多的一种策划方法。所谓借势策划的艺术就是借助一个重大的事件、一个重大的决策、一个重大的时间、一个重要的人物或者借

助自然界的山水之势等，策划出与之相对应的旅游活动，或开发出顺应形势发展的各类旅游项目，从而达到促进旅游业快速发展的目的。

势，从字面意义来理解，就是一种趋势。烈火扑向树木时，往往是火未到，而许多树木的枝叶已经卷曲了、掉落了；洪水泛滥时，往往在真正的洪水到来之前，许多房屋就倒塌了，这就是势之使然。从哲学的角度来看，势的发展是事物运动的必然结果，它是不可阻挡的，孙中山先生说："大千世界，浩浩荡荡，顺之者生，逆之者亡"，也就是这个道理。借势、顺势，是治国之大略，是人生之要领，更是我们从事旅游策划者所必须看重的。中国古代法家治天下，讲的就是"法、术、势"三者的结合，把借势、造势当作治理天下的三大要点之一。不懂得借势，或者说不愿借势，要想出好的策划方案是很难的。旅游策划中的借势艺术又可归纳出八种方法或艺术。

一、巧借事件之势的策划艺术

借事件之势就是借助某一事件的影响进行旅游策划，以达到自己的目的。

世界之大，无奇不有。在我们这个世界中，每天甚至是每时每刻都在发生着各种不同的事件，这些事件起因各异，表现形式各异，结果各异，但有一个共同点：就是这些事件犹如大海中掀起的一个个巨浪，它总是要波及一定的区域的，总是要使一些人不可避免地受到影响，因此，也总是人们所关注的。这些事件，无心人也就听之任之了，但有心人却往往可以从中发现重大的契机，顺势而为，从而策划出一些惊天动地的活动或发展项目。比如1999年在云南举行的世博会，这虽然是一个世界性的会议，但在云南举行之前已经在二十多个地方举行过了，但都没有留下什么硬性旅游资源。可云南不一样，他们趁势而动，不但在世博会举行期间提出了"人与自然——迈向二十一世纪"这样响当当的口号，而且，以大手笔征地218公顷，建立了一个集古今中外园艺为一体的昆明世博园，从而使一个世博会的召开为云南留下了一笔永久的资产，这就是借事件策划的典范之作。借事件策划的范例还有很多，又如2003年的"非典"，这个突如其来的事件确实给中国旅游业带来了很大的打击。可是，在"非典"事件接近尾声，许多地方仍为"非典"带来的损失而叹息时，湖南却率先行动，在风景秀丽的南岳衡山敲响了全面恢复旅游的"希望之钟"，这同样是借事件策划的佳作。2004世界旅游小姐年度大赛决赛在长沙举行，组委会巧借世界旅游小姐云集长沙之势，在年度皇后决赛暨颁奖晚宴上大胆策划了一个"天价皇后席"，结果以一桌卖了30万元的高价，引起了一片惊呼。

二、借助政府的政策之势策划的艺术

借决策之势，也可称为借政府决策之势，主要是指借助各级政府对重大旅游项目决策的时机而进行旅游策划。

旅游业是政府主导产业，政府的决策对旅游业的发展至关重要。政府决策一般是针对全行业而言的，但精明的策划人总是可以从中发现商机，抢住先机，趁势而为，取得佳绩。比如说中国加入WTO之后，国外的旅行社进入中国已是大势所趋，只是进入的时间问题。国外的旅行社虽然规模很大，但针对中国市场来说，它们大多有一个容易忽视的问题，那就是他们一般都没考虑知识产权的保护，对产品没有进行商标注册。我国加入WTO不久，广东一家实力并不雄厚的旅行社抢得先机,率先在国家商标局抢注了"运通"旅游类商标,"运通"是美国最大的旅行社,也是全球最大的旅行社,这一抢注合理合法,但它意味着今后美国"运通"要进入中国就必须要向这家旅行社付商标使用费了,这就是借国家决策之势的典范。又比如,2004年,国家旅游局决定将红色旅游作为一个重点来发展,决策一出,湖南、江西等省便率先行动,启动了红色旅游。湖南省人民政府联合国家旅游局、团中央在韶山组织了声势浩大的"中国红色之旅游、百万青少年湘潭韶山行"大型主题活动;江西组织了"新世纪、新长征、新旅游——2004中国红色之旅万里行"活动,由十多台专车组成的车队从瑞金出发,沿途穿越15个省(市、自治区),历时两个月,行程3万余公里,这同样是借决策之势的典范之作。

三、借时间之势的策划艺术

借时间之势就是借助某一特殊的、有重大纪念意义的时间进行旅游策划,以达到自己的目的。

特殊的时间往往具有特殊的意义。有些活动,你在平时搞毫无意义,但一旦你将其放到某一个特殊的时间里来举行,就显得意义非凡了。比如说青少年夏令营,如果你在学生上课时举行,那是得不偿失的。但是,如果你将其放到寒暑假举行,就会起到事半功倍的效果。又比如各种类型的龙舟比赛,你放在平常的日子里举行毫无意义,但是,如果你把它放在"端午节"举行,就显得意义重大了。2000年是个千禧之年,在2000年即将结束,2001年新年即将到来的那一刻,更是一个十分重要的时刻,许多优秀的策划人就是抓住了那一刻商机大做文章,策划了许许多多有意义的活动,如倾听千禧钟声,迎接新千年的第一缕阳光,迎接新千年万人狂欢等。著名策划家,人称"创意九段"的陈放先生早在1993年就敏感地意识到了千禧年的商机,竟策划出了几百套方案,其中包括泰山点千年圣火,钱塘观千年大潮等。而且,这些方案有大部分还落地实施了,陈放先生的这种敏感性就是借时间之势进行旅游策划的经典。

每年春节是我国传统的节日,南岳自古就有大年初一老百姓到大庙烧头香的习俗。以前大家也没怎么在意,可是,自1992年开始,南岳区利用春节这一国家法定的节日和群众烧头香这一习俗,相继举办了"发达香火""平安香火""吉祥香火"等主题香火活动。这样,不但使节日增添了新的内容,也为区里增加了许多收入。又如以前每年也有十一放假,但游客并不多,可自从将"十一"的假期由一天变成一周,且名之曰"旅游黄金周"之后,这个节日的旅游就一直成为最火爆的旅游时期了。此外,政府或企业举行的一些重大庆典活动也可以成为旅游策划的"引线",如香港、澳门的回归庆典,三峡工程的竣工庆典,就都是策划旅游活动的好时机。

四、借人物之势策划的艺术

借人物之势就是指借助于某一名人的影响,策划出相应的活动或开发项目,以达到自己的目的。

人物可以分为古人和今人,只要他们有一定的影响,都可以"为我所用"。借人物来策划旅游的事例数不胜数。从借古人来说,不但中国古代的皇帝、大臣们,皇后、贵妃们,文人墨客们,能工巧匠们的故居、陵墓现在大多已经成为旅游景点了,就连古代神话传说中的孙悟空、猪八戒、七仙女、嫦娥等人物也都成了重要的旅游资源。山东的孔子国际文化节,湖南的蔡伦科技发明节等都是借名人造势的典范。从借今人造势来看,这方面的例子更多。孙中山的故居、毛泽东的故居、周恩来的故居、蒋介石的故居,这些名人的故居现在都成了著名的旅游目的地。金庸先生是著名的武侠小说大师,他的作品在华人中流传甚广。在金庸的作品中有一个关于"五岳联盟"的故事,说的是东岳、西岳、南岳、北岳、中岳五大名山的掌门人共同结盟,组成了一大帮派。"五岳联盟"这本是金庸小说中的故事,可是,2003年,南岳区联合其他四岳,却假戏真做,真的成立了一个现代旅游营销意义上的"五岳联盟",引起了旅游界、新闻界的轰动,这就是借势营销的典范之作。

五、借山水之势策划的艺术

山有山的走势,水有水的走势,借山水之势,就是利用自然界山水的大致走势,稍加点缀,营造出新的景点,创意策划出大的旅游活动。

如我国的三山五岳,各有各的雄浑,各有各的险峻,各有各的壮美,山水是旅游策划永不枯竭的源泉。没有山水,就没有我们的血肉之躯,没有山水,也就没有了我们心灵的家园。"来自于尘土,又将复归于尘土"的人对于自然山水的钟爱是永恒的钟爱。对于旅游策划者来说,山水是你永远也做不完的大文章。做山水的文章要善于从常人眼里的沟沟坎坎中去发现不同寻常的东西,寻找山水的卖点。近年来,关于利用山水而成就的旅游策划数不胜数。

例如:九寨沟是一条纵深50余千米的山沟谷地,总面积650.74平方千米,大部分为森林所覆盖。因沟内有树正、荷叶、则查洼等九个藏族村寨坐落在这片高山湖泊群中而得名。2009年,瀑宽320米的诺日朗瀑布入选中国世界纪录协会中国最宽的瀑布。

张家界的飞机穿越天门洞,就是利用了天门山顶的那个天然山洞,那山洞如果没有那一次穿越,也许永远只是一个任人评点的山洞。可是,那一次穿越之后,那个山洞便与挑战、与冒险连在一起了,成了大自然留给人类的一道战书。阿迪力南岳走钢丝,猛洞河国际漂流节,这些同样是利用山水大做文章。四川乐山大佛是个著名的景点,乐山大佛所在的那座山的山势被人发现也像一尊卧佛之后,经媒体的炒作,卧佛又成了新的景点,这就是借势成景的典范。

六、借建筑之势策划的艺术

借建筑之势就是指利用古代或现代的建筑物而策划出来的活动或景区(景点)项目。

建筑是人类文化的立体体现。我国是一个有五千多年文明史的文明古国,自古以来,我国人民创造了十分丰富而又独特的建筑文化。做旅游的文章首先是要做好建筑的文章。

今天,想必有很多人对于圆明园有着非常大的情怀,作为我们国家一个世界级的瑰宝,被人们称之为万园之园,同时也是清代皇帝避暑的场所。但是因为清政府的腐败无能,导致圆明园中很多的珍宝都被外国侵略者掠走,并且一把火把圆明园毁于一旦,留下了如今的圆明园遗址。随着现如今我们国家变得越来越强大,新圆明园由横店董事长排除万难异地重建,在2012年的时候开始动工建造,经过4年的时间耗费了300亿资金终于打造完成。建成之后的圆明新园,虽然在某些地方与真正的圆明园有着很大的不同之处,但若是仔细观察的话,圆明新园有很多构造,都和原来的圆明园有着异曲同工之处。很多的物件更是直接仿造,重新拼装回去的,所以这座新的圆明园也被人们称之为希望艺术的完美融合。现如今这座圆明新园大约有100多个花园,更是种满了各种各样的奇花异草,而且将这100个花园划分为新畅春园、新圆明园、新长春园、新绮春园四大园区。除此之外,新圆明园还配备了各种各样的娱乐设施,而且这里的门票也并不是非常便宜,在旅游旺季的时候,门票价格大约都在200多元。若是在淡季的时候,价格相对来说比较便宜一些,但是也不会非常的低。尽管门票价格非常昂贵,但是仍然吸引着众多的游客前来旅游,感受不一样的魅力所在,当然这里也经常会有一些拍古装剧的剧组在这里拍摄电影。

又如:现存的古代书院、古代寺庙、古代居民、古代宫殿都是我们策划景观景点的好原料。平遥古城、凤凰古城、湘西的王村、岳阳的张谷英村就是利用古建筑策划出来的景点。北京的故宫、长城,西安的华清池、碑林更是利用古建筑促进旅游发展的典范之作。现代建筑也可以将其策划成为好的景观景点,如上海的东方明珠电视塔,北京的人民大会堂、毛泽东纪念堂就是利用现代化建筑开发旅游业的典范。

七、借特产之势策划的艺术

即利用一地的特产策划出旅游活动项目或旅游产品开发项目、旅游景区(景点)建设项目,促进旅游业的发展。

特产也是旅游策划的重要资源。我国地大物博,物产十分丰富。由于地理位置的不同,各地的物产是千差万别的。如扬州的酱菜,镇江的香醋,无锡的水蜜桃。椰子就只能产在南方而不可能产在北方。同时,由于各地的经济条件、民间习俗不同,各地还形成了一系列具有浓厚地方特色的加工产品,如东北的皮革、大连的服装等。利用特产策划大的旅游项目和旅游节会活动已经成为近年来旅游策划的一种时尚。如吐鲁番的葡萄节,海南的椰子节,大连的服装节,湖南常德桃花源的桃花节,石门的柑橘节等就已经成为有一定影响的、以特产为基础的旅游节会活动。

八、借民俗、宗教之势策划的艺术

借民俗之势就是指借助一地的民风民俗,策划出旅游活动项目或旅游产品开发项目、旅游景区(景点)建设项目,促进旅游业的发展。

民俗也是一种重要的旅游文化资源。我国有56个民族,各民族都有自己独特的民俗风情,如苗族和土家族的摆手舞、哭嫁等风俗,蒙古族的摔跤风俗等。这些民间风俗习惯只要稍加整合,就可以成为独具魅力的景观景点和旅游节会活动。如张家界的土家族民族风情园,就是将土家族的民风民俗及建筑集中到一处进行展示;又如云南等地的火把节、蒙古族的摔跤节等也都是利用民风民俗而策划的节日。

全世界有一半以上的人口是信仰宗教的,我们国家对于宗教也一直是采取信仰自由的政策,规定了宗教的三自方针,即自传、自教、自养,即不得在宗教活动场所以外宣传宗教。但由于宗教对其信教群众独特的吸引力,因此,我们即使是在宗教活动场所内策划一些宗教与旅游相结合的活动,对外界的影响也是很大的。如南岳区策划的聘请和尚当导游活动和南岳磨镜千年佛教论坛活动就有很大的反响。

此外,体育也正在成为旅游策划的重要关注点。人们对体育的热爱往往是不计路途远近,不惜花钱的。从改革开放以来,不论是国外举行的重大体育赛事还是国内举行的重大体育赛事,许多旅行社都借机组织了一些团队。

延伸阅读

旅游项目策划书案例

一、背景分析

1. 概况

浏阳河又名浏渭河,原名浏水。因县邑位其北,山之南,水之北,谓之阳,故称浏阳。浏水又因浏阳城而名浏阳河。全长234、8公里,流域面积4 665平方公里。

2. 旅游资源

(1) 自然资源

浏阳河:十曲九弯,两岸青山翠枝,紫霞丹花。

浏阳河漂流:浏阳河第一湾(浏阳市高坪乡境内)。

特产:浏阳花炮闻名中外,还有菊花石、夏布、湘绣、豆豉、茴饼、纸伞、竹编。

(2) 人文资源

开福寺、马王堆汉墓、陶公庙、许光达故居、黄兴故居、徐特立故居、谭嗣同故居、浏阳文庙、浏阳算学馆、孙隐山等文物。

(3) 红色旅游

走出了一大批党和国家的卓越领导人:中共中央总书记胡耀邦、国家副主席王震、全国人大副委员长彭佩云、中顾委主任王首道等。走出了中国第一个为戊戌变法而流血牺牲的志士谭嗣同,走出了民国先驱唐才常、焦达峰。还走出了数十位挽民族之危亡、救生灵于水火的铁血将军和数万名革命烈士。可见,浏阳的红色旅游氛围浓厚,发展潜力不言而喻。

二、区域优势/劣势

1. 优势

(1) 浏阳市社会经济基础雄厚,城市经济实力不断增强。

(2) 浏阳市的道路状况良好,区位条件比较好,可进入性较强。

(3) 浏阳河旅游资源丰富,发展潜力强劲。

(4) 优美动听的《浏阳河》,掠云越波,传遍了五湖四海,浏阳河的知名度较高。

(5) 旅游产业蓬勃发展,国家将红色旅游提上日程,能够使浏阳河的红色旅游资源得到充分利用。

2. 劣势

(1) 浏阳市整体形象缺乏明确定位,对外宣传不够。

(2) 浏阳河景区的服务人员的服务意识比较薄弱,服务水平较低。

(3) 浏阳河的旅游资源缺乏有效的保护,开发不足。

三、策划目的

1. 市场分析：一句浏阳河……伴随着中国的一代伟人响遍了祖国的每一个角落，传遍了世界各地，在我们每一个人的心中，对浏阳河都有一份额外的亲切和敬仰。因此，浏阳河的目标消费者群十分庞大。无论男女老少，都是浏阳河的目标消费者。港澳台喜欢文化交流的年轻人以及老一辈革命老人，亚洲甚至全世界热爱中国文化，喜欢到中国旅游的外国游客都有可能成为目标消费者。

2. 最终目的：提高浏阳河的知名度，使浏阳河走出湖南省，唱响中国，走向世界。

四、策划原则

1. 目的性原则

(1) 把浏阳河打造成国内著名的休闲旅游景点。

(2) 将浏阳红色旅游资源和其他红色旅游资源整合为经典红色旅游线路。

2. 可行性原则

(1) 浏阳市的道路状况比较好，交通便利，旅游者可进入性比较好。

(2) 浏阳河经过多年发展，有良好的口碑，此刻正在不断完善之中，其发展潜力较大。

(3) 浏阳市政府有足够的资金和信心把浏阳河推出去，走出省门。

3. 特色化原则

《浏阳河》唱响了全中国，它特有的诗歌情怀是其他旅游资源缺乏的。因此，加强《浏阳河》的宣传和推广，让人们产生去浏阳河旅游的动机。

4. 政府主导和市场结合的原则

(1) 政府主导，依靠浏阳市政府，甚至湖南省政府的强烈支持和推广。

(2) 提高浏阳河的市场竞争力和综合实力。

五、主题口号

唱响古今，璀璨浏阳！

六、组织形式

主办：浏阳市政府

承办：浏阳市旅游局

协办：湖南卫视电视台

七、主要活动

1. 音乐晚会：其中有大合唱《浏阳河》版，以及抒情版的《浏阳河》，小品等。

2. 放烟花：音乐晚会结束后放烟花。

3. 征文比赛：要求参赛者围绕浏阳河这个主题写文章。透过这个征文比赛，来提高消费者(个性是年轻一代)对浏阳河的认知。在音乐晚会当晚会给优秀作品的参赛者颁奖。

4. 举行音乐晚会当天浏阳市旅游局以 6 折的价格出学生票，以 8 折的价格给其他消费者。

5. 以浏阳河的名义捐款 20 万给当地的慈善公益机构，在当天午后举办新闻发布会。并且把这一信息刊登在当地最有影响力的报纸媒体。同时，在湖南卫视播放这则新闻。

八、具体操作

1. 进行音乐晚会的前期宣传，在湖南卫视《娱乐天天报》播放音乐晚会的宣传片，以及在当地有影响力的报纸做音乐晚会的平面广告宣传，为期一周。

2. 音乐晚会于××年 12 月 31 号在浏阳河广场举行，从晚上 8 点开始到晚上 10 点结束,采用直播形式。请湖南卫视著名主持人李湘、汪涵联手担任主持。由湖南卫视摄制组担任整个晚会的制作以及后期修改。

(资料来源:百分网)

思考题

1. 简述旅游项目策划的主要构思内容。
2. 谈谈市场调研的重要性以及调查的主要内容。
3. 简述策划创意的源泉以及常用的策划创意的方法。
4. 较完整的旅游策划书应包括哪些内容?

【微信扫码】
相关资源

第六章

旅游营销策划

第一节 旅游市场营销策略

旅游市场营销是规划和实施创意、产品、服务观点、定价、促销和分销的过程。旅游市场营销策划,实质是以创造性的方法和创新的理念,科学地谋划营销活动的全过程,用系统的方法和手段,更有效地促进旅游者和旅游产品经营者或旅游组织的交易活动的最终实现。

一、旅游市场拓展策略

1. 加快发展入境旅游

以江苏旅游市场的拓展策略为例:2018年江苏在**巩固港澳台市场**的基础上,进一步巩固港澳台市场,发挥江苏与港澳台地区联系紧密的优势,充分发挥江苏旅游香港推广中心的窗口作用,重点推广商务旅游、城市旅游、文化旅游,推动将昆山建设成为两岸旅游产业合作示范区。支持办好"苏台灯会"、苏台美食交流节,扩大与港澳台旅游产业、网络和媒体的合作,增强我省旅游影响度和产品吸引力。加强互动,有序推进我省居民赴三地旅游。积极推动我省宁镇扬地区与台湾中彰投地区展开旅游交流与合作。挖掘港澳台青少年赴内地旅游市场潜力,有计划开展港澳台地区来我省游学交流。

拓展海外市场——日韩、东南亚市场。发挥我省在新加坡、日本设立的旅游推广中心作用,加强精准营销,吸引更多日本中老年人来苏旅游。在韩国成立旅游推广中心,密切与韩国著名传媒机构、韩国主要旅行社的合作。加强在新加坡、马来西亚和印度尼西亚等客源市场的宣传推介工作,组织三国重点出境旅行组团社来我省考察。探索和马来西亚建立旅游客源互送机制,商讨开通专项旅游航班。参与印尼政府推出的"郑和下西洋海上丝绸之路"旅游和印尼华裔寻根探亲之旅活动。

"一带一路"沿线市场及新兴市场。坚持共建、共享原则,深化我省与"一带一路"沿线国家的丝路特色旅游合作与交流。与丝绸之路成员国积极开展全方位市场营销与合作,采取合作的方式在各大旅游交易会促进丝绸之路旅游营销,发展丝绸之路品牌故事,开发丝绸之路主题旅游产品。继续保持越南、印度等新兴客源市场来苏游客数量增长的强劲态势,力争更多的增长空间。抓住中国、印度互办旅游年的契机,加大对印度市场开拓力度,保持印度游客两位数增长。抓住"2017中澳旅游年"契机,进一步拓展澳大利亚客源市场。

欧美市场。以"中美旅游年"等大型活动为契机,深化地方对接,拓展旅游合作,进一步扩大我省市场份额。在欧洲大陆设立江苏旅游推广中心。依托中国——中东欧国家合作机制,积极拓展捷克、匈牙利、波兰等中东欧国家客源市场,力争成为我省入境旅游的未来增长点。巩固和扩大俄罗斯市场,推出特色旅游产品,吸引散客旅游和专项旅游。

2. 大力发展国内旅游

推动省内旅游市场发展。深度开展"江苏人游江苏"活动,全面落实《国民旅游休闲纲要》,鼓励开展省内旅游。支持省内城市开展跨地区旅游互动,重点推广江苏乡村旅游和各类休闲度假旅游产品。组织苏南、苏中游客赴苏北开展生态休闲、度假旅游,拉动苏北旅游发展。鼓励苏南、苏中城市研发跨江旅游路线,推动跨江一日游发展。

深耕拓展周边市场。充分利用高铁、高速路网覆盖面不断扩大的优势,深耕山东、浙江、安徽、上海等长三角周边客源市场,采取点对点、线连线的营销方法,推出系列旅游产品,重点推出系列生态文化旅游产品和度假产品,吸引外省游客进入我省腹地旅游。

重点突破中程市场。借助上海迪士尼的建成开放,积极对接上海,策划一批"玩转迪士尼,畅游新江苏"的旅游线路。依托国家高铁网由"四纵四横"升级为"八纵八横"的契机,进一步加大对中程高铁通车市、县(市、区)的营销力度,力争使北京、河南、江西、湖北、福建等中程客源市场来我省的游客有明显增长。

吸引远程市场高端消费。通过旅行社的有组织接待,吸引高端消费。远程市场中,重点关注经济富庶的广东和旅游休闲意识较强的四川两省,提高我省旅游的综合效益。

3. 加强旅游营销推广

拓展营销渠道。推行"区域联动、部门联合、企业联手"的大旅游营销模式。围绕我省国际客源市场,实施精准营销。在国外重点旅游区、客源城市设立旅游推广中心,形成覆盖重点客源地和新兴市场的推广网络,借助国家旅游局驻外办事处和国外旅游传媒机构,宣传推广我省旅游城市和旅游产品。建立客源地营销代理制度,在所有与我国签署旅游协议、举办旅游年的国家(地区),落实旅游营销代理商,抢抓新兴市场机遇。充分利用外事、商务、侨务、对台、文化、出版等对外宣传渠道,广泛开展江苏旅游品牌宣传推广活动。通过政府和企业两个渠道,开展多种形式营销推广活动。改革入境游地接奖励政策,实行绩效挂钩,创新入境游市场激励机制。

强化市场营销。切实树立国际化的旅游目的地管理理念,开展立体营销。继续加强在央视等中央媒体的宣传推广力度,加强在境外媒体的精准投放,在重要旅游客源地加大广告投放。持续组团赴旅游客源地营销,进一步完善"旅游万里行"推广活动。利用现代影视娱乐等手段,嵌入式推广旅游产品,扩大旅游知名度和美誉度。充分利用微博、微信等新媒体平台,民航、高铁等运输工具开展旅游营销。加强与国内大型旅游线上运营商合作,加快建立和完善江苏旅游品牌专区。各市完成微信平台搭建,丰富完善旅游资源和产品介绍、节庆活动推广等基础功能。将省和各地政务旅游微博、微信平台打造成省内外用户获取江苏旅游资讯最新、最准、最全的门户之一。进一步完善我省客源分析系统,加强与主流搜索引擎合作,提升我省旅游精准营销水平。加强旅游企业与国外旅游批发商的对接与合作,鼓励上架江苏旅游产品,及时获得海外游客对旅游市场秩序、服务质量的评价,帮助江苏企业不断开发产销对路的旅游产品。

做好各类展会和节庆活动。积极参加国际、国内重要旅游会展,及时推广、交易我省旅游产品。办好我省特色旅游商品展销汇、休闲度假产品推介会。积极参加客源地区各类推介活动。支持举办"苏州国际旅游节""秦淮灯会"等节庆活动。鼓励地方以市场为导向举办各类旅游节庆活动。大力推进跨区域资源整合,支持旅游节庆活动结合体育、经贸等各类相关活动共同举办,形成宣传推广的集聚效应[摘自《江苏省2016—2020年旅游发展总体战略》(节选):《(六)拓展旅游市场》]。

二、旅游产品定价策略

(一) 定价因素分析

1. 旅游产品价值

旅游产品价值是指凝结在产品中的社会必要劳动量。虽然旅游产品大部分是以无形的服务表现的,但是其自身是具有一定价值的。旅游产品在市场规律的作用下,以其价格来表现其价值,有时可能不相一致,但不能偏离于价值太远,从长期来看,价格是与价值相一致的。

2. 旅游供求关系

在旅游淡季时,会出现供大于求的状态,旅游企业为了促销产品,愿意在保持成本或微利的条件下,降低旅游产品的价格,以获取将来的发展;在旅游旺季时,会出现求大于供的状态,旅游企业为了获取更多的利润,相应地抬高旅游产品的价格,而旅游消费也愿意支付这样的价格来满足自己的需要。

旅游产品的策划者要根据市场的变化,相应地降低或抬离价格,从此来实现旅游产品的价值。

3. 市场竞争状态

旅游产品是满足人们物质与精神需要的产品,其需求弹性较大,从而导致了旅游市场的竞争比一般产品的市场更加激烈。在激烈的市场竞争条件下,不能不考虑到竞争对手的价格,在不低于成本的前提下,可以以价格优势来吸引更多的旅游消费者,但是最终受害的仍是旅游企业,受益的仍是广大的旅游消费者。

4. 汇率变动

汇率又称外汇牌价或汇价,即指两国货币的比例关系,就是用一国货币来表示别国货币的价格。汇率的变动对旅游价格影响很大。货币贬值必然对出行旅游产生影响。如果旅游目的地国的货币贬值,那么去往这一地的旅游消费者带来的外汇收入呈隐性减少,对目的国无利。

5. 通货膨胀

通货膨胀是指流通中的货币是超过了货币的发行量引起的货币贬值,物价上涨现象。当通货膨胀发生时,旅游企业的成本增加,价格也要相应提高,以免受到损失。

(二) 定价目标

旅游产品定价目标是指旅游企业通过制定特定水平的价格,凭借价格所产生的销售效果去实现预期的目的。旅游产品定价目标主要有以下几种。

1. 利润最大化目标

利润最大化是指企业在一定时期内可能获得的最高盈利总额。追求利润最大化应以旅游企业良好的信誉为前提,只有这样,价格的制定才切实可行。这是因为过高的售价会引起消费者抵制,竞争者涌入,伪冒品增多,从而影响旅游产品的出售,企业收入甚微,因此,尽管追求利润的最大化,但价格的高低也应适当。旅游企业追求最大利润就要通过不断提高生产技术和服务水平,改善经营管理,从而在竞争中获胜。相反,如果旅游企业一味追求最大利润,只顾眼前利益,不顾将来发展,到头来只能是伤害旅游消费者的心,损失企业的美誉度,最终被旅游消费者所淘汰。

2. 提高市场占有率

市场占有率是企业经营状况和竞争实力的综合反映,显示了企业或项目的市场地位,高市场占有率使企业具备更强的市场控制能力。产品或项目拥有更大的知名度,为自身的盈利创造了条件。为了扩大市场占有率,就要把旅游产品的价格定得灵活多样。针对旅游消费者的层次及品质爱好,安排不同的活动,高质高价,从而使受众愿意支付这样的价格来进行消费。价格分成团体价、个人价、双人价、三口之家价,从而更好地提高产品的市场占有率。

3. 实现投资收益率

投资收益率是指企业在一定时期内所获得的投资报酬额与投资总额的比率,反映了企业的投资效益。旅游企业通过定价,使价格有利于企业的投资在一定时间内达到一定的投资报酬为定价目标。一般情况下,旅游企业根据利润率,计算出各单位产品的利润额,把它加在产品的成本上。

4. 竞争还击行为

在对手林立的旅游市场竞争中,竞争对手的每一步都或多或少地对同行业企业产生影响。当对手降下价格时,如果保持原有价格水平,那么我方就会丧失价格优势,市场占有率就会逐步缩小。为了保持原有的市场地位,就要针对对手的举措进行还击,在保持成本价的前提下,采取跟随定价,挫败对手的促销锐气,从而保持更多的旅游消费者。

(三) 定价方法

旅游产品的价格水平主要受成本费用、市场需求和市场竞争三个方面因素的影响,在此将其定价方法分为成本导向定价法、需求导向定价法和竞争导向定价法三类。

1. 成本导向定价法

这种方法是指以产品成本为依据,综合其他因素来制定价格。成本导向法具体又分为以下两种形式:

(1) 成本加成定价法

即在单位产品成本的基础上加一定比例的利润作为产品的销售价格。其公式为:

单位产品价格=单位产品成本×(1+成本加成率)=单位产品成本+单位产品预期利润。

(2) 投资回收定价法

即根据投资产生的服务成本及预期的劳务数量,确定项目目标价格的定价方法。

例如,建设某饭店投资为 1 000 万元,饭店共有客房 100 间,预计回收期为开业后 5 年,在 5 年中,客房年平均使用率为 65%,每一套客房分担的服务管理费每年为 50 万,计算保证投资按期回收的单位客房日收费标准。

单位客房收入(元)=投资总费用÷(客房数×回收期)+单位客房年追加营销服务费=10 000 000÷(100×5)+500≈20 500(元)

单位客房日收费(元)=单位客房总收入÷(每年日数×客房平均利用率)=20 500÷(360×65%)≈87.6 元。

验证:饭店年总收入=87.6×100×360×65%=2 049 840(元)

饭店年净收入 2 049 840-500×100=1 999 840(元)

饭店 5 年净收入:1 999 840×5=9 999 200<10 000 000(元)

所以该饭店单位客房日收 87.6 元不能保证如期收回投资。

从计算中可以看出,此饭店应提高单位客房的回收费水平。

2. 需求导向定价法

需求导向定价法是指以消费需求为基本依据,确定或调整企业价格的定价方法,具体又包括需求差异定价法、理解价值定价法等。(如,国家法定节假日出游人数暴增,价格上涨。)

(1)需求差异定价法

这种定价方法是指由于旅游产品条件变化而产生需求强度差异性作为定价的基本依据。

● 因时间而异

人们对于出行旅游,一般是在假日形成高峰,非假日时期波动不是那么明显。因此在旅游旺季,定价相对高一些,处于淡季时,价格相应低一些。

● 因地点而异

人们对饮料的需求强度因价格而异,在饭店、餐馆中的定价显然要高于在街上的食品店里的。

● 因消费者而异

旅游定价如果考虑旅游消费者的年龄、职业、阶层的差异,针对某一部分的特殊性给予优惠价格,可以收到明显的促销效果。例如六一儿童节,给予儿童免费出游,从而吸引更多的家长,扩增旅游收入。

(2)理解价值定价法

这种方法是指以旅游消费者对旅游产品价值的理解或感觉而进行定价的方法。

这种方法需要旅游企业进行宣传攻势,把旅游产品的服务质量、趣味程度等相关信息传达给旅游消费者。

3. 竞争导向定价法

这种方法是指以同类产品或服务的市场供应竞争状态为依据,根据竞争状况来进行定价的。具体又包括以下几种类型:

(1)随行就市定价法

这是指根据旅游行业的平均价格水平或竞争对手的现行价格来进行定价。这种定价方法可以与对手和平相处,避免因价格竞争带来的风险,企业从中获得适中的利润。

（2）竞争价格定价法

这是指主动占领价格优势地位的定价方法。一般适合于实力雄厚、企业信誉好、产品知名度高的企业所采用。

（3）密封投标定价法

这是指采取投标竞争的方式来达成成交价格。在旅游市场中，也就是价格竞争的结果。

三、旅游产品渠道策略

（一）旅游产品销售渠道的特点

销售渠道也称分销渠道或产品的销售通道。产品渠道策略就是用创造性的方法打开或拓展产品或劳务从生产领域到消费领域的通路。旅游产品渠道就是指参与旅游产品或服务从旅游企业到旅游消费者过程的，相互依存的，所有企业与个人形成的产品营销通道。旅游产品渠道有如下特点：

1. 外部性

旅游企业利用中间商的劳务或产品，不能随心所欲地控制中间商的行为，这是因为中间商与生产者处于同等地位，处于旅游企业权利之外的，具有一定的外部性，不是一般的从属关系。

2. 稳定性

旅游企业与其中介机构一旦签订了合同，双方便发生了一定时间的合作关系，这种合作关系使得渠道具有相对稳定性，当外界因素发生变化时，双方不得撕毁合约，否则会受到合同法规的制裁。

3. 关联性

旅游产品渠道不仅与旅游企业制定的目标市场关系密切，而且也与其营销策略有关。旅游企业选定了目标市场，由于没有适当的渠道利用，则会使其改变目标市场。

（二）旅游产品销售的渠道类型

1. 根据中间商有无划分：可划分为直接渠道和间接渠道。直接渠道是指旅游产品或项目的推进不经过任何一个旅游中间商，直接把旅游产品或服务送至旅游消费者手中。

间接渠道是指旅游产品的推进经过一个或一个以上中间商、间接把旅游产品或服务送至旅游消费者手中。

2. 根据环节多少划分：可划分为长渠道与短渠道。长渠道，信息传递缓慢，流通时间较长，不易控制。短渠道，信息传递及时，流通时间较短，便于控制。

3. 根据中间数目划分：可划分为宽渠道与窄渠道。

一般情况下，大众化的旅游产品主要通过宽渠道进行销售，通过多家旅游批发商或代理商批发给更多的零售商去进行销售，从而吸引更多的旅游消费者。窄渠道适用于专业性较强或费用较高的旅游产品，例如沙漠生态游、高山生态游、世纪之旅等。

（三）旅游产品销售渠道的模式

1. 旅游企业—旅游零售商—旅游消费者。
2. 旅游企业—旅游批发商—旅游零售商—旅游消费者。
3. 旅游企业—旅游代理商—旅游批发商—旅游零售商—旅游消费者。
4. 旅游企业—旅行社—旅游消费者。
5. 旅游企业—旅游经营公司—旅行社—旅游消费者。
6. 旅游企业—旅馆代理人—旅行总社—地方旅行社—旅游消费者。
7. 旅游企业—旅游消费者。

（四）旅游产品销售渠道的选择

1. 旅游消费者特性

旅游产品渠道选择要受到旅游消费者人数、地理分布、旅游频率等影响。如果旅游消费者人数很多，那么就需要采用宽渠道，从而减少旅游企业的压力。

2. 项目时间长短

项目时间的长短也会影响到渠道的选择。时间越短，渠道越要短，反之，时间越长，渠道就越长。

3. 中间商特征

旅游中间商的知名度、信誉状况等对渠道选择起着关键性的作用。大型旅游产品由于时间长、规模大，所以必然选择中间商，要想使项目活动有效地开展，又必须挑选出旅游消费者信赖的中间机构，可见中间商的特性在渠道选择中相当重要。

4. 企业自身状况

企业的自身状况对选择渠道起着重要的作用。企业的长期发展目标、规模、财力、产品组合程度、过去的业务、经验及现行策略都会影响旅游企业对渠道的选择。

（五）旅游企业及产品与渠道关系

1. 渠道合作

渠道合作是指在同一渠道中的不同企业之间为了共同利益结成联盟。通过采取合作的形式，旅游企业与旅游中间商等渠道成员取得巨大的规模效益。

2. 渠道冲突

渠道冲突是指同一渠道中不同环节以及同一环节中不同成员之间的矛盾。引起冲突的原因主要包括：渠道成员目标不一致；各自的权利不明确；彼此依赖程度过大等。

3. 渠道竞争

渠道竞争是指平行的渠道成员因服务于同一目标市场而发生的竞争。在不影响旅游企业利益的前提下，中间商之间展开一定程度的竞争，有利于优胜劣汰，促使中间商加强管理，塑造良好美誉度，吸引更多的旅游消费者。

第二节　旅游产品营销策划的程序

旅游产品营销策划书是创意的结晶，行动的指南，蓝图的展示，希望的灯塔。撰写好一部高质量的旅游市场营销策划书是整个营销工作准备阶段的重要工作之一，策划中将概要地描述旅游营销活动的目标、内容、要求与各种手段的运用，集中体现在所制定的营销战略、策略的策划书中，并在整个营销活动中发挥着引领与指导的重要作用。

旅游营销策划书应包括以下内容。

一、旅游市场概况分析

这部分内容主要是对本旅游企业及其旅游产品所处的整个旅游市场营销战略的分析，并对本次营销的主要目标做一个扼要的描述。要求定性准确、数字明确、逻辑清晰，以便决策层迅速了解营销活动的主旨，对其策划构想产生兴趣。比如："2018年度市场营销目标是使本企业的旅游产品打入日本及东南亚市场，从而使总体销售收入与利润总额比去年大幅提高。经预测估算，销售收入目标定为3 000万元，比去年提高35%；可实现利润总额600万元，与去年相比增长25%。这个目标主要通过价格调整以及增加广告力度等方式实现，同时还准备在当地寻找地区总代理并帮助其培训服务人员。本计划实施所需营销预算为120万元，与去年相比增加30%。"

二、营销环境分析

主要是向决策层提供关于内部营销组合各因素以及内、外部宏观环境的有关数据，使决策层对目前企业面临的内、外部形势，所处的营销环境，有一个正确认识，为其充分理解营销策划书的内容奠定基础，主要包括下列内容。

1. 宏观环境分析

指对影响环境的六大要素，即人口、经济、政治、自然、技术与文化环境的当前状况、变化趋势以及可能为本企业造成的机遇与威胁进行分析。

2. 竞争环境分析

指对所处旅游市场中主要竞争对手的经营规模、旅游市场份额、所采用的营销组合策略进行描述性分析。

3. 当前旅游市场形势

指对目标旅游市场规模与发展的预测，顾客旅游需求走向、观念及购买行为的初步分析。

4. 产品所处市场环境

指本企业旅游产品在所处旅游市场中的地位，包括：销售量、旅游市场占有率、产品价格、利润等的情况分析。

5. 销售渠道的类型

指对本企业分销渠道的分布、中间商的类型、模式构成、佣金率、流通效率进行分析。

6. 人员管理情况分析

指本企业管理人员及业务人员的构成、素质、工作质量、服务水平，在整体旅游业中所处地位以及目前所采用的培训、领导与管理的方式等内容的分析。

三、机会与威胁分析

主要分析本企业在当前国内外形势下所面临的具体机遇与挑战；企业自身迎接挑战的优势与劣势的具体分析，从中得出结论；明确本企业在发展中必须认真对待的问题，同时也是本次策划中强调的核心问题，提请决策层在本策划书付诸执行过程中必须引起注意。

四、营销战略的重点目标

营销战略的重点目标是策划书的核心内容，也是决策层最感兴趣的部分，即营销策划的付诸实施可以为企业带来哪些具体收益。这是策划书中最具认同感与说服力的内容，具体包括下列内容。

1. 财务业绩目标

管理机构希望各部门都能够具有良好的财务业绩的提升，包括：投资收益率、资金周转速度、净利润收入增加等。

2. 营销业绩目标

财务业绩目标的实现必须通过营销手段，它是一系列营销目标得以实现的具体的、直接的结果。比如"600万元的净利润收入及25%的利润率"目标需要销售收入达到2 200万元；如果旅游产品单价2 000元，就需要说服1万个旅游消费者购买该产品；如果预期行业总销售额为1亿元，则占领20%旅游市场份额的目标一定要实现；为实现这一目标，营销人员必须充分发挥分销商与各种促销手段的作用，将品牌知名度从10%提高到15%，扩大20%的分销网点，维持2 200元单价等，在描述过程中必须采用定性与定量相结合，使之更有说服力。

五、旅游市场营销战略描述

营销战略描述内容是营销策划人员创意与智慧"大显身手"的表露，也是其业务素质与存在价值的集中反映。它主要包括：

1. 目标旅游市场的选择依据与决策依据。
2. 营销组合策划。包括：旅游产品构成、定位、价格、分销形式、服务人员管理培训计划、广告及其他促销方式、研究开发方式等。在进行这一部分内容的撰写时，应当注意以下两点。

(1) 必须与销售、采购、生产、财务、公关等部门进行充分沟通，确保取得其支持与理解；

(2) 在文字表达方面既要充实详尽，又不可以过于专业化的描述，做到通俗易懂，便于执行。

六、营销计划的实施方案

这部分内容十分重要,关系到策划能否百分之百付诸实施,是对完成营销战略目标所采取诸多行动的具体统筹安排。对于要完成什么、由谁来完成、什么时间完成、需要进行什么工作、预计成本是多少等问题都要明确无误,责任到具体的人。这部分内容越具体明晰,越便于在执行中贯彻和监控,要落实到具体部门和个人,在确定行动时要请教专家,并充分听取各部门的意见,对多个方案进行选择,确保目标的全部按时按计划实现。

七、盈亏预算分析表

营销策划书还要客观地预测到营销活动的损益情况,既不能言过其实,也不可消极保守,必须客观可行。这部分内容实际是营销人员立下的"军令状"。具体来讲,在收入方面要反映预计销售量、预期价格;在支出方面要反映生产、分销、促销及营销成本。二者差值为预期利润。企业决策者要与生产部门主管对预算加以核查、评估,进行必要的修改,最终确定的预算就成为整个营销活动的重要财务依据,建议这部分内容的写作必须会同财务人员或相关专家进行科学核算,力求所定目标经过努力一定能实现。

八、对整个营销活动的控制

策划书的这一部分内容,主要用于描述如何监控整个营销战略计划实施的进展及完成情况。它主要包括:

1. 必须建立有效的信息采集措施,随时跟踪调查,发现问题即时信息回馈的有效制度。根据具体情况,要求各业务部门、各计划执行人员、各级各类中间商及时或定期向营销部门反馈各类信息,信息内容要客观明确并有各自的评价意见。该制度中应包含一定的奖惩措施或制度。

2. 必须建立每月或每季度的监测与考核制度。这部分内容要量化明确,要落实到人,定期考评,要对未完成的目标或超额的开支做出及时反应,要求负责人做出解释并提出改进方法。

3. 即时制订应急计划及补救措施。对可能遇到的各种困难、障碍、威胁、机遇或失误要尽可能地进行预测,对其影响及损失进行预估,并制定出有效的对策,使决策者做到把失误消灭在萌芽状态,使策划效果最大化。

第三节 旅游营销的新趋势

一、旅游行业的营销趋势

(一)文化产业与旅游产业相融合,将发挥 1+1>2 的效果

2018年,被文旅融合带热的文创产业已经成为"风口",我们几乎可以断定未来几年文

创行业将会井喷式发展,那么旅游景区应如何才能将当地文化融入其旅游产品中呢？北京故宫的业务行业可以说是行业的典范。它将故宫直接打造成了超级大IP,将原本严肃庄严的皇上重塑成了萌萌哒的形象,让游客享受到沉浸式体验,将传统与现代文化相融合,迎合了现代人的文化需求,又将故宫文化再次发扬光大。各旅游景区应对其旅游产品注入文化新动力,融合当地特有的文化,注重文化体验,打造文化体验式项目。

（二）在网络营销的带动下，主题营销模式日益成为潮流

如今网络营销的模式伴随着博客以及社交网络等平台的出现而变得愈来愈突显创新特点,主题营销模式就是借助高效的网络传播途径,刻意挖掘、运用、营造某类特定主题进而达到旅游电子商务企业的营销目标,例如定制营销可以让企业在推销产品时化被动为主动,愈加完好地满足消费者需求,部分游客不再局限于参加旅游企业规定的旅行计划路线,不再愿意听导游们千篇一律的空乏讲解,而是提出了更高的要求,其中非常突出的趋势就是成团旅游形式向自助游形式转变。电子商务环境下,定制营销成为可能,由游客依据个人意愿选取旅游线路、交付费用的模式,把其要求的内容、信息提交给他,有效地满足个人的要求与期望,反映了电子商务的强大优势。

（三）由观光式旅游转向体验式旅游

以往的旅游产品大多以观光为主,上车睡觉、到达旅游景点拍张照是旅游行业大部分游客进行游玩时的现状。据数据显示,国内旅游用户中,35岁及以下用户比例高达70.2%,年轻用户是国内旅游用户主体。年轻人会更加注重旅行中的体验,旅游需求多样化,更喜欢深度游,而不是走马观花地到了景区就拍几张照。之后体验式旅游必将成为一个趋势,预测景区会增加体验是项目,有时体验式项目可大可小。对于常年生活在城市的旅游用户来说,到了一个山庄,让他亲自感受插秧、摘果子、喂牛羊,这就是一种非常不错的体验式项目。

（四）E2E数字化改造趋势

随着以组织为中心的经济让位于以个人为中心的经济,翻天覆地的巨变席卷而来。社交媒体、移动技术、分析和云的成熟推动着从个人的成熟推动着从个人为中心向每个人对每个人(E2E)的经济转变。E2E的特征是消费者和企业在大量价值链活动中广泛互连和协作:共同设计、共同创建、共同生产、共同营销、共同经销和共同融资。旅游行业实现E2E模式主要有三大步骤。第一步:以开放姿态拥抱外部影响力。第二步:与新的生态系统和合作伙伴建立联系。第三步:向整个企业的数字移动化投资。

（五）旅游产业衍生品避免同质化，要实现多样化创新

在我们旅行中,我们不难发现同一城市内的小吃街、旅游景区等售卖的地方小吃、旅游纪念品、特产等都是大同小异,没有什么差别。面对千篇一律的特产和纪念品,游客会感到选择疲劳,购买欲望低下,而且同类商品,大家就会陷入一种价格战。旅游景区应该深度发掘当地特色美食、富有当地特色的纪念品,避免同质化,可以定期举办个当地美食评比比赛,原创旅游衍生品评比等,激发大家的创新能力,给游客带来更好的体验。

二、"旅游＋新媒体"的营销新模式

及时便利的新媒体不仅丰富了旅游营销的传播渠道、聚合了精准受众、推动了交互体验转化,还打破了传统媒体信息传播的垄断特权,让消费者成为信息传递的共谋者和分享者,为旅游目的地提供了广阔的创意空间和价值转化的可能性,新媒体也成为旅游宣传传播的主阵地。

(一)新媒体的概念

新媒体的提出最早是在1967年美国哥伦比亚广播电视网(CBS)研究所所长 P. 歌德马克(P. Goldmark)的一份商业开发计划中,随后在1969年传播政策总统特别委员会主席 E. 罗斯托(E. Rostow)向美国总统尼克松提交的报告书中多次提及"New Media",使得"新媒体"流传开并成为20世纪80年代西方发达国家各界热议的话题之一。

目前学界普遍认同的新媒体,多指以数字技术为基础、网络传播为主要手段,用以传播各类数字化信息的媒介,即相对于传统媒体而言的"第四媒体(以网络为媒介)"和"第五媒体(以移动网络为媒介)"。本文的所言新媒体便是采用这一概念,即新媒体既包括数字电视、移动电视、数字广播、数字报刊等传统媒体的数字化形式,又包括网站、网络社交媒体、网络搜索引擎、电子邮箱、手机短信、手机 App 应用等新型网络信息媒介。

新媒体多样化的表现形式能够迎合各类消费者和市场需求,也形成了新型的盈利模式,创造了"万物皆媒"的环境。就旅游产业这一角度,无论是其本身的产品体验还是对产品的推广传播,新媒体都功不可没,甚至把一些曾经名不经传的小村寨、小景区、小项目、小业态推上神坛。新媒体俨然创造了一个新时代,在这个新时代,人人都是旅游产业的见证者、传播者和受益者,尤其是"两微一抖"(微信、微博、抖音),正成为旅游目的地营销的最热门渠道和主要阵地。

(二)新媒体对旅游产业的助力维度

1. 新媒体引领旅游舆论导向

新媒体由于网络传播速度快、范围广,打破了时间和空间的束缚,因此可以实时传播信息并实现互动。在新媒体的优势不断显现、受众规模日趋扩大的背景下,国家级中央媒体也开始利用新媒体的模式对旅游进行新闻宣传和媒体报道。新媒体在引导旅游舆论导向方面发挥了越来越重要的作用。

2. 新媒体加快旅游 IP 的推广

IP 的展示、产品化及销售,是增加旅游收入、推广目的地形象的重要渠道。目前有很多景区在做文化 IP 推广的新媒体尝试,并取得了较好的成绩。

例如,绍兴的兰亭景区,依托《兰亭集序》这一文化 IP 推出了100多种文化创意产品,包括冰箱贴、笔记本、摆件、玩偶、T 恤等,并建立了"兰亭的故事"文创小店和网络店铺。通过旅游文创产品的开发与线上线下一体化的销售,在丰富了兰亭景区业态、促进增收的同时,也大大提升了文化 IP 的知名度。

3. 新媒体助推智慧化管理和消费

景区的官网、微信公众号等,让游客足不出户就能领略景区之美,便于制订旅游计划;在旅游目的地,智慧化设计更是无处不在,智慧停车、智能信息、智慧手环,无一不丰富人们的体验;在消费支付上更是便捷通畅,账单支付快速便捷,无论是餐饮、住宿还是景点观光,手指轻轻一点,便可尽情享用,这一系列的快捷和智慧方式,节约了游客的时间,旅游体验更愉悦。

4. 新媒体加速旅游品牌塑造

近年来,伴随着各种新媒体技术的更新迭代,旅游组织者更强烈地意识到新媒体在旅游营销的必要性,纷纷开始在社交网站、微博、微信、论坛等新媒体营销渠道上做文章,以期利用新媒体扩大旅游目的地营销途径,吸引粉丝游客的眼球,树立营销旅游目的地品牌形象。

例如,上海城市旅游形象宣传MV《我们的上海》,采用VR格式和4K高清格式的双版本,首创中国VR旅游形象宣传片,以"360度全景画面+3D立体"的形式呈现,带领观众从建筑、人文、艺术等视角充分领略上海的魅力,成为旅游新媒体营销经典案例。

5. 新媒体拓宽旅游信息传播渠道

"内容"和"渠道"是新媒体俘获受众的两大杀手锏,在内容吸引眼球的前提下,多样化的信息渠道无疑是实现高频关注的前提,进而实现广撒网多捞鱼的效应。

6. 新媒体重塑旅游营销模式

新媒体时代,新媒体极大降低了信息传播的成本。景区不再需要在户外占据一个广告位,不需要在电视中播放宣传片,甚至不需要制作任何的宣传信息,只要一个噱头和说法。进入新媒体时代后,每一个人都能成为信息的发布者、传播者。任何一个景区都可以构建自己多样化的营销平台,宣传推广自身,同时,新媒体收集来的大数据又可以精准地呈现到旅游经营者的面前,便于制定新的营销措施,与时俱进。

7. 新媒体调动旅游产业共享共创

多重信息不对称的叠加效应,决定了新媒体时代旅游传播的内容产出不能仅仅依靠于某个团队就能完成,而必须以更加开放的精神和理念,用有趣的创意和激励手段,最大限度地调动全社会的参与感,让受众成为信息生产和传播的共谋者。

例如,2016年5月,河北省推出"河北旅游口号,你来定!"的旅游主题口号及标识全球有奖征集活动。在征集过程中,通过举办旅游达人体验活动、全媒介推广、专家对话等策略进行持续宣传,共收到公众投稿作品40 000多条/件,最终评选、确定"京畿福地,乐享河北"为河北省旅游形象口号。这次征集活动,把征集的全过程,通过创意策划打造成一场与世界游客共谋共享、同策同力的创意营销,对河北旅游资源和形象的传播产生了积极的带动作用。

8. 新媒体化解旅游公关难题

新媒体用于处理景区的负面危机,扭转舆论导向,引发反思。当然,如果利用不当,则会让负面影响更突出。

例如,橘子洲景区在被国家旅游局撤销5A级景区资质后,其微信公众号发布《我是橘子洲,今已1 700岁,想跟大家说几句心里话》,以图文的形式梳理橘子洲的人文历史,介绍橘子洲的体验项目,反思橘子洲景区的管理服务问题,完成了一次危机营销。

(三)"旅游+新媒体"的三大经济模式

1. 新媒体助增强"旅游散客经济"能动性

进入21世纪,中国的旅游市场正式进入"旅游散客经济时代"。散客的消费偏好、获取信息的途径、对景区景点的价值判断和期望值与团队游客有着诸多不同,而新媒体时代信息的碎片化、多元化、快餐化、模块化更适应散客的旅游需求和消费需求。每一个景区、每一个存在的事物、每一个人都可以成为内容生产者来吸引目标人群,产生经济价值,其能动性是"团体经济"无可比拟的,更有利于实现"微旅游,大经济"。

2. 新媒体让"旅游眼球经济"更活跃

眼球经济是依靠吸引公众注意力获取经济收益的一种经济活动,在强大的新媒体时代,眼球经济比以往任何一个时候都要活跃。

例如:在玛雅预言的世界末日到来时刻,作为较早进入这一时间点的澳大利亚,遇到洪水般的询问:"澳大利亚是否安然无恙?"澳大利亚旅游官网通过博客幽默的回复:Yes, we are alive. 随后,该消息短时间内被1.63万人转发,当日粉丝突破400万,一日间澳大利亚旅游官网成为全球最受欢迎的旅游目的地官方博客账户。

3. 新媒体缔造"旅游网红经济"无限可能

旅游地成为"网红"以后,游客量和旅游收入显著增加,平台运营方也将获得不菲的投资和广告收入。如西安"摔碗酒"的小视频,促使西安城墙东部中山门内永兴坊内商铺一天卖出上千碗酒。

短视频营销目前更多的是被动营销成功案例,网友上传视频带动了目的地的火爆,而并非目的地运营者自发上传视频。真正要实现互动平台类营销的成功,有关企业和部门需要主动制造话题,利用强曝光、高互动、达人效应、跨平台联动等策略,实现人气引流,提升旅游目的地的知名度。

(四) 促进旅游产业发展六大路径

1. 扩充自媒体平台

借力微博、微信等网络自媒体平台,开启旅游营销推广新模式。充分利用自媒体平台发布旅游政策、旅游资讯,介绍旅游资源、历史文化、民俗风情,提供旅游便民服务、组织营销推广活动等,与网友积极互动沟通。

2. 壮大旅游IP

在经历过新媒体技术的新鲜期后,"内容为王"的营销理念逐渐回归,以旅游营销构建文化IP逐渐成为时代最强音,也代表着未来旅游营销的发展趋势。

3. 实现企业科学管理

新媒体依托信息技术,能够主动获取游客信息,形成游客数据积累和分析体系,全面了解游客的需求变化、意见建议以及旅游行业的相关信息,有助于旅游企业改善经营流程、提高管理水平、提升产品和服务竞争力。通过增强游客、旅游资源、旅游企业和旅游主管部门之间的互动,能够高效整合旅游资源,推动旅游产业整体发展。

4. 构建旅游公共信息平台

新媒体的技术发展能够推动旅游公共信息平台的构建。旅游目的地可以及时发布旅游行业政务信息、相关政策、行业动态、旅游新闻、旅游资源宣传推介、旅游综合信息等,为广大游客提供有用、实用、好用的旅游资讯。

5. 打造智能旅游服务系统

通过运用软硬件、移动通信、云计算等前沿理念及技术,创新研发包含电子地图、3D全景导游等在内的智能旅游服务系统。

6. 提升旅游服务智能化水平

借助新媒体技术,在旅游服务过程中,要注重服务形式的创新和内容的创新,通过内容的创新紧抓游客眼球,实行体验式促销方法,适当为消费者提供免费体验活动,让消费者感受到旅游的服务以及目的地的魅力,增强对产品质量的感知力,以便更好地了解旅游产品。

综上所述,新媒体引领着一种新型的生活方式,如今已经成为很多人生活中不可或缺的一部分,同时也是企业打破传统,宣传景区的新产品、新业态的重要路径和手段,另外也是游客获取旅游信息、制定旅游活动的重要参考。在新媒体环境下,旅游活动变得空前便捷和有趣,新媒体在旅游产业中发挥的推动作用切实为游客带来福利。随着新技术的不断出现和更新,新媒体必将创造出更多更有利于旅游产业发展的新模式。

(来源:绿维文旅)

延伸阅读

旅游营销策划成功案例——故宫博物院新媒体营销案例分析

故宫近些年的发展,可谓新媒体营销的典范。本文对故宫博物院自2012年以来的营销案例进行概述并加以分析,从而探讨故宫博物院如何在已有基础上走创新发展之路。

一、历年故宫博物院营销案例概述

(一) 2012年故宫博物院营销案例概述

从2012年开始,故宫博物院开始尝试利用移动互联网为游客提供服务及藏品介绍等,并着手新媒体运营,在新浪微博里发布相关的资讯,呈现展品。以平易、直观的方式科普故宫历史,不仅可以让受众每天都了解一些平常见不到的藏品,还可以让受众对故宫产生好感。此阶段主要目的还是向广大受众介绍和科普故宫及藏品,以吸粉为主,处于探索发展阶段,并未实施具体的新媒体营销手段,走的还是高贵冷艳的文创路线。

(二) 2013年故宫博物院营销案例概述

1. 推出首款App——《胤禛美人图》

2013年5月,故宫博物院为了让大众能够更加深入了解藏品信息和背后的故事,研发了故宫博物院首款App——《胤禛美人图》,在5月正式上线,利用数字技术打造了一个科普平台,让受众可以近距离的接触、欣赏和学习到故宫文化。

据了解,《胤禛美人图》App主体是12幅立轴画卷展现,伴随着悠扬典雅的乐声,用户可以观赏《胤禛美人图》的作品细节。画面不但可以全屏观赏,也可以用"鉴赏"模式激活一个虚拟的放大镜进行细节观赏;每一幅图片还带有画面构图以及绘画的鉴赏文字。值得一提的是,一些画面中出现的物件旁边都有一个3D的小花标记正在做不断旋转和闪动,点击它们就能激活一个子页面专门介绍画面中出现器物的背景资料——甚至有些还带有全3D的物体展示,充分展现了多媒体技术为现代电子出版物带来的特殊阅读体验。据数据统计,《胤禛美人图》上线两周,其下载量便超过20万,并获得了"2013年度精选优秀App"。作为一款科普展示App,这样的下载量是很可观的。

2. 举办文创设计大赛

2013年8月,受台北故宫"朕知道了"纸胶带的启发,北京故宫开始感受到文创产品创新的巨大潜力,于是开始紧跟社会化的玩法,放下高高在上的距离感,产品的策划设计开始变得好玩走心。8月,北京故宫第一次面向公众征集文化产品创意,举办以"把故宫文化带回家"为主题的文创设计大赛,开始了紧跟社会化媒体步伐的品牌年轻化营销之路。

3. 创建"故宫淘宝"微信公众号

2013年9月,超大IP故宫放下身段,开通了故宫淘宝微信公众号,试图走向大众。然而,早期依旧走着以往皇族的高冷路线,文章中规中矩,标题索然无味,当年的阅读量只有4位数左右。随着新媒体传播的影响,故宫淘宝公众号开始走"软贱萌"路线,以受众喜欢的风格进行营销策划宣传,不断刷新年逾六百岁的故宫的卖萌底线,拿下了超多篇10w+爆款推文。

(三) 2014年故宫博物院营销案例概述

1. 创建"微故宫"微信公众号

2014年1月,故宫博物院官方微信公众号——"微故宫"正式上线,故宫利用社交媒体来向受众展示故宫里的藏品变得更为方便快捷。

2. 打造IP形象"故宫猫"

2014年,故宫猫的悄然走红,致使来故宫的游客都多了起来,在大众旅游的时代,消费者希望带给亲友具有文化专属性和故事情感的文创衍生品,既然"故宫猫"这么受大家的喜欢,故宫博物院当即决定,与洛可可-洛客一起携手,创新研发出专属故宫的文创IP符号,以及具有文化专属性和故事情感的文创衍生品——"故宫猫"主题系列,让素有吉祥寓意的故宫猫以新的姿态守护着紫禁城。

洛可可-洛客以此为背景,以故宫猫的形象为原型,对其进行了抽象化的提炼,使之更具有IP化的生命力,这便是最早的经典侍卫形象——"大内咪探",也被誉为"平安使者",寓意它守护着故宫。同时,设计师们对故宫的产品进行了品类梳理,对藏品进行了整合归纳,运用CBD众创模式,通过全集团近百名设计师,历经52天时间,开发了百余款衍生品设计,灵动可爱,实用性强。从此,"大内咪探"身穿皇帝衣服或宫廷侍卫服装、眼神萌萌的形象广泛用于抱枕、水杯、手机壳、书包、手表和鞋子等,既展现了华夏民族博大精深的历史文化,又彰显了紫禁城的生命力与亲和力。

3. 推出App——《紫禁城祥瑞》

2014年6月,故宫博物院推出了App应用——《紫禁城祥瑞》,选取了故宫的龙、凤、瑞象、狮子等"祥瑞",介绍相关文物及相应的宫廷、祥瑞文化,并有DIY瑞兽的环节。在华丽清新的风格下,集欣赏和教育于一身,增加了更多的互动体验和趣味性,并在App商城保持着良好口碑及下载量。

4. 推出《雍正：感觉自己萌萌哒》推文

2014年8月1日，故宫淘宝微信公众号刊登了《雍正：感觉自己萌萌哒》。此文一出，迅速让平均阅读量四位数的故宫有了第一次的10万+，成为故宫淘宝公众号第一篇"10万+"爆文。通过数字技术，故宫让《雍正行乐图》"活"了起来，古代与现代相互交融，雍正皇帝成为当时的热门"网红"。动态图片中，"四爷"雍正是这样自在的汉子：斗猛虎、射飞鸟、逗猴子、濯足抠脚、抚琴晃脑……通过微信走红，累计转发超过80万次。

5. 推出"朝珠耳机"

2014年9月，故宫博物院推出"朝珠耳机"，迅速引起关注，这件产品的研发思路，是功能、时尚与文化的结合。耳机是现代人不可或缺的功能性产品，特别是年轻人，更希望通过佩戴耳机能够体现自己的个性，因此将耳机的功能性与朝珠这一文化载体相结合，所产生的文化创意，立即引发大众，特别是年轻人对故宫文化创意产品的关注，进而在使用的过程中引发对故宫文化的兴趣。

"朝珠耳机"获得"2014年中国最具人气的十大文创产品"第一名，并在"第六届博物馆及相关产品与技术博览会"上荣获"文创产品优秀奖"。

6. 推出App——《皇帝的一天》

2014年10月30日，故宫正式发布App应用——《皇帝的一天》，这款App是故宫博物院专门为9岁至11岁孩子们研发的移动应用，是故宫官方出品的首款儿童类应用，通过趣味性、启发性内容，结合交互技术实现有效沟通，将中华传统文化知识用更有趣的方式传达给孩子们，引领孩子深入清代宫廷，了解皇帝一天的衣食起居、办公学习与休闲娱乐，改变一些影视剧对宫廷文化的误读。

《皇帝的一天》虚拟了一个故事：少年皇帝想要出宫，乾清门外的小狮子帮忙为皇帝找替身。从清晨起床开始穿衣、读书、骑射、上朝、用膳，玩家就这样体验了一遍皇帝的生活。游戏中，小狮子还客串讲解员，通过弹出文字介绍的方式向玩家介绍清代宫廷礼节以及服装、文化等知识。

《皇帝的一天》之所以走卡通萌化路线，是因为面向的用户主要是儿童。在这款儿童教育类应用中，孩子们可以在乾清门外的小狮子的带领下，了解清代皇帝的一天12个时辰如何度过，以此了解故宫文化与传统文化，更希望孩子们能够以人观己，更合理地安排自己的时间，培养良好的生活习惯。

（四）2015年故宫博物院营销案例概述

1. 推出App——《韩熙载夜宴图》

2015年1月，故宫推出了App——《韩熙载夜宴图》，这款App运用了大量科学技术手段，共有100个内容注释点、18段专家音视频导读和1篇后记，并有台北"汉唐乐府"表演团体用非物质文化遗产"南音"演绎画中乐舞，从而提供给观众新鲜时尚的媒体交互体验。

2. 推出App——《每日故宫》

2015年2月，故宫推出了App——《每日故宫》，这款App每日从故宫博物院186万余件藏品中精心遴选一款藏品，通过网络发送给广大手机用户。让广大用户同游宋元山水，共访禁城别苑，探寻皇家日常那些令人惊叹的细节，感受传世珍品不竭的历史生命。此外，精美的故宫日历、近距离了解文物的历史和造型、文物展览等信息等都能在App上获取，这都代表着故宫文化正在以更年轻化的形式传承。

3. 推出 App——《故宫陶瓷馆》

2015年5月,故宫推出了 App——《故宫陶瓷馆》,这款 App 以"时间轴"为骨架,串联起文华殿陶瓷馆在陈的全部藏品,每件藏品都有清晰的图片和专家撰写的介绍。其中,更有8件精品可以360°水平环绕欣赏,让广大用户把"故宫陶瓷馆"装进口袋里,随时随地看展览,增长见识。

4. 推出《她是怎么一步步剪掉长头发的》推文

2015年5月,故宫淘宝微信公众号推出《她是怎么一步步剪掉长头发的》一文,文章先是讲述了乾隆皇帝和其皇后乌喇那拉氏之间的恩怨情仇,然后借助《还珠格格》中的皇后和容嬷嬷两个人物,在最后神转折,打了针线盒和香皂盒两样产品的广告。

5. 推出 App——《清代皇帝服饰》

2015年6月,故宫推出了 App——《清代皇帝服饰》,这款 App 应用展现了清代皇家满汉融合制度,让用户得以零距离欣赏传统织绣工艺的巅峰之作。据统计,目前故宫藏有织绣类藏品18万余件(套),其中包括大量清代皇帝在典礼、祭祀、巡幸出行等不同场合穿着的冠服、佩饰及半成品袍料、缎匹,为研究清代皇帝服饰的材质、制作工艺、纹饰内涵、服饰结构等,提供了极为丰富的资料。

这款 App 基于这些文物及文献资料,综合织绣专家研究成果,按服饰穿用场合分类,介绍了礼服、吉服、常服、戎服、行服、便服这6大类不同功用、特色鲜明的皇帝服饰,为观众系统而清晰地梳理宫廷服饰制度,提供一部观赏性强、解读详细的皇帝服饰"动态图录"。通过这款应用,用户可以学习包括服饰的传统手绘图样、高清细节图片及工艺流程图等知识。

6. 推出萌系产品

2015年8月,故宫"萌系"产品一上市就成为年轻人喜欢的"爆款",故宫淘宝在网上促销第一个小时,1 500个手机座全部售罄,当时一天内成交1.6万单。

7. 举办《石渠宝笈》展

2015年9月,故宫武英殿举办《石渠宝笈》展,展出《清明上河图》和《五牛图》。其间,每天一大早,午门外的游客就排起长龙。门一开,大家纷纷奔跑着冲向武英殿,场面极其壮观。这一现象被媒体称为"故宫跑"。由于游客看展的热情特别高,故宫就筹办了一场"运动会",做了观众分组入场的牌子,并安排工作人员在现场维持秩序。游客按顺序领牌子,按批次进馆。为了让游客更好地参观展品,故宫还指派专业讲解人员、志愿者提供讲解服务,并为每件展品做了二维码,游客用手机一扫就能看到展品介绍。游客最多的一天,直到第二天凌晨4点才闭馆。

8. 开放文化创意体验馆

2015年9月28日,故宫博物院文化创意体验馆在位于御花园东北侧的东长房正式开幕,成为游客参观故宫博物院的"最后一个展厅",集中展示和销售故宫博物院研发的各类文创产品。文化创意体验馆分为丝绸馆、服饰馆、生活馆、影像馆、木艺馆、陶瓷馆、展示馆和紫禁书苑8间各具特色的展厅。展销的文化创意产品互不相同,能够满足不同观众的多种需求。

其中有大量实用的生活用品:卡通的手机壳、书签、电脑包、鼠标垫、U盘、纸胶带、钛金眼镜、手表、香皂、酵素皂,甚至还有夏天盖的真丝被、冬天盖的棉被等。故宫仅织绣就有18万件,其上的众多图案是文创产品取之不竭的素材资源。雍正皇帝十二美人图,不但可以做美人箱,还可以做雨伞。而故宫的200多只野猫,也成了网红,被开发出书包等一系列超萌的文化产品,深受年轻人喜爱。除了日常用品,故宫文化产品里也不乏高端精品:五福五代堂紫砂壶是根据五个皇帝喜欢的五把紫砂壶研发的,设计出后被作为国礼赠送外宾。

9. 发布《够了!朕想静静》微博

2015年10月30日,故宫淘宝官方微博发布《够了!朕想静静》的文章,以极具幽默调侃的语气介绍了"一个悲伤逆流成河的运气不太好的皇帝的故事"。故事的主人公是明朝最后一位皇帝朱由检,一开始,原本在画像正襟危坐的崇祯皇帝就画风突变,以手托额头,摆手做发愁状。然后,他变成了手拿机关枪、眼神有点小邪恶的"被害幻想症"患者,搭配台词"总有刁民想害朕"。再然后,用户还能看到朱由检的身份证,住址一栏任性地写着"北京紫禁城想住哪就住哪"。接下来是一道证明题,求证的结果是"朱由检的心理阴影面积"。

调皮的文风搭配各种搞笑表情图,故宫淘宝把崇祯帝从登基到自缢的人生故事终于调侃完了,但崇祯帝的故事只是个铺垫,故宫淘宝真正的目的是推销"新年转运必买的2016故宫福筒",完全是一个高手段的广告。

10. 发布有趣历史人物图

2015年11月3日,"故宫淘宝"发了一组历史人物图,李清照抛媚眼比剪刀手,康熙戴眼镜手拿玫瑰,摆出花朵、剪刀手等经典自拍姿势,完全颠覆传统观念。

11. 推出App——《故宫展览》

2015年12月,故宫推出了App——《故宫展览》,这款App应用提供了线上看展和线下展览信息查询的功能。打开应用后,用户可以根据随意看、按日期筛选,或者按状态筛选(全部、正在展出、过往展览)来找到喜欢的展览。此外,App内有一整张故宫的电子版地图,用户可用手指缩放,可以在地图上看当天有哪些展览,分别在什么地方以及展览内容。它还为用户提供参观须知、交通路线、服务设施等信息服务。

12. 成立数字博物馆

2015年年底,曾经作为清代皇城正门的端门,开始成为端门数字博物馆。基于高精度全景建筑三维模型的"数字沙盘",端门数字博物馆以形象直观的"数字立体地图"为观众提供数字导览;书法藏品由"数字毛笔"和"数字水墨"仿真书写;在"数字多宝阁"里近百件故宫收藏的古老器物,可以实现用手"摸"到;而许多观众以前踏不进的宫殿,则借由"数字宫廷原状"所提供的沉浸式立体虚拟环境,实现了些许身临其境的感受。

截至2015年12月,故宫博物院共计研发文创产品8 683种,包括服饰、陶器、瓷器、书画等系列,产品涉及首饰、钥匙扣、雨伞、箱包、领带等,获得相关领域奖项数十种,文创产品的年销售额已超过10亿,两倍于故宫的门票收入。目前故宫淘宝的微信公众号,那些有趣的"广告文"也是篇篇"10万$^+$"。

(五)2016年故宫博物院营销案例概述

1. 推出《我在故宫修文物》纪录片

2016年1月7日,CCTV-9播出《我在故宫修文物》,这是由叶君、萧寒执导,中国中央电视台出品的一部三集文物修复类纪录片,在央视电视栏目《纪录片编辑室》中播出。该片重点纪录故宫书画、青铜器、宫廷钟表、木器、陶瓷、漆器、百宝镶嵌、宫廷织绣等领域的稀世珍奇文物的修复过程和修复者的生活故事。

故宫的文化载体离不开文物,关于现存文物保护修葺的幕后工作,在《我在故宫修文物》的纪录片中得到了全面准确的呈现。其中最突出的是修文物故宫人的"匠心"和坚持,让人自然追溯联想到故宫文物的在历史创作中的匠心和不易。本片出乎意料地收获了众多年轻人群的好评,纪录片播出之后,就有1.5万人报名要到故宫博物院修文物。同年12月,推出同名大电影,故宫还邀请到独立音乐人陈粒演唱了主题曲《当我在这里》。

2. 推出"冷宫"冰箱贴

2016年1月11日,故宫淘宝发了一条微博:"有人建议做款冰箱贴,既充满历史感又言简意赅,冰箱上就贴两大字:冷宫!所以这都什么粉丝啊",有网友建议和海尔合作一下,之后海尔微博也大方地回应"容我考虑一下"。之后故宫淘宝回了一个"给一个窜天猴,要不?"这样在微博上有来有往的半年后,就正式上线了"冷宫"冰箱贴。

3. 开发故宫"狗服"

在"故宫猫"系列文创产品走红后,考虑到故宫还有狗,每天闭馆后负责故宫的巡逻工作,也十分敬业。因此,故宫又开发了牡丹图案和菊花图案的狗服,与2016年春天的牡丹展和秋天的菊花展同步推出。

4. 故宫博物院与阿里巴巴合作

2016年6月,故宫博物院与阿里巴巴合作,在天猫开设了官方旗舰店,旗舰店由文创、出版、门票三大板块组成。现在在阿里巴巴旗下的天猫,有"故宫博物院文创旗舰店""故宫博物院出版旗舰店""故宫博物院门票旗舰店"三个网店。

5. 出品《穿越故宫来看你》

2016年7月6日,故宫博物院和腾讯联合出品了H5——《穿越故宫来看你》,H5中,明成祖朱棣从画像中跳出来,唱着rap,玩着自拍,用微信、QQ与自己的后宫和大臣联络,让所有人对故宫的印象大为改观。有人说,这是2016下半年第一个真正火的H5。这种让威严的皇族集体卖萌形成的反差感来诠释故宫厚重历史的故宫淘宝公众号可以算一个传播案例。

那时马化腾就把故宫称为"一个超级大的IP",未来要将它与QQ表情、手机游戏、影视内容等都结合在一起。与故宫淘宝在微信公众号里"卖萌"的形象一脉相承,和互联网公司的"联谊"为故宫吸引了更多来自年轻人的关注。

6. 借势《大鱼海棠》

2016年7月,在热门的动画电影《大鱼海棠》上映时,故宫博物院与电影方联合推出了相关定制产品,成功圈粉两边的粉丝。

7. 与腾讯合作

2016年7月,故宫博物院与腾讯建立合作,之前刷爆朋友圈的H5《穿越故宫来看你》正是为此预热。在这一年,双方主要合作办"表情设计"和"游戏创意"两个比赛,腾讯提供平台,开放了QQ 8.77亿月活账户,故宫开放了部分经典的IP,包括《雍亲王题书堂深居图屏》(又称《胤禛十二美人图》)、《韩熙载夜宴图》(局部)、《海错图》(节选)、明朝皇帝画像,以及故宫数字文创《皇帝的一天》App、《故宫大冒险》动态漫画中的卡通形象等。

腾讯通过NEXT IDEA创新大赛,鼓励年轻人发挥创意,用故宫博物院授权的IP制作成表情包、游戏、动漫作品。腾讯在游戏里注入故宫的元素和历史,让更多年轻人感受传统文化的美。例如,腾讯在一款老少咸宜的游戏《天天爱消除》里还原金水桥、太和门等故宫知名建筑景观。游戏《奇迹暖暖》分别以《清代皇后冬朝服》《十二美人图》以及养心殿文物为主题进行还原与再创作,玩家不仅感受到来自故宫的美,也跟着游戏去探索、感受历史故事。"游戏创意"比赛还可以围绕故宫的IP开发更多手机游戏。双方此后的合作将扩展到腾讯动漫、腾讯文学等业务平台。

8. 联合时尚博主黎贝卡

2016年开始,故宫珠宝就联合时尚博主黎贝卡推出了联名款珠宝和手帐。8月4日,时尚博主黎贝卡与故宫文化珠宝合作推出的联名款首饰"故宫·猫的异想"系列一上线,就在短短20分钟抢购一空,其中最受欢迎的项链更是一分钟内通通卖完。

9. 与凤凰卫视合作

2016年9月5日,故宫博物院与凤凰卫视集团签署了战略合作框架协议。根据协议,未来五年双方将开展文化交流项目,共同举办论坛、公共文化活动、艺术展览等。此次故宫与凤凰的合作,还特别强调了,借助增强现实技术(AR)、互动沉浸技术(MR)、3D(三维动画)等科技手段,把故宫开发为更易体验、易传播的艺术形式。

10. 推出定制款"奉招出行"行李牌

2016年9月,故宫和招商银行信用卡合作推出了定制款"奉招出行"行李牌,将"奉诏出行"的"诏"换为"招",有趣地将两个品牌内涵融入在一起,招商银行此次和故宫合作也是为了吸引一部分有趣的年轻人,将品牌形象年轻化。

11. 与《时尚芭莎》合作

2016年底,联合《时尚芭莎》推出"故宫芭莎红"玲珑福韵项链套装,邀请众明星站台,并且通过微信大号(一条、Papi酱等)推广。自这个跨界联名款预售开始,就受到百万粉丝的疯狂追捧,上架"一条"微信号商城一小时销售破千条,张慧雯、陈乔恩、戚薇等多位明星示范。

(六)2017年故宫博物院营销案例概述

1. 与if时尚合作

2017年2月,if时尚和故宫文化珠宝联合打造的"故宫·如果爱·护佑手链",一个月内卖出8 000多条。此次推出的手链共两种价位:定价488元的皮绳款和定价666元的金珠款。if时尚联合创始人兼COO潘雍表示,一万条手链最终销售额将超过500万元。

2. 创立"朕的心意"天猫旗舰店

2017年4月,由故宫食品主办、娱猫承办的"老字号·新消费"天猫首发品鉴会在故宫举行,"朕的心意"天猫旗舰店宣告上线。如今朕的心意已经成为故宫最潮的食品品牌。

3. 进军彩妆界

在2017年4月,"故宫淘宝"微博便开了进军彩妆界的脑洞,提出宫墙色口红、点翠系列眼影、花画鸟系列眼影、皇帝玉玺腮红、千里江山图和冰裂纹式指甲油等彩妆设想。然而从设想到付出行动,总共经历了一年半。

4. 推出App——《故宫社区》

2017年5月,故宫推出了App——《故宫社区》,不同于一般的App,这款App是一个全新形态的博物馆,它不但是故宫数字社区化服务生态的重要入口,也是基于"宫·城"创新设计概念打造的数字文化体验空间;它既是一个小体量、超易用、强串联、提供全方位信息的内容聚合平台,也是一款可持续生长且具备独立垂直生态的移动社交类产品。其最大的特点是通过互联网,确立以新媒体交互形式向受众展示传统文化,增强大众互动性与参与度。通过智能终端的应用建立起全方位的数字文化展示与信息服务生态体系,满足信息提供者、管理者和使用者随时随地进行各种形式的信息交互和使用。以古建筑为形态打造了新闻馆、藏品馆、文创馆等11项内容,整合了包括资讯、导览、建筑、藏品、展览、学术、文创在内的10余类故宫文化资源与服务形态。

5. 联合演员

2017年6月,演员陈妍希化身珠宝设计师携手造型师好友Lucia Liu与故宫文化珠宝推出联名款珠宝"囍鹿衔芝",这也是故宫文化珠宝首次合作演员推出珠宝作品。

6. 发布"长城你造不造"计划

2017年7月,腾讯承接此前与故宫跨界合作的成功经验,发布"长城你造不造"计划。通过社交+内容两大优势战略平台,用年轻人最喜欢的内容和形式,将中华民族的标志性符号"长城"打造成新时代下更具活力的"超级IP",以此激活长城在用户心目中的魅力。

7. 推出《朕是怎么把天聊死的》推文

2017年8月17日,故宫淘宝微信公众号上有趣的广告软文如《朕是怎么把天聊死的》轻松突破10万$^+$,引起争先刷屏。

8. 与亚马逊合作

2017年8月18日,在亚马逊中国首届"创新日"上,亚马逊中国宣布与北京故宫文化传播有限公司(以下简称"故宫文化")达成合作,双方将利用各自的优势,共同开发文创IP产品,将数字阅读技术与中国传统文化结合在一起,以创新的方式传承和推广中国传统文化,激发大众的阅读热情。

故宫和Kindle联合推出的Kindle Paperwhite X故宫文化联名礼盒及定制保护套,以"阅动紫禁"为传播主题,产品的包装风格结合经典的故宫色调与元素、中国古代的祥瑞之物,给Kindle平添了一份浓郁的文化底蕴。年轻化的阅读方式与故宫的厚重文化巧妙融合,这也是一次十分出彩的品牌年轻化跨界营销。

作为双方首个创新合作成果,首套Kindle Paperwhite X故宫文化定制保护套以及联名礼盒现已在亚马逊中国官网、故宫博物院官方旗舰店正式上线。该系列保护套和联名礼盒专为喜爱阅读的中国消费者量身定制,一共包括四款产品:"千里江山""祥云瑞鹤""福寿双全""翠羽烁金",设计元素分别取材于故宫博物院藏品北宋王希孟唯一传世作品《千里江山图》、清代"石青色云龙纹妆花缎朝袍"、清代"紫檀嵌玉云龙纹宝座"以及清代"点翠凤吹牡丹纹头面"。

9. 推出《朕收到一条来自你妈的微信》H5

2017年中秋节,故宫食品"朕的心意"推出了中秋月饼系列,随之推出的故宫月饼H5——《朕收到了一条来自你妈的微信》再一次让故宫刷了屏。炫酷风格搭配反差萌文案,大玩"总有刁民想害朕"的梗,没有过多的图像,却用嘻哈风的文案撑起了整个故事。

10. 与稻香村合作

2017年9月,故宫淘宝X北京稻香村2017中秋限量月饼"掬水月在手"。以月白色为主调,缀以暖金。素雅恬淡的包装盒上一轮明月、一折桂枝、一只白兔,写意地表达了"中秋"二字。对此,有网友惊呼:高颜值,不忍入腹。

11. 与百雀羚合作

2017年10月,百雀羚与故宫珠宝设计师钟华合作强势推出一波中国风限定梳妆礼盒——百雀羚X故宫"燕来百宝奁"。此外,还特意推出了"东方簪"造型是喜鹊停金枝上,寓意"喜上眉梢"。

12. 推出Kindle Paperwhite X故宫文化2018新年限量款礼盒

2017年12月,亚马逊Kindle再次联手故宫文化推出Kindle Paperwhite X故宫文化2018新年限量款礼盒,限量2 018套。以深红为主色调,绘以故宫博物院藏的清中期缂丝精品《缂丝岁朝图》元素。

13. 参与《国家宝藏》拍摄

2017年12月，CCTV-3推出的大型文博探索节目《国家宝藏》以故宫博物院开篇，用时尚鲜活的综艺形态，搅动每一个普通人的参与，全力解密和激活古老深沉的历史文化资源。在故宫博物院的这集中，志愿者的加入更是让大众了解到故宫博物院与普通人的连接。

（七）2018年故宫博物院营销案例概述

1. 与卡地亚合作

2018年1月20日，卡地亚与故宫携手，以"唤醒时间的技忆"为主题合作了一部纪录片，记录了故宫博物院与卡地亚钟表师携手修复6件故宫馆藏钟表文物的合作历程。

2. 推出"见大臣"微信小程序

2018年5月18日，在第42个国际博物馆日上，故宫推出了一个名为"见大臣"AI智能聊天机器人，通过同名的微信小程序，用户可以随时与它谈心聊天。据了解，"见大臣"里包含《清代历朝起居注合集》和《清实录》等文献中的670条趣味问答，"大臣"们说话画风幽默，宜古宜今。

3. 推出"玩转故宫"微信小程序

2018年5月18日，由腾讯地图和故宫博物院携手打造的"玩转故宫"小程序正式上线，以轻应用玩转"大故宫"，以"新方法"连接"新公众"。通过基于地理数据的各项智慧服务，以创新的互联网方法和智能贴心的方式，让游客和观众们进一步体验故宫，而这也是故宫推出的首个在移动端的导览应用。

游客在到达故宫前，可通过"玩转故宫"提前熟悉故宫的基本信息，包括级别/类型/票价/简介/整体解说/开放时间等信息。手绘版故宫的全景地图展示故宫全貌，让游客体验到"人未到，景先至"的感受。

4. 与农夫山泉合作

2018年8月，故宫文化服务中心联合农夫山泉限量推出9款"农夫山泉故宫瓶"，文案和包装上十分年轻化，以瓶身为载体，让消费者在有趣的古画和文字中感受到故宫里那些真实的人间烟火，建立起情感勾连。

5. 开发"桂彩中秋特地圆"月饼

2018年中秋节期间，故宫用宋徽宗的画作，开发了一套"桂彩中秋特地圆"的月饼。月饼的主题出自宋徽宗赵佶瘦金书法《闰中秋月》诗帖，礼盒整体以宋朝汝窑天青色为主调，缀以冰裂暗纹，图案均来源于宋徽宗绘制花鸟画。尽管价格不菲，但仍旧供不应求。

6. 推出《上新了·故宫》电视节目

2018年11月9日，《上新了·故宫》开播，这是故宫出品的首档电视节目，打破了大家对故宫的刻板印象，"零距离"走进公众视野。突破性地将这些未开放区域首次呈现在观众面前，透过"故宫兄弟"循伴故宫的脚步来探索它的历史秘密，破解它的文化密码，寻求历史和文物的"前世今生"，并从中获取新的灵感。

每期节目中，嘉宾作为新品开发官跟随故宫专家进宫识宝，探寻故宫历史文化，并与顶尖跨界设计师联手高校设计专业的学生，每期诞生一个引领热潮的文化创意衍生品，打造"创新"与"故宫"相结合的制作模式。

7. 展出故宫雪景长卷图

2018年11月15日，北京国贸地铁站展出了总长135米的"故宫雪景长卷图"，与单纯的平面海报所不同的是,长卷设有互动装置,在静态画面的基础上,互动屏借由滑轨呈现故宫雪景与头条频道的动态内容。

通过人脸识别进行安检的宫门侍卫、忙着网购的后宫嫔妃、参加摄影大赛的老法师们和酷炫的车展、科技展,让人不禁有种穿越的错觉。

8. 推出首款彩妆口红

2018年12月9日,故宫文化创意馆推出了故宫首款彩妆"故宫口红",6种口红唇色均来自故宫国宝色,外观均从后妃服饰与绣品上汲取灵感,以黑、白、赤、青、黄五色体系,结合"宫廷蓝"为底色,上方由仙鹤、蝴蝶、瑞鹿、蜜蜂"领衔出演",下方饰以绣球花、水仙团寿纹、地景百花纹、菊花、四季花篮等吉祥图案。

本次故宫口红更引入了3D打印黑科技,制作出外身织物的肌理和刺绣的凹凸感,总之,这套口红很"故宫"、很"东方",不出所料,这套口红上线仅两天,6款颜色就已全部售罄,再一次证明了故宫的强带货能力。

二、案例营销模式分析

(一) IP营销

故宫博物院是在明朝、清朝两代皇宫及其收藏的基础上建立起来的中国综合性博物馆,是中国收藏文物最丰富的博物馆,更是中国最大的古代文化艺术博物馆。故宫是最具中国特色、最让中国人为之骄傲的文化名片,是当之无愧的博物馆届C位,超级大IP。在每个中国人心中,故宫都是一个特别的存在。基本上90后都看过《还珠格格》,从小就对故宫留有印象;后有《康熙王朝》;再接着就是《宫》;紧接着《甄嬛传》《延禧攻略》也来了,这些跟故宫有关的影视剧是陪着80后、90后,甚至00后长大的,广大受众本身就对故宫有着很深的印象。

故宫最吸引人的是它厚重的文化底蕴。然而,过去故宫只有"文化产品",没有"文创产品",故宫的文化产品注重历史性、知识性、艺术性,但是由于缺少趣味性、实用性、互动性而缺乏吸引力。故宫文化产品与大量社会民众消费群体,特别是年轻人的购买诉求存在较大距离。故宫一般性的旅游纪念品,已经很难满足博物馆观众不断增长的期望。后来,故宫刷屏的案例,无论是文创周边、文化影视,还是跨界合作的H5,其实都是基于故宫IP进行的衍生,赋予原本冰冷的历史故事鲜活的形象。故宫文化底蕴深厚,知名度高受众广,在内容为王的时代有这样的丰富内涵以及流量基础,不说做文创,做任何事情转化率都非常高,而文创正是以拥有丰富文化内涵的IP为核心,加入独特的艺术创意以及结合商业用途的实用创意才可能将文创发展为产品,打造具有广泛影响力的文化符号。

故宫的IP形象主要分为三个层次。第一个层次是实物部分,包括不可移动的建筑及可移动的器物,这些实物的性质、色彩、组合关系等。第二个层次是文本,俗话说就是书,描述故宫的书、研究故宫的书、在故宫编写的书等。第三个层次是习俗,就是人们怎么使用故宫,这部分是无形的,也是延伸最广的。故宫文创主要是基于这点,设计了许多富有创意和特色的周边产品,并在细节之处独具匠心,把故宫传统文化元素植入到时尚的当代工艺品之中,不仅新潮可爱、讨人喜欢,更赋予了其故宫藏品所蕴含的文化价值。

那故宫这个年逾600的IP为何如此成功呢?

首先,故宫借助真实历史创造出的一系列"虚拟形象",如雍正帝、朱棣等,这些"虚拟形象"很接地气、很卖萌,打破了人们对于历史人物的固有思维,这样的反差萌形象让故宫和年轻人之间有了交流。这一点也成为故宫营销的一大特点——制造反差。

其次,故宫的形象升级很好地在厚重历史感与轻松有趣之间找到了一个平衡点,让故宫的营销虽然看起来很接地气、很卖萌,但并没有把对历史严谨的研究态度、厚重的历史感全部抛弃,而是给故宫一种新的展现形式,让更多人可以了解到中国的历史和文化。

最后,也是重点,故宫产品本身的创意非常重要,故宫的周边产品不像是平常人们去景点看到的那些千篇一律的纪念品,而是将故宫的元素和文化底蕴有创意地融合在了产品之中,让产品本身兼具了创意性和功能性。故宫作为最正宗、最浓厚的"中国风"代表,可以挖掘的中国元素不计其数。故宫博物院充分运用故宫大IP,设计了许多富有创意和特色周边产品,并在细节之处独具匠心,把故宫传统文化元素植入到时尚的当代工艺品之中,不仅新潮可爱、讨人喜欢,更赋予了其故宫藏品所蕴含的文化价值。

(二) 微博营销

"故宫博物院"微博作为故宫博物院官方微博,主要内容包括常设展览和特展信息、文物介绍、故宫景色、故宫壁纸、故宫与人的故事等,此外还有一些关于讲座和志愿招聘的信息。图文内容基本以原创为主,其中运营团队自己拍摄的故宫四季景色互动效果非常好。如今的故宫博物院拥有超过619万粉丝,影响力巨大。2017年7月1日,一条"你好,七月"的微博,被转发了一万多次。高转发量的原因是配图上蓝白相间的喜鹊吸引了网友们的注意,被称为"穿校服的披发少女"。

还有一个是故宫淘宝的官方微博,一直以来,"故宫淘宝"都在以"精分"的状态与大家进行互动。比如,在微博评论区自称"本宫",撒得了娇卖得了萌。这样的互动不仅让用户觉得有趣,也塑造了极强的账号性格,在用户心中留下深刻印象,目前粉丝超103万。

这两个微博日常都爱紧跟社会热点,例如在D&G辱华事件发生后,@故宫博物院迅速发博:"中国的筷子,每一双,都不简单。"配上几双博物馆的珍宝筷子的图,这是非常高级的操作,话里藏刀。双十一期间,@故宫淘宝发了一张"鳌拜图",上书:"转发这条 all buy 锦鲤",获得了2万多的转发量。

其中很经典的一个案例就是在2015年10月30日,故宫淘宝官方微博发布《够了!朕想静静》的文章,以极具幽默调侃的语气介绍了"一个悲伤逆流成河的运气不太好的皇帝的故事"。调皮的文风搭配各种搞笑表情图,故宫淘宝把崇祯帝从登基到自缢的人生故事终于调侃完了,但崇祯帝的故事只是个铺垫,故宫淘宝真正的目的是推销"新年转运必买的2016故宫福筒",完全是一个高级别的软文广告。

这种方式能让受众在获得知识和乐趣之后,对产品也产生了兴趣,明明知道是广告,但还会心甘情愿掏钱。因此,把微博单纯当作广告发布平台只会引起用户的反感,好的广告,一定是不违和的。最完美的效果就是:不看到最后不知道是广告,即便知道了是广告也不反感,但是觉得可爱,还交了钱,故宫在这一点上做得很好。在故宫淘宝的微博上,可以看到账号经常与粉丝互动,同时也会参与一些话题,包括品牌之间的调侃,一个愿意且及时与粉丝互动的品牌,用户黏性才会越来越好,品牌价值也就越来越高。

通过微博,故宫不断对社会大众关心的题目进行曝光,比如人们关心故宫猫,故宫就讲《故宫猫记》;人们喜欢紫禁城的色彩,故宫就制作"点染紫禁城",孩子们可以参与;人们关心故宫的春夏秋冬,故宫就发故宫春夏秋冬、早中晚的景色。至此,媒体开始冠以"故宫出品,必属精品"的美誉。故宫的社交运营能力,促使其吸引了大批粉丝的关注和参与,庞大的粉丝数,让故宫发出的每一条消息,都有可能瞬间传遍网络,引发人们的热议,进而故宫推出的每一款文创新品,都可能立马热销。实践证明,互联网与文化产业的结合能够提升文化创意产品的内涵和品质,塑造文化品牌形象,提升文化市场占有率。

（三）微信营销

故宫博物院的官方微信公众号是"微故宫"，主要内容是以展览介绍和游客服务为主，基本每周会有更新。而故宫淘宝微信公众号则是紧跟社会潮流，延续搞笑风趣的风格，以一个段子手的形象面向大众。

2014年8月1日，故宫淘宝微信公众号刊登了《雍正：感觉自己萌萌哒》，通过数字技术，故宫让《雍正行乐图》"活"了起来，古代与现代相互交融，此文一出，迅速让平均阅读量四位数的故宫有了第一次的10万+，成为故宫淘宝公众号第一篇"10万+"爆文。

2015年5月，故宫淘宝微信公众号推出《她是怎么一步步剪掉长头发的》一文，文章先是讲述了乾隆皇帝和其皇后乌喇那拉氏之间的恩怨情仇，然后借用《还珠格格》中的皇后和容嬷嬷两个人物，在最后神转折，打了针线盒和香皂盒两样产品的广告。

2016年7月6日，故宫博物院和腾讯联合出品了H5——《穿越故宫来看你》，H5中，明成祖朱棣从画像中跳出来，唱着rap，玩着自拍，用微信、QQ与自己的后宫和大臣联络，让所有人对故宫的印象大为改观，用威严的皇族集体卖萌形成的反差感来诠释故宫厚重的历史。

2017年8月17日，微信公众号上刊登《朕是怎么把天聊死的》一文，在摘要中"后来他就死了。"真是神转折，文章中也是从历史入手之后各种网络语言、表情、漫画，中间植入书签产品。

2017年中秋节，故宫食品"朕的心意"推出了中秋月饼系列，随之推出的故宫月饼H5——《朕收到了一条来自你妈的微信》再一次让故宫刷了屏。炫酷风格搭配反差萌文案，大玩"总有刁民想害朕"的梗。凭着皇族的月饼，故宫博物院又是迎来了火爆的订单狂潮。

2018年5月18日，在第42个国际博物馆日上，故宫推出了一个名为"见大臣"AI智能聊天机器人，通过同名的微信小程序，用户可以随时与它谈心聊天。2018年5月18日，由腾讯地图和故宫博物院携手打造的"玩转故宫"小程序正式上线，以轻应用玩转"大故宫"，以"新方法"连接"新公众"。通过基于地理数据的各项智慧服务，以创新的互联网方法和智能贴心的方式，让游客和观众们进一步体验故宫，而这也是故宫推出的首个在移动端的导览应用。

故宫博物院通过微信这一新媒体平台，不断进行文创产品的创新和升级，让博物馆这个听起来历史感厚重、严肃的地方，也能很好地和年轻人交流。同时，也向年轻人传递了经典的文化、艺术，让年轻人更加喜爱传统文化，不至于让传统文化慢慢流失。在互联网时代的今天，很多爆红于网络上的网红产品来得快去得也快，所以故宫也还在不断开发新产品、用新的创意、新的文案去吸引更多年轻人。

（四）App营销

如果说微博、微信是展现故宫好玩逗趣的一面，那么故宫的精深历史和文化底蕴则在其系列的App上得到更好的呈现。目前，故宫已经发布了9个App，胤禛美人图、紫禁城祥瑞、皇帝的一天、韩熙载夜宴图、每日故宫、故宫陶瓷馆、清代皇帝服饰、故宫展览、故宫社区，这些App取得了平均下载量上百万的成绩，吸引了众多用户的关注，促进了故宫文化的传播。

故宫博物院采用App营销的模式，具有成本低、持续性强、促销售、信息全面的优点。App中，形象鲜明的人物、生动有趣的故事再配以优美的文案，将故宫的IP价值很好地融入各个环节中，不仅推广了App本身，也推广了文物，科普了历史知识，更是推广了故宫自己。这让广大受众近距离的接触、欣赏和学习到故宫文化，提供给观众新鲜时尚的媒体交互体验,提升了品牌实力和影响力。这无疑增加了用户黏性,一定程度上增加了故宫文创产品和业务的营销能力。

此外,精美的故宫日历、近距离了解故宫景象、近距离了解文物的历史和造型、文物展览等信息等都能在这些 App 上获取,这都代表着故宫文化正在以更年轻化的形式传承。

(五)借势营销

在节日、热门话题上,故宫淘宝也经常参与借势。2016 年 7 月,在热门的动画电影《大鱼海棠》上映时,故宫博物院与电影方联合推出了相关定制产品,成功圈粉两边的粉丝,又大卖一笔。再比如"葛优瘫"话题火爆时,故宫淘宝的微博就发了一组古人图。故宫博物院通过新媒体平台争夺消费者眼球、借助消费者自身的传播力、依靠轻松娱乐的方式等潜移默化地引导市场消费。

(六)跨界营销

为了扩大故宫文创影响力,故宫近年来采用了跨界宣传和线下体验的方式。

2015 年 9 月 28 日,故宫博物院文化创意体验馆在位于御花园东北侧的东长房正式开幕,成为游客参观故宫博物院的"最后一个展厅",集中展示和销售故宫博物院研发的各类文创产品。其中有大量实用的生活用品:卡通的手机壳、书签、电脑包、鼠标垫、U 盘、纸胶带、钛金眼镜,手表,香皂,酵素皂,甚至还有夏天盖的真丝被、冬天盖的棉被等。

2016 年 7 月,故宫博物院与腾讯建立合作,双方主要合作办"表情设计"和"游戏创意"两个比赛,腾讯提供平台,开放了 QQ 8.77 亿月活账户,故宫开放了部分经典的 IP。例如,腾讯在一款老少咸宜的游戏《天天爱消除》里还原金水桥、太和门等故宫知名建筑景观。游戏《奇迹暖暖》分别以《清代皇后冬朝服》《十二美人图》以及养心殿文物为主题进行还原与再创作,玩家不仅感受到来自故宫的美,也跟着游戏去探索、感受历史故事。

2016 年 9 月,故宫和招商银行信用卡合作推出了定制款"奉招出行"行李牌,将"奉诏出行"的"诏"换为"招",有趣地将两个品牌内涵融入在一起,招商银行此次和故宫合作也是为了吸引一部分有趣的年轻人,将品牌形象年轻化。

2016 年底,联合《时尚芭莎》推出"故宫芭莎红"玲珑福韵项链套装,不仅跨界跨出新高度,更把时髦与中国风玩出了新花样。

2017 年 2 月,if 时尚和故宫文化珠宝联合打造的"故宫·如果爱·护佑手链",一个月内卖出 8 000 多条。

2017 年 7 月,腾讯承接此前与故宫跨界合作的成功经验,发布"长城你造不造"计划。

2017 年 8 月 18 日,在亚马逊中国首届"创新日"上,亚马逊中国宣布与北京故宫文化传播有限公司(以下简称"故宫文化")达成合作。故宫和 Kindle 联合推出的 Kindle Paperwhite X 故宫文化联名礼盒及定制保护套,以"『阅』动紫禁"为传播主题,产品的包装风格结合经典的故宫色调与元素、中国古代的祥瑞之物,给 Kindle 平添了一份浓郁的文化底蕴。年轻化的阅读方式与故宫的厚重文化巧妙融合,这也是一次十分出彩的品牌年轻化跨界营销。

2017 年中秋节时,故宫联合稻香村推出限量月饼"掬水月在手",大获成功。有网友惊呼:高颜值,不忍入腹。

2018 年 8 月,故宫文化服务中心联合农夫山泉限量推出 9 款"农夫山泉故宫瓶",文案和包装上十分年轻化,以瓶身为载体,让消费者在有趣的古画和文字中感受到故宫里那些真实的人间烟火,建立起情感勾连。

故宫的跨界宣传,成功圈粉的同时进一步扩大了自己的影响力,逐步形成了"故宫出品,必属精品"的良好口碑。故宫借着文创的风潮将其百年的历史文化与现代人的生活亲密链接在一起。年轻化的品牌拥有一群年轻受众,老品牌进行年轻化革新,不妨尝试和年轻品牌进行创意跨界,借年轻化品牌的"粉丝之力",打造定制具备年轻群体吸引力的跨界产品或玩法,建立和年轻受众群的情感勾连,彼此形成更整体全面的品牌印象,有效促成双赢,效果往往1+1>2。故宫成功地实现了品牌年轻化,让肃穆厚重的文化和历史在创新运营和传播中得到了更具可视化的传承和扩散,当然,这也很大程度离不开我国日渐增强的民族自信心和年轻一代开始回归聚焦正在复兴的传统文化。

(七)饥饿营销

2016年8月4日,时尚博主黎贝卡与故宫文化珠宝合作推出的联名款首饰"故宫·猫的异想"系列一上线,就在短短20分钟就抢购一空,其中最受欢迎的项链更是一分钟内通通卖完。原计划两小时的预售,提前一小时四十分结束,公众号后台和故宫文化珠宝的微店瞬间涌入大量留言,希望补货:"抢到手的都是玩游戏的吗那么快!""下一次是什么时候?答应我下次准备10 000份好吗!"

此次故宫采用了饥饿营销的策略,前期采取大量广告促销宣传,勾起顾客购买欲,然后采取饥饿营销手段,让用户苦苦等待,结果更加提高购买欲,为未来大量的销售奠定了客户基础。这种做法维护了故宫文创的产品形象并维持了较高的售价和利润率,是一个很成功的营销活动。

(八)公关营销

故宫的公关营销,离不开其最大的"网红掌门人"——故宫博物院院长单霁翔。故宫老品牌的成功革新和运营,故宫文化逐渐占领年轻受众心智,与这位院长密不可分。单院长是个特别愿意和媒体互动的人,他在多个访谈节目中都表达过:"要让文物被更多的人了解,而不是高高在上的。"所以他甚至顶住了一些质疑,弄了个萌萌哒系列,以面向低年龄段人群。他个人的人格魅力也是令人折服的,比如说他说过,"千万别买故宫的文创挂在旅行箱上,容易被偷"。

从营销的角度来看,故宫曝光的新闻资讯内容中,单院长成为一个大流量IP,保护文物"屡屡得逞"的段子手,一上任花整整五个月走遍故宫9 000多个房间的院长、《上新了,故宫》的出品人,代表品牌发声、独具话题性和正能量,正是老品牌年轻化的一个良好加持。此外,《我在故宫修文物》《国家宝藏》又加大了故宫品牌的曝光度。

单院长在故宫的公关营销方面做得很好,以非常具有前瞻性的思维,不像博物馆体制内的部分文物保护者们抵触商业化,而是去拥抱商业化潮流。在他的领导下,故宫博物院选择与阿里巴巴、腾讯、亚马逊等互联网公司合作,使得故宫非常接地气,紧跟社会年轻化需求,拉进来普通消费者与故宫传统文化之间的距离,在创收的同时也传播了中国传统文化。

结语

故宫博物院作为一个超级大IP,有着庞大的受众基础和源源不断的流量,发展势头迅猛不可阻拦。目前,故宫文创产品正以百姓喜闻乐见的方式发展壮大,并通过新媒体平台,以创新思维将产品营销巧妙地融入现代人的生活之中。同时,也在用深厚的文化内涵走向年轻人、走向世界。

(资料来源:知乎)

思考题

1. 旅游产品销售渠道的功能有哪些。
2. 写出旅游产品营销策划书的八个程序。
3. 论述旅游市场营销发展趋势。
4. 论述新媒体促进旅游产业发展的六大路径。

【微信扫码】
相关资源

第七章

旅游形象策划

形象就是实力和财富。良好的旅游地形象是真正意义上的旅游核心竞争力。

第一节 旅游形象概述

一、旅游形象构成要素

形象是由人们所感觉到的客观要素在心中的组合印象。旅游形象要素是客观存在的，在经旅游者感知后，形成旅游形象。

旅游形象要素以四种形式呈现：

一是以物质形式呈现：山川河流，以及由此形成的自然景观；森林树木、花鸟鱼虫，以及由此形成的大地景观；民居、桥梁、高塔，以及由此形成的建筑景观。

二是以文化形式呈现：传承千年的诗、词、歌、赋等文学作品，流传于民间的山歌、舞蹈、曲艺等文艺表演。

三是以民俗形式呈现：农、林、牧、副、渔等各种生产劳作程序与形式，以及各种收获物产；衣、食、住、行、婚、姻、嫁、娶的内容与表现形式；年节、工艺、杂技的类型与表演形式。

四是以接触交往的形式呈现：交易心态、待人态度等交往礼节。

将旅游形象要素置于具体的地域，又呈现为地方性旅游形象。每一种旅游形象要素，都带有具体的地域特色。

旅游形象要素，或由大自然天然形成，或由千年历史传承形成。

旅游形象要素可以改变：山川可以美化，也可以自败江山；文化与历史可以创造，也可以改写；为人处世可以传承，也可以教化改变。正如此，旅游形象要素的可变性，旅游形象才可以塑造。

二、旅游形象构建类型

学术界对旅游目的地形象类型有不同的界定，如分为内核形象、氛围形象和外溢形象；感官形象、意境形象和线路形象；原生形象、引致形象、复合形象；第一印象区形象、最后印象区形象、效应区形象、标志区形象等。

(一) 内核形象、氛围形象和外溢形象

于飞、傅桦在《阴影区旅游地形象策划模式构建》一文中,将旅游地形象分为内核形象、氛围形象和外溢形象三个层次。

内核形象,即旅游地基本形象,是旅游地的核心定位和确立其他形象的根本依据,内核形象的确定基于正确的资源、市场以及替代性形象分析。

氛围形象是旅游地给予旅游者的感受形象,是旅游者对旅游地形象最直接的体验,也是旅游者评价旅游地的直接依据。

外溢形象是旅游地通过各种传播媒介渠道,向潜在旅游者发出的形象信息。外溢形象是旅游者接触有关旅游地的最初形象和是否到该旅游地开展旅游活动的决策依据。

(二) 感官形象、意境形象和线路形象

感官是人获取外界信息的重要感官。有学者从感官、意境和线路的角度对旅游形象构建进行分类,突出旅游者的感官对旅游目的地形象形成的重要性。

1. 感官形象

感官形象是游客通过感官所感受到旅游目的地及其有关旅游信息所构建形成的旅游形象。感官形象又分为视觉形象、听觉形象、味觉形象、嗅觉形象。

视觉形象是由视觉识别获得的旅游形象。旅游视觉识别旅游形象信息包括两部分:一是通过自然景观和建筑小品、特色雕塑、灯光装饰、色彩美学设计等手段营造的人工景观所获得的旅游形象信息;二是通过旅游地标识、标准字体、标准色、吉祥物、户外广告和旅游纪念品等要素所获得的旅游形象信息。

听觉形象是由听觉识别获得的旅游形象。旅游听觉识别的旅游形象信息也包括两部分:一是来自大自然的鸟鸣声、流水声等声音形象信息;二是具有旅游目的地特色的语言、民歌、地方戏曲等声音形象信息。

味觉形象是由味觉识别获得的旅游形象。旅游目的地新奇的食品和美味佳肴所传达给游客的味觉形象信息。

嗅觉形象是由嗅觉识别获得的旅游形象。旅游目的地突出林木气息、花香、果香、清新空气等自然气息,所传达给游客的清新宜人的嗅觉形象信息。

2. 意境形象

意境形象是人们在感知的基础上通过情感、想象、理解等审美活动获得的旅游形象。具体体现是旅游者在旅游活动中获得精神和情感的愉悦和满足。意境形象以当地人文内涵为基础,聚合多种旅游形象要素,贯穿于吃、住、行、游、购、娱等整个旅游活动的始终,通过各种体现旅游地个性的特色景观设计,各种现代化手段营造,节庆、民俗等活动的开展,创造出独具魅力的情景交融旅游地意境,使游客从中获得不同的享受和愉悦,由此形成旅游目的地旅游的意境形象。

3. 线路形象

线路形象是旅游目的地将最能体现区域风格特色的精品旅游资源组合起来,根据文化内涵的相似性及资源的互补性原则,组建、串联成性格化的有统一风格的旅游线路,让游客

在旅游线路的游览中体验形成对旅游目的地的形象。

(三) 原生形象、引致形象、复合形象

从旅游形象在人们心目中形成的方式、途径分类,旅游形象可以分为原生形象、引致形象和复合形象。

1. 原生形象

原生形象是在人们经历或教育,在人们心目中最早形成的旅游目的地的形象。这些旅游目的地的形象也常常是千年积淀,历经打磨,所形成的旅游区域形象。如"上有天堂,下有苏杭""桂林山水甲天下""泰山天下雄""黄山天下奇""华山天下险""峨眉天下秀""青城天下幽""海上花园"厦门、"春城"昆明"花城"广州"洞庭天下水,岳阳天下楼"等,由于我国古代文人学士写下流传千古的名篇,在民间口碑相传,形成不可磨灭的记忆,积淀为美好的旅游形象。

2. 引致形象

引致形象是人们有意识地通过文学作品、绘画、摄影、歌曲,搜寻旅游刊物、报纸电视节目及旅游机构的宣传手册等有关信息进行加工,从中提炼有用的旅游目的地信息形成。引致形象是旅游目的地有意塑造的。如湘籍著名作家沈从文的家乡凤凰县借助沈从文优美的散文展示的边城的绚丽画卷,成为凤凰的旅游形象,旅游者慕名而来。又如1984年,著名画家陈逸飞回到有"中国第一水乡"美称的苏州周庄采风,创作了著名的油画《故乡的回忆——周庄双桥》,完美表达了千年古镇"小桥流水人家"的肌理和风采形象。这幅油画被美国石油大王哈默购买收藏,并在他访华时赠送给邓小平。1985年,《双桥》图案被印在联合国首日封上,《双桥》成为周庄的标志性旅游形象。从此,陈逸飞和《家乡的回忆——双桥》一举成名,水乡古镇周庄也走向了世界。此外,《太湖美》《太阳岛上》《请到天涯海角来》《我想去桂林》等曾风靡一时,一首歌曲成就了旅游目的地的引致形象旅游形象。

3. 复合形象

复合形象是人们对各种形象信息进行比较后,到旅游目的地进行旅游,通过自己的经历和结合以往的认识所形成的一个综合的形象。

(四) 第一印象区形象、最后印象区形象、光环效应区形象、标志区形象

从旅游者进入旅游目的地的过程角度,将所感受到的旅游形象分为第一印象区形象、最后印象区形象、光环效应区形象和标志区形象。

1. 第一印象区形象

第一印象区形象是旅游者最先到达旅游目的地的边界出入口、机场区、火车站区、港口、码头、高速公路收费站等地点。游客在旅游地第一印象区所形成的旅游地形象,将会影响游客进入旅游地的旅游感受以及离开旅游地后的旅游记忆。

2. 最后印象区形象

最后印象区形象是旅游者离开旅游目的地时最后与目的地接触地点所形成的旅游地形象。旅游目的地最后印象区包括最后一个旅游观光点、新开发的景区、旅游者离开目的地的边界区。

3. 光环效应区形象

旅游目的地的重点旅游区就是旅游形象光环效应区。旅游者在光环效应区所形成的旅游地形象是旅游者对旅游目的地所形成的核心形象。

4. 标志区形象

形象标志区是旅游地旅游风景线的主要发展景区，如北京的天安门所在区域、上海东方明珠塔所在区域等。形象标志区是在旅游者心中早已形成和期盼到达的区域，旅游者在形象标志区所形成的印象，将印证旅游者心中的旅游地形象，意义十分重要。

学术界对旅游形象构建类型分析还有不同的说法，如地理形象（自然景观）、人文形象（历史文脉）、潜在形象、核心形象、边界形象等，不同的旅游形象构建类型都是从旅游者在旅游目的地某一个方面所感悟旅游形象的总结，都值得加以重视。

第二节　旅游形象定位

一、旅游形象调查

旅游形象定位的第一步需要先进行旅游地形象调查，是旅游形象定位和策划的依据，包括旅游目的地知名度和美誉度调查、旅游者旅游目的地形象信息来源调查两部分。

（一）旅游地的地方性资源调研

对旅游地形象调查，先要对旅游地的地方性资源进行调查，了解当地旅游资源特点，包括以下两个方面。

1. 地方性资源要素普查

对旅游资源的名称、类型、数量和分布等基本特征进行调查并形成调查表。

2. 地方特性调查

可以从地方自然地理特征和地方文化特征两方面着手。

（二）旅游目的地知名度和美誉度调查

旅游目的地的知名度和美誉度是旅游地形象的重要评价依据。

通过对旅游地知名度、美誉度的调查，以得到旅游目的地形象实态调研结果，包括旅游者对旅游目的地知道或不知道；旅游者对旅游目的地有好或不好的一般感知印象；该旅游目的地在旅游者心目中究竟具有怎样的形象内容，为什么形成该形象；旅游目的地本身哪些要素促使旅游者形成这样的印象。

（三）旅游者旅游地形象信息来源调查

旅游者对旅游地形象信息来源是旅游地形象正确树立与广泛推广的重要传播途径参考。旅游地形象信息来源主要包括本地感知形象、决策感知形象和实地旅游形象三个方面。

本地旅游形象形成于长期和社会化的过程中,包括文学作品、中小学课本、一般大众传媒上的非广告信息等。

决策感知形象信息来源包括旅游商的广告、亲友的介绍等。

实地旅游形象信息来源于视觉性旅游目的地景观本身和当地的旅游信息服务系统等。

二、旅游形象定位

旅游资源经过开发、建设和发展,为旅游目的地引来游客,广告、口碑、文艺作品和新闻传媒、旅游活动可将旅游目的地的形象扎根于游客心中。一提起海滨沙滩,人们会想起北戴河;一提起中国古代文明,人们会想起北京和西安;一提起中国古代奇迹,人们会想起长城和兵马俑;一提起主题公园,人们会想起世界之窗、锦绣中华。这是联想式的旅游地形象认知模式,由一个已熟悉的大类事物形象联想到一个具体的事物形象,形成联想式旅游形象定位。

旅游形象定位是将旅游形象排到合适位置和一个更高的层序上,以提升旅游地在旅游者心目中的地位,寻求理想的传播效果。旅游形象定位不只是给旅游景区或旅游企业贴上一个美丽的标签,而是如何用科学的方法论把握旅游的发展规律,如何在动态的环境中真正寻找到既符合旅游景区或旅游企业个性,又有着无限前景的发展坐标。

旅游形象定位以旅游发展战略定位为基础,根据旅游发展战略定位对旅游形象定位,进行旅游产业资源配置。旅游形象定位策划要做好"三个一工程",即唯一、第一和专一。"唯一"是人无我有,"第一"是要做天下第一,"专一"是不要随便改变形象。要做到"三个一",需要遵循旅游形象定位的基本原则。

(一)旅游形象定位基本原则

1. 优势集中原则

依据旅游形象优势集中定位原则,在当某一旅游区域或某一旅游城市的旅游业,具有多种旅游发展优势时,需要将旅游产业优势进行集中,将旅游发展优势聚焦到某一点上,形成主体优势,其他旅游产业资源都围绕主体优势向外扩散,形成强大的旅游形象影响力。

2. 观念领先原则

旅游形象定位的观念领先原则,就是策划思想要超前,要敢于放弃和突破传统观念,引入新观念,敢于思想,因为旅游市场的竞争首先是观念的竞争,将具有新观念、新思想的旅游形象定位策划引入旅游市场,将会赢得主动,赢得发展。

3. 个性专有原则

旅游形象定位的个性专有原则,就是在旅游市场细分的基础上,针对细分旅游市场的潜在旅游者策划个性专有的旅游形象定位,使旅游市场营销更具有针对性。如曾有学者给桂林市做了这样的个性专有的旅游形象定位"山水风光甲天下""优秀历史文化名城""独特的少数民族风情。"

4. 多重定位原则

旅游形象定位的多重定位原则,是在国家或省大范围旅游目的地定位中,在一个核心或主体旅游形象定位之下,需要策划多个不同层面的旅游形象定位,以利于不同尺度的旅游目的地在旅游市场上具有不同的发展空间。如福建省旅游形象定位"福天福地福建游",之下有福州定位"八闽古都、有福之州",厦门为"海上花园,温馨厦门有魅力、更有活力",漳州定位"水仙花的故乡",武夷山定位"东方伊甸园、纯真武夷山"等;浙江省旅游形象定位"诗画江南、山水浙江",之下有杭州定位"东方休闲之都、爱情之都,天堂城市",宁波定位"东方商埠、时尚水都",温州定位"时尚之都、山水温州",舟山定位"海天佛国、渔都港城",义乌定位"小商品海洋、购物者天堂"等。

5. 突出个性原则

旅游形象定位的突出个性原则,要求在旅游形象定位策划时,进行充分的旅游资源和旅游市场调查,特别是同一旅游区域和同质旅游资源区已有旅游形象调查,力求与相近相似的旅游形象定位区别开来,策划出具有鲜明个性的旅游形象。如同是山水城市,杭州旅游形象定位"东方休闲之都、爱情之都,天堂城市",强调了休闲与爱情(白蛇传传说)的城市文脉;苏州定位"天堂苏州、东方水城",突出苏州丝绸、苏州园林和城中水溪的特色旅游资源;桂林定位"山水甲天下、魅力新桂林",彰显了桂林自古享有的"山水甲天下"美誉,都体现出了旅游形象定位的鲜明个性。

6. 市场导向原则

旅游形象定位的市场导向原则,要求形象定位要能体现旅游市场发展的需求趋向,能引起公众的关注,在潜在的游客心目中形成良好的预期印象,形成良好的旅游形象市场价值,以影响旅游者出行的旅游目的地选择。如北京针对2008年奥运会旅游市场,将旅游形象定位为"东方古都,长城故乡,新北京,新奥运"。

7. 公众认同原则

旅游形象定位的公众认同原则,旅游形象定位应能充分反映旅游目的地和旅游客源地公众的心理需求与价值取向,通过旅游形象所包含的要素感知与信息传播,逐渐获得公众的认同与支持。公众不接受、不认同的旅游形象定位,最终不可能形成确立,不会有旅游市场生命力。

8. 现实可行原则

旅游形象定位的现实可行原则,要求旅游形象定位必须从旅游目的地实际出发,既符合或贴近旅游目的地现实又不好高骛远、盲目攀比,确立一个经过努力可以达到的旅游目的地形象建设目标。

旅游形象定位要符合国情,符合旅游目的地实际,旅游形象定位语言要准确,旅游形象定位要充分体现个性,旅游形象定位需要群众参与和认可,旅游形象要重视视觉设计与推广。

(二) 旅游形象定位方法

1. 领先定位方法

领先定位方法适用于独一无二或无法替代的旅游资源,如"天下第一山"(张家界),"天下第一坑"(小寨天坑)。这也就是"先声夺人",即你把"海口"夸出来了,一炮打响了,形成概念了,人们将沿着你的思路走,最终人们走的结果发现你说的和事实相吻合,自然就会口碑相传。但这种方法的应用要谨慎,注意实事求是。

2. 比附定位方法

比附定位方法的定位角度,并不去占据原有旅游形象阶梯的最高阶,而情愿居其次,用比附著名旅游地,借著名旅游地的知名度达到形象定位的方法。运用比附定位方法一定要寻找鲜明的品牌价值更高的对象进行比附,否则是"给他人作嫁衣裳",而且两者之间的资源和产品特色一定要有相似性,不要给人"风马牛不相及"的印象。同时要尽量突出自身的某种优势,这样才使定位的形象更具吸引力。如"天下第二泉"(惠山泉)、"中国第二个故宫"(沈阳故宫)、"塞上江南"(银川)、"东方阿尔卑斯"(四姑娘山)、"东方威尼斯"(苏州)、"东方夏威夷"(海南)等。

3. 逆向定位方法

逆向定位方法强调并宣传定位对象是消费者心中第一位形象的对立面和相反面,同时开辟了一个新的易于接受的心理形象阶梯。采用逆向思维,进行反向定位。如野生动物园宣称是传统的圈养动物园的对立面,而很快获得旅游者的认可。

4. 空隙定位方法

比附定位方法及逆向定位方法都与原有形象阶梯存在关联,而空隙定位方法就是要发现旅游市场结构中的旅游需求空隙,在旅游需求空隙中找到旅游形象创意定位,创造鲜明的旅游形象。旅游景点的旅游形象定位策划更适于采用空隙定位方法。如:张贤亮开发经营华夏西部影视城,将其旅游形象的理念定位于"出卖荒凉"。

5. 重新定位方法

严格意义上来说,重新定位不能算是一种定位方法,只是一种转折发展所采用的跟进方法。有两种情形需要采用旅游形象重新定位方法:一是旅游目的地在新的旅游发展阶段采用了新的旅游发展战略,需要按照新的旅游发展战略重新策划旅游形象;二是处于生命周期的衰落期中的景区景点,通常要采取旅游形象重新定位的方法,以新旅游形象替换旧旅游形象,从而在旅游市场上,占据一个有利的旅游者心灵位置。如"魅力新三峡";香港的"万象之都"到"动感之都";新加坡的"朝气蓬勃新加坡"到"尽情享受新加坡"和"新亚洲";成都的"休闲之都"到"东方伊甸园"等。

在旅游形象定位策划中,有两类情况是常见的:一类是旅游资源优越区的旅游形象定位策划,一类是旅游资源非优越区旅游形象定位策划。有研究认为,对于旅游资源优越区,由于旅游资源特色明显,品位较高,开发历史悠久,基础较好,知名度较高,在旅游者心目中已建立了较为清晰和稳固的旅游形象。策划旅游形象的定位时,应侧重于巩固与提升原有形象,在旅游市场营销中突出前景形象,通过地点形象的外溢作用,使之逐渐替代为所在区域的地区形象和地段形象,逐渐成为区内其他旅游地的背景形象,从而在形象的空间竞争中占据优势地位。在旅游资源非优越区,由于旅游资源数量和质量相对处于劣势,旅游形象的定位策划需要充分挖掘所在区域的背景形象特点,在强调区域共性的前提下突出自身的个性;在市场营销时则应充分利用背景形象,"借船出海",同时广泛的区域合作,收"水涨船高"之利,达到逐渐强化旅游形象的目的。

(三) 旅游形象定位的变化更新

旅游地形象一旦确定就具有一定的稳定性,成为旅游地在一个较长时期传播旅游形象和进行营销而反复使用的旅游形象。但是,旅游地形象定位并不是一成不变的,时代在变,旅游竞争环境在变,旅游消费者的消费心理和需求在变,旅游目的地也处在变化发展当中。因此,旅游目的地在一定的旅游发展阶段,通过认真调查研究旅游发展趋势和竞争环境、旅游消费心理和消费需求与旅游目的地的发展情况后,对旅游形象定位做出相应的阶段性更新。如杭州准备采用"爱情之都"的旅游形象,取代使用已有年月的"上有天堂,下有苏杭"的旅游形象。杭州对其旅游形象定位的更新酝酿已久,出炉"爱情之都"的旅游形象,是因为杭州,论山水比不过桂林,论古都比不过西安,其文化的核心是西湖文化,而西湖文化的核心正是爱情。策划者认为,"上有天堂,下有苏杭"的旅游形象,曾经发挥过巨大作用,但在新的环境下,仍继续沿用这一杭州旅游形象,对杭州旅游形象特征阐释并不十分清晰,已经显得不够。策划者认为"杭州景观和历史人文环境都是爱情之都的基础,以爱情为旅游形象定位,只是让群众认识它,从而更好挖掘与之相关的旅游资源,细化量化市场。从而树立起杭州爱情之都的形象"。爱情是美好的事物,是人类永恒的话题,同时又是杭州最鲜明的地方性特征,这个富有人情味和时代气息的旅游形象定位,诉求力极强,确为明智之选。

第三节 旅游形象设计与塑造

一、旅游形象策划体系

旅游形象策划直接来自企业形象识别系统(Corporate Identity System,CIS)。旅游形象策划体系(CIS)由理念基础(Mind Identity,MI)、行为准则(Behavior Identity,BI)、视觉形象(Visual Identity,VI)三部分组成。

(一) 理念基础(MI)

旅游地形象理念基础可来自对旅游地文脉的把握。通过对旅游点所在地域的文脉分析,辨别文脉的地方特色,然后通过协调文脉、突破文脉或者协调与突破相结合的方法,建立旅游产品的理念基础(MI),形成用以表达和传播旅游地形象的主题和宣传口号。

(二) 行为准则(BI)

通过对管理行为、服务行为和公关行为的设计,形成相应的旅游活动行为准则(BI),主要表现为对内的员工管理行为、面对旅游者的活动参与和旅游服务行为,对外的社会公益行为。

(三) 视觉形象(VI)

旅游地视觉形象设计体现在游客直接观赏消费的旅游景观,通过旅游景观的观赏而形成综合旅游地印象。将旅游徽标、标准字体、标准色、吉祥物等赋予旅游者和社会公众视觉所及之处,形成系列、重复出现的视觉形象(VI)。视觉形象包括三部分内容:旅游地视觉识别,固定的景点视觉识别和活动视觉识别。

景点视觉识别,景点造型及其标志、标准字、标准色和特别设计的旅游地"品牌徽标"。

活动视觉识别,景区内演员和员工的标准服装和视觉性的规范行为。

由 MI、BI 和 VI 构成旅游形象策划的体系(CIS)。

再通过客源市场的公众识别、旅游形象的定位方法、大众广告传媒、市场行销渠道、社会公关活动等,为旅游目的地导入 CI 策划,实现旅游 CI 战略,建立具有知名度、美誉度、信任度和重游期望以及具有较强市场竞争力的旅游品牌和"名牌"。

二、旅游主题口号设计

(一) 旅游主题口号设计原则

1. 源自地方文脉的独特性

武夷山:千年儒释道,万古山水茶。

2. 面向游客的行业特征性

旅游形象主题口号强调和平、友谊、交流、欢乐等。世界旅游日的口号就充分体现旅游业的行业特征。

3. 反映旅游趋势的时代特征

康体休闲、亲近自然、郊野派对、康复养生、农业观光、亲子同乐与全家同乐等国内城市旅游者追逐的主题旅游,使旅游形象口号能贴近时代的特征。

4. 打动旅游者心的广告效果

旅游形象主题口号创意需要借鉴商品广告词的创意设计艺术,用浓缩的语言、精辟的文字、绝妙的组合,构造一个有旅游吸引魅力的旅游地形象。例如,"上有天堂、下有苏杭"虽为古语,也是一句能激发旅游者欲望的广告语。

(二) 旅游主题口号设计方法

1. 总括

高度概括和浓缩当地的资源和产品特色,充分展示和体现旅游地鲜明的旅游形象。

2. 艺术

要注意运用美学手法,进行艺术加工尤其是适当的艺术抽象,使之源自现实又高于现实,以营造引人入胜、心驰神往的意境,使人产生优美的联想;要体现文化品位,生动形象。

3. 简洁

宣传口号要简洁,绝无赘语,并在艺术化的基础上,形成优美的韵律,让人读来琅琅上口,易于理解、记忆,便利传播。

4. 一致

要形成动态的、具有延续性的系列宣传口号,不宜盲目追求一次到位和一劳永逸;以行政区而言,在整体宣传口号的统领下,各地要结合实际,筹划形成各具特色的促销口号。最终形成一个层次鲜明、上下衔接、互为补充、彼此诠释的旅游宣传口号体系。

5. 点题

促销口号要注意突出主题,即特色鲜明、优势突出,产生画龙点睛的效果,不能含糊其词,模棱两可。要通过"点题",促动人们对本地旅游业的联想,并在客源市场上形成牢靠的形象定位,真正达到过目不忘、深入人心。

(三) 旅游主题口号设计实例

中国历年旅游主题及宣传口号

1992年中国旅游宣传主题"友好观光游",宣传口号为"游中国、交朋友"。

1993年中国旅游宣传主题"山水风光游",宣传口号为"锦绣河山遍中华,名山圣水任君游"。

1994年中国旅游宣传主题"文物古迹游",宣传口号为"五千年的风采,伴你中国之旅";"游东方文物的圣殿:中国"。

1995年中国旅游宣传主题"民族风情游",宣传口号为"中国:56个民族的家";"众多的民族,各异的风情"。

1996年中国旅游宣传主题"休闲度假游",宣传口号为"96中国:崭新的度假天地"。

1997年中国旅游宣传主题"中国旅游年",宣传口号为"12亿人喜迎97旅游年";"游中国:全新的感觉"。

1998年中国旅游宣传主题"华夏城乡游",宣传口号为"现代城乡,多彩生活"。

1999年中国旅游宣传主题"生态环境游",宣传口号为"返璞归真,怡然自得"。

2000年中国旅游宣传主题"神州世纪游",宣传口号为"文明古国,世纪风采"。

2001年中国旅游宣传主题"体育健身游",宣传口号为"中国——新世纪、新感受"和"跨入崭新世纪,畅游神州大地"等。

2002年中国旅游宣传主题"民间艺术游",宣传口号为"民间艺术,华夏瑰宝";"体验民间艺术,丰富旅游生活"等。

2003年中国旅游宣传主题"烹饪王国游",宣传口号为"游历中华胜境,品尝天堂美食"等。

2004年中国旅游宣传主题"百姓生活游",宣传口号为"游览名山大川、名胜古迹,体验百姓生活、民风民俗"等。

2005年中国旅游宣传主题"红色旅游年",宣传口号为"红色旅游"年。

2006年中国旅游宣传主题"2006中国乡村游",宣传口号为"新农村、新旅游、新体验、新风尚"。

2007年中国旅游宣传主题"和谐城乡游",宣传口号为"魅力乡村、活力城市、和谐中国"。

2008年中国旅游宣传主题"2008中国奥运旅游年",宣传口号为"北京奥运、相约中国"。

2009年中国旅游宣传主题"中国生态旅游年",宣传口号为"走进绿色旅游、感受生态文明"。

2010年中国旅游宣传主题"中国世博旅游年",宣传口号为"相约世博,精彩中国"。

2011年旅游宣传主题"2011中华文化游",旅游宣传口号"游中华,品文化""中华文化,魅力之旅"。

经国务院批准,自2011年起,《徐霞客游记》开篇日——5月19日被正式确定为"中国旅游日"。

2012年旅游宣传主题"2012中国欢乐健康游",旅游宣传口号旅游、欢乐、健康""欢乐旅游、尽享健康""欢乐中国游、健康伴你行"。

2013年旅游宣传主题"2013中国海洋旅游年",旅游宣传口号"美丽中国,海洋之旅"。

2014年旅游宣传主题"美丽中国之旅——2014智慧旅游年",旅游宣传口号"畅游美丽中国"。

2015年旅游宣传主题"美丽中国——2015丝绸之路旅游年",旅游宣传口号"游丝绸之路、品美丽中国""新丝路、新旅游、新体验"。

2016年旅游宣传主题"美丽中国——2016丝绸之路旅游年",旅游宣传口号"漫漫丝绸路,悠悠中国行";"游丝绸之路,品美丽中国";"神奇丝绸路,美丽中国梦"。

三、旅游视觉形象设计

(一) 旅游视觉形象设计内容

国内旅游地形象视觉符号识别系统十个类型:

① 旅游地名称;② 旅游地标徽;③ 旅游地标准字体;④ 旅游地形象代表;⑤ 旅游地吉祥物;⑥ 旅游地纪念品;⑦ 旅游交通工具;⑧ 旅游地人形象;⑨ 旅游企业形象。

人们对旅游目的地形成的旅游形象,除了视觉形象要素以外,还有听觉、嗅觉和味觉等形象要素。

听觉形象:旅游地的语言和方言、地方民歌、旅游地背景音乐、旅游区主题曲、宗教音乐等。

嗅觉、味觉形象:嗅觉、味觉最普遍的是食品的气味和味道。如新疆的葡萄和哈密瓜、北京的烤鸭、天津的"狗不理"包子等,已经成为北京、新疆、天津的旅游嗅觉和味觉形象。

旅游形象往往是一种心理感知的抽象事物,而节庆活动、体育盛事、娱乐演出、重大庆典等,可将旅游形象变成可视、可听、有形、有声、有色的具象事物。

(二) 旅游品牌标志策划

标志包括所有出现在与活动项目有关的物品上的文字、颜色和图案设计,如名称、会徽、会旗、吉祥物、会歌、主题词、口号、登记卡、入场券或商品。形象与标志的设计应紧密联系并应提前得到大家的认可。它们被总称为"品牌"。当有赞助商参与时,必须征得他们对品牌的赞同,设计必须迎合活动有关各方的利益与偏好,同时还要能吸引活动的观众,要考虑能否提高商品和品牌的知名度。

1. 标志策划的原则

(1) 基于创意

在充分表达该旅游产品理念和价值的基础上,能创造性地发挥想象力,不仅能准确地表达主题宗旨,而且在视觉上有较强的冲击力,直观醒目,能符合时代的潮流,有国际化的潜力。第25届巴塞罗那奥运会的会徽设计,打破了历届奥运会标志趋于严谨、理性、规范的传统模式,而采用潇洒地运用随意性很强的笔触,以地中海、阳光、大地为内涵,塑造出一个跳跃式的人形,体现了更高、更新、更强的体育精神。这个会徽乍一看,觉得是想象之外的设计,但它使人耳目一新,具有创新的会徽,定会使公众产生兴趣,也很自然地加强了对它的印象。

(2) 基于营销

为了扩大旅游产品之间的个性差异,设计新颖独特的会徽形象,选择显眼夺目、与众不同的色彩,以期望体现该活动的价值和理念,展现活动的特征和品质,展示组织机构的实力,最终达到识别、突出旅游品牌的目的。

(3) 基于象征与寓意

以图形或图案作为标志设计的元素,都采用象征寓意的手法,进行高度艺术化的概括提炼,形成具有象征性的形象。图形标识在视觉上容易被接受,因此得到普遍的运用,特别是一些象征物。象征性设计要注意以下三点:具有亲切感,全面考虑综合因素,有的放矢,切忌喧宾夺主。

(4) 基于设计

会徽具有强烈的视觉冲击力,一般由文字、色彩和图案构成。会徽上的标准字可使用中文或外文,要求字符之间宽窄适中、线条合理、造型优美,产生强烈的表现力。色彩上鲜明、丰富、奥妙无穷,不但要考虑色彩本身,还要研究色彩反应背后所蕴藏的文化习俗,把握色彩心理的传统习俗和时代的发展趋势,表现该旅游产品的内涵,使人产生丰富的联想。要求图案设计富有个性化,能丰富和补充前两者形象的意义,使视觉效果更强烈。

(5) 基于传播

符合文化背景,通俗易懂,容易记忆,易引起公众的注意,让人产生深刻的印象,不被时代所淘汰。

(6) 基于情感

能很容易让人接受并喜爱,给人以美的感受,并产生积极的联想。

2. 标志的评价标准

现代标志设计的评价标准是八个字,即易解、好记、美感、适用。

(1) 易解,标志作为图形语言,最大的特点就是用图形说话,只要有图形,就有对内涵的表达问题,不管这种表达是直接的还是间接的;是直观的还是曲折的;是明显的还是隐匿的,这本身没有高低之分,只是设计者按设计意图所采取的一种方式。

(2) 好记,一般讲,人们对标志的接受往往是在无意中发生的,所以怎样使标志引起观者注意,产生兴趣,印象深刻,有利记忆,很重要的一点是标志必须有明显的形象特征,它应该是新颖的,与众不同的。人们对于自己看惯了的东西表现得习以为常,甚至不屑一顾,更谈不上有什么印象储存了。

(3) 美感,组成标志美的元素最基本的是形象、结构和色彩。

(4) 适用,任何设计都要通过一定的工艺制作才能体现设计的价值。因此创造一个便于制作的条件,对标志的实际应用有十分重要的作用。为使标志简洁好用,几年前耐克把标志的文字省去,只突出了一个"OK"勾,成为一个易解、好记、美感、适用的典型,在生活中展示出它应有的标志价值。

3. 旅游标志策划案例

(1) 北京 2008 年奥运会会徽

会徽图形为中国传统印章图形中的一种"肖形震黔印",其正式名称为"中国印·舞动的北京"。会徽分上中下三个部分，主体为上部大红底色的白色"京"字图形，约占整个会徽的3/5。"京"字形状酷似汉字的"文"字，取意中国悠久的传统文化。整个"京"字图形为一个向前奔跑、迎接胜利的运动人形。"京"字图形下是黑色的拼音"Beijing 2008"字样，其下是奥运五环标志。

"中国印·舞动的北京"会徽图形一方面是中国特点、北京特点与奥林匹克运动元素的巧妙结合。以印章为主体表现形式，将中国传统的印章和书法等艺术形式与运动特征结合起来，经过艺术手法夸张变形、巧妙地幻化成一个向前奔跑、舞动着迎接胜利的运动人形。人的造型同时形似现代"京"字的神韵，蕴含浓重的中国韵味。以中国传统文化符号——印章（肖形印）作为标志主体图案的表现形式，主体图案基准颜色选择红色，传达和代表了中国文化喜庆、热烈的气氛。印章早在四五千年前就已在中国出现，是渊源深远的中国传统文化艺术形式，并且至今仍是一种广泛使用的社会诚信表现形式，寓意北京将实现"举办历史上最出色一届奥运会的庄严承诺"。

另一方面会徽图形城市加年份的标准字体设计别出心裁、独树一帜。"中国印·舞动的北京"字体部分采用了汉代竹简文字的风格，将这一字体的笔画和韵味有机地融入到"Beijing 2008"字体之中，自然、简洁、流畅，与会徽图形和奥运五环浑然一体。

(2) 中国旅游业的图形标志

中国国家旅游局于1985年确定选用马超龙雀为作为中国旅游业的图形标志。马超龙雀，曾命名"马踏飞燕"，后经历史学家考证，东汉张衡的《东京赋》云："龙雀蟠蜿，天马半汉。"《后汉书》也有"明帝至长安，迎娶飞廉并铜马"的记载，故正名曰："马超龙雀"。

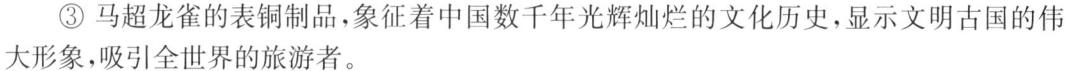

选择"马超龙雀"作为中国旅游业的图形标志，其含义是：

① 天马行空，逸兴腾飞，无所羁缚，象征前程似锦的中国旅游业。

② 马是古今旅游的重要工具，奋进的象征，旅游者可在中国尽兴旅游。

③ 马超龙雀的表铜制品，象征着中国数千年光辉灿烂的文化历史，显示文明古国的伟大形象，吸引全世界的旅游者。

(3) 潍坊风筝会会徽

潍坊风筝自宋代开始流行，明代更加普及，至清代已是繁荣时期。中华人民共和国成立以后，潍坊风筝不断发展，从1984年开始到1997年已成功地举办了14届潍坊国际风筝会，1988年更被推选为"世界风筝都"。1989年，国际风筝联合会正式成立，并将总部设在潍坊，从而确立了潍坊风筝的地位与知名度，使潍坊风筝成为联结世界各地区的五彩缤纷的纽带。该会徽用"鲁台"两字的首字母"l、T"为骨架，以中国行书风格将两个字母巧妙连接为一个"交"字，寓意为"交流·合

作"，不仅预示着世界各地密切合作、共图伟业的美好前景，而且象征着两岸同胞的浓郁亲情、乡情、友情。该会徽内部结构严谨、缜密，像一个中国结，外观线条圆润、洒脱，像一个高高飘飞的风筝，与风筝会徽相互关联，交相辉映，成为具有浓郁地方特色的节会标志。

（三）景区标识系统策划

旅游景区标识系统是景区为帮助游客优质、高效、安全地完成旅游活动而设置的，按照景区空间游览关系进行分布组合的，具有引导、提示、劝解、禁止等信息的旅游标识设施的整体。

1. 标识系统分类

说明性标识：指表现对象的名称、内容、特性、精神等方面的标识，如景区景点介绍牌、各类文物景点的文物等级评定碑牌等。

引导性标识：指用于告知标识使用者被标识对象与其所在地的位置关系的标识。如景区景点指示牌中的道路方向指示、导游图等；景区公共设施符号牌对公共场所的提示，如公厕、小卖部、游客中心等。

限制性标识：主要用于表达禁止、警示、指令等意图，体现景区人文关怀的标识。如景区警示关怀牌，提示游客注意安全及保护环境等。

2. 旅游景区标识系统的基本组成

（1）导游全景图

导游全景图需标出景区面积、游览路线及几大片区的分布、重要游览点及旅游服务设施的位置（包括各主要景点、游客中心、厕所、出入口、医务室、公用电话、停车场等，并明示咨询、投诉、救援电话等信息）。

导游全景图分布于一、二级游客服务中心或景区主要入口。

（2）景物景点介绍牌

景物景点介绍牌是为了说明单个景点名称、内容、背景以及最佳游览、观赏方式和角度等信息，是对该景区内具体景观的全面解说，包括地文景观、水域风光、生物景观、天象与气候景观、遗址遗迹、建筑与设施、特色旅游纪念品、人文活动等解说。

景物景点介绍牌分布于景区内各景点入口、重要景观点。

（3）导览指示牌

景区内部道路沿线交通指示标识牌，起指路、引导作用，使游客能更轻松、便利地游览各景点。在设置上应兼顾各个方向的游客。

导览指示牌分布于道路交叉口、道路中段、停车场、旅游公厕等位置。

（4）关怀警示牌

关怀警示牌以牌示形式给游人以警示和忠告的设施，包括安全警示、公益倡议、友情提示等。必要地带需设置安全须知牌并明示景区内可能发生危险的地带、景区所采取的防护措施、需要游客注意的事项。

关怀警示牌分布于拍照位置较好、休憩亭、路滑地段、景区草坪及可能发生危险的地带等。

（5）公共信息牌

公共信息牌为对景区内的服务设施进行导引和指示。例如，景区游客中心及各服务点、门票价格表、售票服务牌以及厕所、商店、值班室、电话亭、餐厅、停车场、寄存处、急诊、残疾人服务等场所标识必须使用标志用公共信息图形符号。

公共信息牌分布于各公共服务设施最醒目的位置。

（6）景区形象标志牌、电子交互牌

景区形象标志牌往往设置于靠近景区的主干道，其本身并不具备直接导向功能，但通过其形象展示景区特色，同时也能作为景区视觉参照物。随着技术发展而出现的新的标识牌类型，往往兼具多种传统标识牌的功能，以及一些全新的功能。

3. 景区旅游景区标识系统的设计规则

字体、符号、用色适配

中文、英文是景区导览标识使用的基本文种，必须同时使用，所表达的信息要与指向实物相吻合，文字含义准确无误。

中文使用

必须采用简写字体，不得使用繁体或其他不易辨别的字体（见《国家语言文字规范标准》），历史古迹、名人书法、特殊标志等除外。

外文使用

a）必须符合《公共场所双语标识英语译法通则》(DB11/T 334—2006)、《公共场所双语标识英语译法第 2 部分景区景点》(DB11/T 334.2—2006)，其他外文译法要符合相应国家旅游业使用习惯。

b）4A 级（含）以上景区的全景牌（或全景导游图）必须同时使用中文、英文和其他两种（自行选择）外语语种。

文字设计

效果要达到字体、颜色、排版视觉鲜明丰满；点、线、面、文字和图片要素有机搭配；整体信息传达能够产生强烈的吸引力，给游客带来视觉冲击效果。

文字大小

要根据标识设置现场规格因素来确定视觉认知距离，进而确定其实际大小。

用色

导览标识及其文字、图案、内容、颜色要根据景区经营理念、环境背景色的需要，并根据认知程度来选取较高反差的颜色搭配，以获得文字和图形的最佳视觉效果。

思考题

1. 简述旅游形象的构建类型。
2. 旅游形象调查需要关注哪些方面的内容？
3. 旅游形象定位的方法有哪些？
4. 旅游形象设计的体系包括哪些内容？

【微信扫码】
相关资源

第三部分

现代旅游策划学新编

现代旅游策划新方向

第八章

旅游产品策划

第一节 旅游产品的概念及分类

一、旅游产品策划的概念

旅游产品是以旅游地为核心,为旅游者提供的物质产品与精神产品的总和。旅游产品是旅游景观(旅游吸引物)、旅游设施和旅游服务的综合体,它是一个复合概念。

狭义的旅游吸引物一般是指有形的旅游资源,包括自然旅游资源和人文旅游资源;广义的旅游吸引物除有形的旅游资源外,还包括旅游服务、社会制度、居民生活方式等无形的旅游资源。

旅游产品,亦称旅游服务产品,由实物和服务构成,包括旅行商集合景点、交通、食宿、娱乐等设施设备、项目及相应服务出售给旅游者的旅游线路类产品,旅游景区、旅游饭店等单个企业提供给旅游者的活动项目类产品。

旅游产品的构成要素主要包括旅游吸引物、旅游设施、可进入性和旅游服务。

旅游产品的利益具有复合性,其价值不仅拥有审美和愉悦的成分,而且还体现在旅游中间商的努力带来的追加利益和其自身的展现利益上。

从旅游的目的地角度出发,旅游产品是指旅游经营者凭借着旅游吸引物、交通和旅游设施,向旅游者提供的用以满足其旅游活动需求的全部服务。

从旅游者角度出发,旅游产品就是指旅客花费了一定的时间、费用和精力所换取的一次旅游经历。

旅游产品策划是通过整合各种资源,利用系统的分析方法和手段,通过对有特色的旅游资源、变化的市场以及各种相关要素的把握,有创意地设计出能吸引游客的旅游产品。

旅游产品的策划,主要包括两个方面的内容:一是对旅游地的规划和开发;二是对旅游路线的设计和组合。

二、旅游产品的特点

旅游产品作为一种商品,它同样具有价值和使用价值二重性质。它的价值构成不仅包含人们过去的物化劳动,而且包含人们的实时劳动。其使用价值体现在满足人们的旅游及相伴产生的其他需求上。旅游产品具有一般商品的基本属性,但它又有自身的特殊性。这种特殊性主要体现在以下几个方面。

(一) 综合性

从旅游者角度看,一个旅游目的地的旅游产品乃是一种总体性产品,是各有关旅游企业为满足旅游者的各种需求而提供设施和服务的总和。大多数旅游者前往某一目的地旅游做出购买决定时,都不仅仅考虑一项服务或产品,而是将多项服务或产品结合起来进行考虑。例如,一个度假旅游者在选择度假目的地的游览点或参观点的同时,还考虑该地的住宿、交通、饮食等一系列的设施和服务情况。在这个意义上,旅游产品是一种综合性的群体产品或集合产品。

国外有些经济学家说,旅游业是所有工业的综合。这种说法是有道理的。旅游产品的涉及面比任何经济部门都要广。任何一个部门(即一个环节)出现失误,都会导致整个产品的滞销。

例如,旅行社组团,服务质量很好,旅游目的地风景优美,住宿条件也很好,可就是路上交通堵塞,或者行车误点,这就成为这条旅游线路(旅游产品)的缺憾。

前面说到旅游产品是个集合产品,然而也必须看到,从旅游业的角度看,各直接旅游企业分别提供的设施和服务也是不同的旅游产品。这些产品可以以单项的形式出售给旅游者,也可以以不同的多项组合形式出售给旅游者。虽然饭店的客房和航空公司的舱位,以及旅行社的服务都能以旅游产品称之,但严格讲,它们只是一个旅游目的地的总体旅游产品的构成部分。

(二) 无形性

旅游产品是各种旅游企业为旅游者提供的设施和服务。无形的部分在旅游产品中起主导作用。产品的质量和价值是凭消费者的印象、感受评价和衡量的。

(三) 不可转移性

旅游产品进入流通领域后,其商品仍固定在原来的定位上。旅游者只能到旅游产品的生产所在地进行消费,这一点,一方面补充和完善了传统的国际贸易理论,同时也是交通运输成为实现旅游活动的重要因素。另一方面,旅游者在购买旅游产品后,这种买卖交易并不发生所有权的转移,而只是使用权的转移。换言之,只是准许买方在某一特定的时间和地点得到或使用有关的服务。

(四) 时间性

旅游者购买旅游产品后,旅游企业只是在规定的时间内交付有关产品的使用权。一旦买方未能按时使用,便须重新购买并承担因不能按时使用而给卖方带来的损失。对旅游企业来讲,旅游产品的效用是不能积存起来留待日后出售的。随着时间的推移,其价值将自然消失,而且永远不复存在。因为新的一天来临时,它将表现新的价值。所以旅游产品的效用和价值不仅固定在地点上,而且固定在时间上。无论是航空公司的舱位还是饭店的床位,只要有一定闲置,所造成的损失将永远无法弥补回来。因此,旅游产品表现出较强时间性的特点。

(五) 生产与消费的同步性

旅游产品一般都是在旅游者来到生产地点时,才给予生产并交付其使用权的。服务活动的完成需要由生产者和消费者双方共同参与。在这个意义上,旅游产品的生产和消费是同时和同地发生的,在同一时间内,旅游者消费旅游产品的过程,也就是旅游企业生产和交付旅游产品的过程。这种生产和消费的同步性或不可分割性是旅游产品市场营销中一个至关重要的特点。但这并不意味着旅游产品的消费与购买不可分离,事实上,在包价旅游中,绝大部分旅游产品都是提前定购的。

(六) 需求弹性大与替代性强

由于受各种因素的影响,旅游市场对旅游产品的需求弹性很大。比如,每年7、8、9三个月,西方许多发达国家对旅游产品的需求量比平时成倍的增长。一般每年有两次度假。夏季是全国性的,凡是就业人员,至少有25天休假,时间长者多达2~3个月。届时,许多城市静悄悄的,70%的商店关门。冬季圣诞节期间,旅游产品的需求量虽不及夏季,但也成倍于平时。因此,在旅游市场中存在着平季、淡季和旺季之别,导致旅游产品的需求具有很大的弹性。

旅游产品有很强的替代性包含两层意思:一是旅游虽然是人们生活中的一种需要,但不像食物、衣服等生活必需品,而是一种高层次的消费。在我国,目前旅游仍是一种高档的奢侈品,要想去旅游,就得放弃另一种需求。第二层意思是旅游者可以选择旅游线路、目的地、饭店和交通工具。

(七) 后效性

旅游者只有在消费过程全部结束后,才能对旅游产品质量做出全面、确切的评价。旅游者对旅游产品质量的理解是其期望质量与经历质量相互作用的结果。期望质量是旅游者实际购买之前,根据所获得的有关旅游产品的各种信息,对产品质量进行的评价;经历质量是旅游者以其实际获得的感受对产品质量所做的评价。如果期望质量高于实际的经历质量,顾客就会产生不满,也不会进行重复购买,而且会产生对企业不利的口头宣传。因此,旅游企业不能把对旅游者面对面服务的完成看作是整个销售活动的结束。营销是个连续不断的过程,旅游企业需要进行市场跟踪调查,重视市场的反馈,及时发现旅游产品存在的问题,根据旅游者的意见或建议对产品加以改进,同时和顾客保持长久的业务关系。

(八) 脆弱性

旅游产品的脆弱性是指,旅游产品价值的实现要受到多种因素的影响和制约。这是由旅游产品的综合性、无形性和不可贮存的特点决定的。旅游产品各组成部分之间要保持一定的质和量的比例,提供各组成部分产品的部门或行业之间也必须协调发展,否则,就会对整体旅游产品产生不利影响。此外,各种自然、政治、经济、社会等外部因素,也会对旅游产品的供给与需求产生影响,从而影响旅游产品价值的实现。旅游企业应对这些不可控因素进行周密的调研,进行市场环境分析,以便做出正确的旅游产品经营决策。

三、旅游产品的分类

将旅游产品进行科学分类的目的，一是为了更好更快地打造新产品，不断推陈出新，增加旅游企业的核心竞争力，争取牢牢地掌控现有的市场；同时不断拓展新市场，为精准营销，定向营销，多层次推广服务。

（一）按旅游产品性质分类

按照旅游产品性质可以分为五种类型。（国家旅游局，1999）

1. 观光旅游产品（自然风光、名胜古迹、城市风光等）

自然观光：地表类观光旅游产品（名山、洞穴、峡谷、沙漠、岛屿等），水域类观光旅游产品（大川、湖泊、温泉、喷泉、瀑布、海滨等），生物类观光旅游产品（森林、草原、野生动物等）。

人文观光：历史遗迹产品（古典园林、寺庙、宫殿、古城、古民居、其他古建筑等），现代观光产品（革命纪念地、城市风光、各类场馆、社会活动场所、观光工业及企业产品、大型工程等），人造景观产品（微缩景观、仿古村落、主题公园、外国城/村、野生动物园、水景等），观光农场。

2. 度假旅游产品（海滨、山地、温泉、乡村、野营等）

海滨度假旅游产品（度假地），乡村度假旅游产品（度假地），森林度假旅游产品（度假地），野营度假旅游产品（度假地），城市度假旅游产品（度假村、中心），温泉度假旅游产品（度假村、中心），湖滨度假旅游产品（度假村、中心）。

3. 专项旅游产品（文化、商务、体育健身等）

文化旅游类旅游产品：修学旅游产品（博物馆旅游等），民俗旅游产品（民俗村、民俗家庭、民俗节庆活动等）。艺术欣赏旅游（喜剧、影视、音乐、绘画、雕塑、工艺品等）。宗教旅游产品。怀旧旅游产品（怀古旅游产品、仿古旅游产品、导古旅游产品、寻根旅游产品）。名人故居、墓地游（古堡、古城游）。

商务活动类旅游产品：会议旅游产品（大型会务中心等），奖励旅游产品，大型商务活动，大型国际博览会或交易会，大型国际体育活动，大型纪念或庆祝活动，大型艺术节。

休闲健身类产品：体育旅游产品，滑雪旅游产品，高尔夫旅游产品，戏水运动项目，球运动项目（乒乓球、网球、台球等），保健旅游产品，疗养型旅游产品，力量型康体运动项目。生态旅游产品，（乡村旅游，绿色旅游，野地旅游，赏花旅游，森林旅游）。娱乐休闲类旅游，（游乐项目，如：游乐园，被动休闲产品，如桑拿，按摩。歌舞文艺类产品，如KTV等，游戏类产品，如电子游戏）。

4. 生态旅游产品

生态旅游：以有特色的生态环境为主要景观的旅游。是指以可持续发展为理念，以保护生态环境为前提，以统筹人与自然和谐发展为准则，并依托良好的自然生态环境和独特的人文生态系统，采取生态友好方式，开展的生态体验、生态教育、生态认知并获得心身愉悦的旅游方式。

生态旅游给出了两个要点：其一是生态旅游的物件是自然景物；其二是生态旅游的物件

不应受到损害。

按开展生态旅游的类型划分,中国著名的生态旅游景区可以分为以下九大类:

(1) 山岳生态景区,以五岳、佛教名山、道教名山等为代表。
(2) 湖泊生态景区以长白山天池、肇庆星湖、青海的青海湖等为代表。
(3) 森林生态景区以吉林长白山、湖北神农架、云南西双版纳热带雨林等为代表。
(4) 草原生态景区以内蒙古呼伦贝尔草原等为代表。
(5) 海洋生态景区以广西北海及海南文昌的红树林海岸等为代表。
(6) 观鸟生态景区以江西鄱阳湖越冬候鸟自然保护区、青海湖鸟岛等为代表。
(7) 冰雪生态旅游区以云南丽江玉龙雪山、吉林延边长白山等为代表。
(8) 漂流生态景区以湖北神农架等为代表。
(9) 徒步探险生态景区以西藏珠穆朗玛峰、罗布泊沙漠、雅鲁藏布江大峡谷等为代表。

5. 旅游安全产品

旅游安全产品:旅游保护用品,旅游意外保险产品,旅游防护用品,这些保障旅游游客安全的工具产品。

(二) 按旅游产品组成状况分类

按旅游产品组成状况分类:整体旅游产品和单项旅游产品。

整体旅游产品是满足旅游者旅游活动中全部需要的产品(或服务),如一条旅游线路、一个专项旅游项目。

单项旅游产品则指住宿产品、饮食产品及交通、游览娱乐等方面的产品(或服务),整体旅游产品由单项旅游产品构成。

(三) 按旅游产品形态分类

按旅游产品形态分类:团体包价旅游,散客包价旅游,半包价旅游,小包价旅游,零包价旅游,组合旅游,单项服务。

(四) 按旅游距离分类

按旅游距离,将旅游产品分为近程旅游产品、远程旅游产品、国内旅游产品、国际旅游产品四种类型。

此外,旅游还可以按计价形式、费用来源和旅游方式来分类。

由于旅游产品具有多元属性,随着时代的发展与人民收入与生活水平的不断提高,外出旅游休闲变得越来越频繁,这将倒逼旅游市场不断推出新的旅游产品。这样便衍生出多种类型的旅游产品。产品的分类也在不断的特色化、专业化、多样化。

四、旅游产品的生命周期

旅游产品生命周期借用了有形产品生命周期的概念。所谓旅游产品生命周期就是指一个旅游产品从开发出来投放市场到最后被淘汰退出市场的整个过程,一条旅游路线、一个旅游活动项目、一个旅游景点、一个旅游地开发大多都将遵循一个从无到有、由弱至强,然后衰退、消失的时间过程。旅游产品生命周期的各个阶段通常是以旅游产品的销售额和利润的变化状态来进行衡量。

（一）推出期

由于旅游产品尚未被消费者了解和接受,因此旅游者的购买很多是试探性的,几乎没有重复购买,导致销售量缓慢增长。并且为了使旅游者认识旅游产品,旅游企业又需要做大量广告和促销工作,使旅游产品的投入和销售费用较大,导致旅游企业往往利润极小,甚至亏损。

（二）成长期

由于前期旅游宣传促销的效果出现,旅游者对旅游产品逐渐熟悉,越来越多的人购买旅游产品,重复购买者也逐渐增多,这使旅游产品在市场上开始有一定的知名度,旅游产品销售量迅速增加,销售额迅速增长,增长率在10％以上。

（三）成熟期

在这个阶段,由于很多的旅游产品进入市场,扩大了旅游者对旅游产品的选择范围,使旅游市场竞争十分激烈,加上一些新产品对原有旅游产品的替代性,使旅游产品差异化成为市场竞争的核心。但是销售额的增长幅度越来越小,一般在1％～10％之间。

（四）衰退期

衰退期是指旅游产品进入了更新换代的阶段,由于新的旅游产品已进入市场并逐步替代老产品,除少数名牌旅游产品外大多数旅游产品销售量逐渐减少。这时,旅游企业若不迅速采取有效措施使旅游产品进入再成长期,以延长旅游产品的生命周期,则旅游产品将随着市场的激烈竞争以及销售额和利润额的持续下降而被迫退出旅游市场。

第二节　旅游线路策划

本节主要讲述旅游服务产品中旅游线路策划部分。

一、旅游线路策划概述

旅游线路是指为了使旅游者能够以最短的时间获得最大的观赏效果,由旅游经营部门利用交通线串联若干旅游点或旅游城市(镇)所形成的具有一定特色的合理走向。

（一）旅游线路的分类

根据旅游线路的概念,按照各种不同的分类标准,旅游线路有不同的类型。

1. 按旅游者活动行为划分

- 周游观光性旅游线路:游客的目的主要在于观赏,线路中包括多个旅游目的地,同一旅游者重复利用同一路线的可能性小,其成本相对较高,在设计周期性旅游线路时应从单纯的周游性向线性化转移。

● 度假逗留性旅游线路:此种线路主要为度假旅游者设计。度假旅游者的目的在于休息或娱乐,不很在乎景观的多样性变化,因此,度假逗留性线路所串联的旅游目的地相对较少,有时甚至可以是一两个旅游点,同一旅游者重复利用同一线路的可能性大。

2. 按旅游线路的结构划分

● 环状旅游线路:该线路一般适用于大、中尺度的旅游活动。例如,我国以北京(入境)为起点的东线和西线串联合并而成旅游环状线路:东线主要有北京—南京、苏州—上海、杭州—广州、香港(出境);西线主要有北京(入境)—西安—成都、昆明—桂林—广州、香港(出境)。这类旅游线路的特点:一是跨度大,主要由航空交通联结,铁路或公路交通主要用于连接站点相对密集的区段;二是所选各点均为知名度较高的精华旅游城市或风景旅游地;三是基本不走"回头路",对境外游客的出入境地点一般安排在不同口岸。

● 节点状旅游线路:该线路是一种小尺度的旅游线路。旅游者选择一个中心城市或自己的常居地为"节点",然后以此为中心向四周旅游点作往返性的短途旅游。这类旅游线路在国内游客出游中较为常见。原因在于:节点多为旅游地或旅游点的依托城市,游客对中心城市有归属感,食、宿、行、购等条件较好;其二,节点的交通联系更为方便;其三,游览游程短,可以在短期内往返;其四,经济适用,多种因素促使游客宁愿走回头路,而不选择环线。

3. 按旅游活动的内容划分

● 综合性旅游线路:综合性旅游线路所串联的各点旅游资源性质各不相同,整条线路表现为综合性特色。1995年推出的"95中国民俗风情游"依托风格独特的民俗节庆活动逐月展开,贯穿全年,并按照历史上形成的地方传统习俗和民族风情,推出了北方风情卷、中原民俗画廊、大漠丝路情怀、江南水乡风物集锦、西南民族风情、一江两湖漫游和南国风景窗七大旅游区。这七大旅游风情区域,民俗风情异彩纷呈,基本涵盖了我国各个民族传统文化的特点,其产品具有大众化的鲜明特点。

● 专题性旅游线路:专题性旅游线路是一种以某一主题内容为基本思想串联各点而成的旅游路线。全线各点的旅游景物或活动有比较专一的内容和属性,因而具有较强的文化性、知识性和趣味性,受到兴趣爱好不同游客的欢迎。1997年"中国旅游年"国家旅游局推出16条中国旅游专线中,有15条属于专题性旅游线路,这些线路把我国大部分精华旅游点、旅游地用各种"专题"串联,供兴趣爱好不同的游客选择。

4. 按照旅游组织的形式划分

传统的包价旅游:旅游线路全程所需的所有行程及所需的服务都由旅行社负责安排。

灵便式包价旅游,又可分为:拼合选择式旅游线路——整个旅程有几种分段组合线路,游客可以自己选择拼合,并可在旅游过程中改变原有选择;跳跃式旅游线——旅游部门只提供旅程中几小段路线或大段服务,其余皆由旅游者自己设计。

5. 按旅游者旅游目的划分

这类旅游线路可以划分为观光旅游线、探险考察旅游线、文化旅游线、宗教旅游线、度假休闲旅游线、民族风情旅游线、节庆活动旅游线等。

观光旅游线路:观光旅游线路是利用旅游目的地的自然旅游资源和人文旅游资源,组织旅游者参观游览及考察。观光旅游线路的内容包括文化观光、自然观光、民俗观光、生态观光、艺术观光、都市观光、农业观光、工业观光、科技观光、修学观光、军事观光等。观光旅游线路一般具有资源丰富、可进入性大、服务设施齐全、安全保障强等条件。

观光旅游线路开发难度小,操作程序简易,使旅游者能在较短的时间内领略旅游目的地的特色,缺点是旅游者参与的项目少,旅游者对旅游目的地感受不深。

度假旅游线路:度假旅游线路是指组织旅游者前往度假地区短期居住,进行包括娱乐、休憩、健身、疗养等消遣性活动。度假旅游线路内容包括海滨度假、山地度假、湖滨度假、温泉度假、滑雪度假、海岛度假、森林度假、乡村度假等。

度假旅游线路要求度假地(区)具备四个条件:环境质量好、区位条件优越、高标准的住宿设施和健身娱乐设施、服务功能强。度假旅游线路所含的项目都是参与性很强的户外休闲、健身、娱乐运动等。度假旅游线路中的旅游者在旅游目的地的停留时间较长、消费水平较高且大多以散客的形式出行。度假旅游产品适应了散客旅游、自助旅游日益增多的潮流,是值得开发的旅游产品。

专项旅游线路:专项旅游线路又称特种旅游线路,具有主题繁多、特色鲜明的特点。专项旅游线路包括:探险旅游、烹饪旅游、保健旅游、考古旅游、漂流旅游、登山旅游、自驾车旅游、品茶旅游、书画旅游、朝圣与祭祀旅游等。专项旅游线路适应了旅游者个性化、多样化的需求特点,广受旅游者的青睐,是今后旅行社产品的开发趋势。专项旅游线路的缺点是开发难度大,操作程序多,需要多个政府部门、社会组织的协作,成本一般较高。

此外,按照旅游目的划分为公务旅游、休闲旅游(含观光和度假)、探亲游和专项旅游(奖励、农业、工业、会议、会展、修学、文化、考察、生态、宗教、康复、新婚、购物、探险、体育、特殊兴趣等);按旅游活动的时间可分为一日游线、多日游线;按照产品的档次划分为豪华旅游、标准旅游和经济旅游;按旅游线路跨越的空间尺度可分为洲际游线、周边国家旅游线、国内旅游线、邻近省际旅游线及区内旅游线等。无论设计何种旅游线路,都是为了增强旅游活动组合的科学性,提高旅游组织的效能,方便游客,使其达到满意的旅游效果。

(二)旅游线路策划原则

1. 需求为中心的市场原则

旅游线路设计的关键是适应市场需求。具体而言,就是它必须最大限度地满足旅游者的需求。游客的需求主要包括:① 去未曾到过的地方增广见闻并拥有多姿的旅程;② 从日常紧张生活中短暂的解脱,提高情趣,舒畅身心;③ 尽量有效地利用时间而又不太劳累;④ 尽量有效地利用预算;⑤ 购买廉价而又新奇的东西。

旅游者对旅游线路选择的基本出发点是:时间最省、路径最短、价格最低、景点内容最丰富、最有价值。由于旅游者来自不同的国家和地区,具有不同的身份以及不同的旅游目的,因而,不同的游客群有不同的需求,总的来说分为观光度假型、娱乐消遣型、文化知识型、商务会议型、探亲访友型、主题旅游型、修学旅游型、医疗保健型等。旅游线路设计者应根据不同的游客需求设计出各具特色的线路,而不能千篇一律,缺少生机。

如每年春秋两季交易会期间,不少外商到广州洽谈生意,平时为了业务也需要到内地旅行,他们的旅行多是出于商务方面的动机。商旅的特点是消费较高,喜欢住高级套房,为业务交往需要经常在餐厅宴请宾客。他们来去匆匆,说走就走。

国内旅游者多数人外出旅游是为了游览名山大川、名胜古迹,轻松、娱乐、增长见识是他们的主要需求。并且现在越来越多的年轻人喜欢富于冒险、刺激的旅游活动,一种国外很流行的健身方式被引入国内,这就是包括野外露营、攀岩、漂流、蹦极、沙漠探险等为一体的户外运动。由于这项运动既充满挑战性,又满足了人们的猎奇心理,很快得到年轻人的宠爱,成为流行时尚。所以旅游线路设计者应根据不同的游客需求设计出各具特色的线路,而不能千篇一律,缺少生机。

2. 独一无二的特色性原则

特色是旅游产品生命力所在。旅游线路的设计促使有关部门、单位以及个人依托当地相当丰厚的旅游资源和自身条件,发挥聪明才智,精心打造和组合与众不同、具有持久吸引力的旅游产品和旅游线路,从而推动旅游产品结构和旅游方式的完善。有的景区资源丰富,但缺乏特色产品,影响力小,在很大程度上是由于线路整合缺乏合理性、有效性。

在重点突出人无我有、人有我特主题的同时,还应围绕主题安排丰富多彩的旅游项目。世界上有些事物是独一无二的,如埃及的金字塔、中国的秦始皇兵马俑,这就是特色。由于人类求新求异的心理,单一的观光功能景区和游线难以吸引游客回头,即使是一些著名景区和游线,游客通常观点也是"不可不来,不可再来"。因此,在产品设计上应尽量突出自己的特色,唯此才能具有较大的旅游吸引力。

国内一次抽样调查表明,来华美国游客中主要目标是欣赏名胜古迹的占26%,而对中国人的生活方式、风土人情最感兴趣的却达56.7%,而民俗旅游正是一项颇具特色的旅游线路,它以深刻的文化内涵而具有深入肺腑,震撼心灵的力量。

如云南的少数民族风情旅游线路:昆明—大理—丽江—西双版纳旅游线路展现了我国26个少数民族绚丽的自然风光,浓郁的民俗文化和宗教特色。如古老的东巴文化,大理白族欢迎客人寓意深长的"三道茶",有"东方女儿国"之称的泸沽湖畔摩梭人以母系氏族的生活形态闻名于世,美丽而淳朴的丽江古城以及纳西族妇女奇特的服饰"披星戴月"装等。这些都以其绚丽多姿的魅力深深吸引着广大中外游客流连忘返。这些旅游线路和旅游项目在世界上都是独一无二的,具有不可替代性,体现了"人无我有,人有我特"的独特性。

3. 生态效益原则

生态旅游的产生是人类认识自然、重新审视自我行为的必然结果,体现了可持续发展的思想。生态旅游是经济发展、社会进步、环境价值的综合体现,是以良好生态环境为基础,保护环境、陶冶情操的高雅社会经济活动。生态旅游是现代世界上非常流行的旅游方式,在国外尤其是美国、加拿大、澳大利亚以及很多欧洲国家已经发展非常成熟。她所提倡的"认识自然,享受自然,保护自然"的旅游概念将会是新世纪旅游业的发展趋势。专家认为,草原、湖泊、湿地、海岛、森林、沙漠、峡谷等生态资源和文物一样,极易受到破坏,并且破坏了就不能再生,甚至可能在地球上消失。

云南丽江是一个易受破坏的老城镇,但1999年竟有200万人去那里观光,经常是游客比本地人还多。在北京,人们不得不拓宽建于15世纪的天坛(1998年被列入世界文化遗产)周围的矮墙,以容纳更多的游客。有人抱怨说:"天坛上的人太多了,就好像在东京的马路上一样。"敦煌因游客"超载"导致窟内空气湿度过大,对壁画造成损害。华山旅游超载开发,造成许多古树古松的死亡。

现在人们已经开始认识到生态对于景区可持续发展的重要性。

从 2000 年 7 月 1 日起，九寨沟将实行游客限量入景区制。如果你是当日排名在 1.2 万名之外的游客，将被拒绝进入景区。由此，九寨沟成为全国第一个对游客实行限量入内的景区。九寨沟做出这一限客决定，主要目的就是为了更好地保护好九寨沟这个不可再生的世界自然遗产，避免因游客过多而对景物产生破坏。特别是每年的"五一""十一"两个旅游黄金周，游客量猛增，最多时游客竟然达到了 3 万多人。为避免游客超量，九寨沟管理局目前正在制订预售门票方案，与各旅行社实行联动。另外，一旦游客超量，九寨沟管理局将通过网络、报纸等媒介及时向社会公布。也许有一天，游客要想去九寨沟需要提前三个月预订门票，不知是不是会开始习惯？

除了景区采取限制人数以外，部分旅行社也纷纷设计出生态旅游线路。如北京的一家名为"绿色地带生态旅游咨询"公司煞费苦心地设计出几条生态旅游路线，并严格采用国外的生态旅游办法规章，例如限制人数、讲解生态知识、旅游途中的允许操作行为、特殊路线安排等。

4. 旅游交通安排合理原则

一次完整的旅游活动，其空间移动分三个阶段：从常住地到旅游地、在旅游地各景区旅行游览、从旅游地返回常住地。这三个阶段可以概括为：进得去；散得开；出得来。

没有通达的交通，就不能保证游客空间移动的顺利进行，会出现交通环节上的压客现象，即使是徒步旅游也离不开道路。因此在设计线路时，即使具有很大潜力，但目前不具备交通要求或交通条件不佳的景点，景区也应慎重考虑。否则，因交通因素，导致游客途中颠簸，游速缓慢，影响旅游者的兴致与心境，不能充分实现时间价值。

5. 旅游产品推陈出新原则

旅游市场在日新月异地发展，游客的需求与品位也在不断地变化、提高。为了满足游客追求新奇的心理，旅行社应及时把握旅游市场动态，注重新产品、新线路的开发与研究，并根据市场情况及时推出。一条好的新线路的推出，有时往往能为旅行社带来惊人的收入与效益。即使一些原有的旅游线路，也可能因为与当前时尚结合而一炮走红。

如广东"国旅假期"借电影《卧虎藏龙》问鼎奥斯卡最佳外语片和最佳摄影等四个奖的东风，在全国率先推出一条"卧虎藏龙"徽州古民居旅游线路，让更多的游客步入"中国画里的乡村"，观赏被称为"徽州三绝"的牌坊、古祠、民居。皖南徽州古村落的民居群，虽时有所闻，但与黄山的盛名相比，所知者却不多。但联合国专家大河直躬博士、建筑大师贝聿铭、台湾作家琼瑶、导演张艺谋、李安等有识之士不远千里到黄山脚下寻找"中国画里的乡村"，对他们而言，徽州古民居是世界文化的遗产、建筑的立体史书、梦中的世外桃源、《菊豆》的拍摄地、《卧虎藏龙》的梦工场。也正因为此，这条旅游线路一经推出便成为旅游热线，为当地旅行社创下了不菲的经济效益。

6. 旅游点结构合理原则

旅游景点之间的距离要适中，旅游线路中的景点数量要适宜；同一线路的旅游点的游览顺序要科学，尽量避免走重复路线，各旅游景点特色差异突出。

一条好的旅游线路就好比一首成功的交响乐，有时是激昂跌宕的旋律，有时是平缓的过度，都应当有序幕——发展——高潮——尾声。在旅游线路的设计中，应充分考虑旅游者的心理与精力,将游客的心理、兴致与景观特色分布结合起来,注意高潮景点在线路上的分布与布局。旅游活动不能安排得太紧凑,应该有张有弛,而非走马观花、疲于奔命。旅游线路的结构顺序与节奏不同,产生的效果也不同。

目前,中国旅游者越来越多地将目光投向具有独特风情的澳洲。以澳洲经典十日游的日程安排为例,一般在旅游者经过 10 小时的飞行之后,首先安排墨尔本市区观光,参观教堂、艺术中心等景点。这是因为旅游者旅途劳顿,并且环境生疏,故先安排以艺术之都著称的墨尔本市内景点游览。这样体力消耗较少,也便于熟悉环境。然后去被喻为"考拉之都"的布里斯班观赏澳洲特产的动物;在冲浪者天堂(Surfers Paradise)——黄金海岸,参加对游人极具吸引力的水上活动,如沙滩排球、游泳、冲浪等;以及到悉尼参观举世闻名的悉尼歌剧院,形成旅游三大高潮。作为尾声,则安排堪培拉市区观光,堪培拉以宁静的"大洋洲花园之都"著称。此时旅游者的情绪有所放松,几天紧张而兴奋的旅游活动之后,体力和精神都得到调整,结束愉快的澳洲之旅。

7. 行程安排机动灵活原则

在设计旅游线路时,不宜将日程安排得过于紧张,应留有一定回旋余地;在具体实施过程中,也必须灵活掌握,以保证落实原计划旅游线路形成中的基本项目为原则,同时也预备局部变通和应付紧急情况。

二、旅游线路策划内容

(一) 旅游线路设计的基本内容

旅游线路设计需考虑四类因子:旅游资源(旅游价值)、与旅游可达性密切相关的基础设施、旅游专用设施和旅游成本因子(费用、时间或距离)。旅游线路是构成旅游产品的主体,包括景点、参观项目、饭店、交通、餐饮、购物和娱乐活动等多种要素。旅游线路设计包含以下两个方面的基本内容。

一是要确定线路名称。名称是线路性质、大致内容和设计思路等内容的高度概括,直接反映的是旅游产品的主题。线路名称应简短(4~10 字),突出主题和富有吸引力。如:"95 中国民俗风情游"旅游活动系列就是依托风格独特的民俗节庆活动逐月展开,贯穿全年,基本涵盖了我国各个民族传统文化的特点,产品特点极为鲜明。

二是策划线路的具体内容。从形式上看,旅游线路是以一定的交通方式将线路各节点进行合理的连接。节点是构成旅游线路的基本空间单元,一般是城市或独立的风景名胜区。策划旅游线路就是从始端到终端以及中间途经地之间的游览顺序,在线路上合理布局节点。如"93 中国山水风光游"旅游活动推出了 14 条旅游线路,针对国际客源市场把全国的山水风光分为五大片,每大片有一个汇合点(黄山汇合点、黄果树汇合点、长白山汇合点、拉萨汇合点及桂林汇合点),其网络延伸点是张家界、天涯海角、华山、沙湖等。

(二) 旅游线路设计的基本步骤

1. 旅游市场调研

旅游市场调研主要包括四个方面内容。

（1）旅游市场需求信息，包括旅游者的构成及特征、旅游者消费行为特征及其原因、旅游者的旅游动机等。

（2）旅游市场供给信息，包括旅游目的地的可进入性、旅游资源禀赋、旅游接待服务水平、旅游目的地承载力等。

（3）竞争对手信息，包括竞争对手数量、产品特征、质量、品种、营销策略、竞争实力以及长短期的竞争战略等。

（4）旅游市场环境信息，包括经济环境、政治环境、法律环境、人文环境、自然环境、技术环境等。

2. 了解旅游目的地资源禀赋

（1）旅游资源

旅游资源，指的是自然界和人类社会凡是能对旅游者产生吸引力，可以为旅游业开发利用，并可产生经济效益、社会效益和环境效益的各种事物和因素。它包括自然旅游资源和人文旅游资源。旅游资源是进行旅游线路设计的核心和物质基础。

① 自然旅游资源。自然旅游资源是在亿万年自然地理环境的演变之中形成的，具有旅游功能的事物和因素。自然旅游资源又称自然风景旅游资源，指凡能使人们产生美感或兴趣的、由各种地理环境或生物构成的自然景观。自然旅游资源的优劣决定着旅游目的地发展的潜力。但是，自然资源对旅游线路开发的作用，还取决于它们的特点和可进入性，否则只能算作潜在的资源，有待开发。对自然旅游资源的开发不应破坏其自然属性。

② 人文旅游资源。人文旅游资源又称人文景观旅游资源，指由各种社会环境、人民生活、历史文物、文化艺术、民族风情和物质生产构成的人文景观，由于各具传统特色，而成为旅游者游览观赏的对象。它可划分为历史文化名城、古迹、宗教文化、交通、建筑与园林、文学艺术等旅游资源。更多的人文资源则是人们的日常生活、风土民情，这些也能吸引旅游者，它们是对人文旅游资源的深层次开发。

（2）人力资源

人力资源是旅游业开发与经营的基本要素，在一定程度上也决定着旅游线路的开发。它包括旅游目的地的吃、住、行、游、购、娱等经营企业以及当地政府从业人员本身的能力、素质。另外，旅游目的地居民的数量、宗教信仰、生活状况、受教育程度、风俗习惯、素质，对旅游线路的开发而言，也是重要的影响因素。

（3）旅游设施

旅游设施是完成旅游活动所必备的各种设施、设备和相关的物质条件的总称，是旅游经营者向旅游者提供旅游服务所凭借的各种物质载体，是旅游者实现旅游目的地的保证。旅游设施不是旅游者选择和购买旅游线路的决定性因素，但能影响旅游活动的开展，以及旅游服务质量。旅游设施一般包括专门设施和基础设施两大类。

（4）旅游可进入性

旅游可进入性是指旅游者进入旅游目的地的难易程度和时效性。因此，旅游可进入性是连接旅游者需求与各种具体旅游线路的纽带，是旅游线路实现其价值的前提条件。旅游可进入性的具体内容包括交通状况、通信条件、手续的繁简程度、旅游地的社会环境、旅游地的公共卫生条件、旅游地的气候条件几个方面。

3. 旅游线路的组合形式

(1) 旅游线路的要素组合

(2) 旅游线路的时间组合

(3) 旅游线路的空间组合

4. 旅游成本因子

(1) 旅游时间

(2) 旅游价格

5. 旅游服务

旅游服务是旅游经营者向旅游者提供劳务的过程,旅游服务质量直接影响旅游线路的质量,没有上乘的旅游服务水平,就没有优秀的旅游线路。因而旅游服务是旅游线路设计的核心内容,它在旅游线路设计中是不可忽视的。

三、旅游线路策划实例

哈尔滨—醉美长白山天池—朝鲜罗津—先锋品质 6 日游(虚拟)

D1	餐食:自理 酒店:哈尔滨准三星	始发地——哈尔滨 欢迎来到天鹅项下的珍珠——哈尔滨。抵达后,客人自行抵达宾馆,入住酒店。
D2	餐食:早午 酒店:火车上	哈尔滨—安图/延吉(火车) 早 8:00 左右宾馆接团,全程由导游带您游览哈尔滨经济技术开发区,亚洲第一高钢塔——龙塔广场,(自由活动 50 分钟,可拍照留影),统一集合后,乘车赴远东地区最大的东正教堂——圣·索菲亚教堂广场(游览时间约 10 分钟),(索菲亚教堂始建于 1907 年 3 月,原是沙俄修建中东铁路的随军教堂,占地面积 721 平方米,通高 53.35 米,平面呈拉丁十字布局,是典型的拜占庭风格建筑。乘车游览松花江公路大桥,远观哈尔滨母亲河——松花江,中午品尝东北风味餐,中餐后,在太阳岛纪念碑前拍照留影(自由活动 2 小时),参观 AAAAA 级国家风景区具有天鹅项下珍珠之称的太阳岛公园(自理 30 元/人,游览时间 40 分钟),游览太阳岛湖、太阳岛山、水阁云天、友谊园。参观具有俄罗斯特色的——俄罗斯民族风情小镇(已含 20 元/人,游览时间 40 分钟),获得小镇特别为您准备的小镇入镇签证,在这里您还可以拜访一下热情好客的俄罗斯人——参观俄罗斯大妈的手工作坊,感受异国情怀。在太阳岛纪念碑前拍照留影(自由活动 2 小时)。下午统一集合返回市区,逛一逛拥有 71 座欧洲各风格建筑、亚洲最长的商业步行街——中央大街(游览时间 20 分钟),体验踩在坚实而精巧、光滑而细腻的石头路面上,置身于建筑艺术长廊中,感受充满异国情百年老街的无穷韵味。游览哈尔滨人民战胜汹涌肆虐的洪水的标志——防洪纪念塔(游览时间为 10 分钟左右),游览以中国人民好朋友斯大林命名的带状公园哈尔滨滨江公园代表——斯大林公园,晚乘 2036 次(19:56/04:40)火车硬卧赴安图/延吉。

续　表

D3	餐食:午餐 酒店:延吉	安图—长白山(约 3 小时车程)—早安图接团后乘旅游大巴赴中国十大名山之一——长白山(已含大门票 125/人),沿途观赏北国田园风光,抵二道后用餐(盒饭),观世界上独一无二的树种——婀娜多姿的长白美人松、茂密的原始森林、亭亭玉立的白桦林,赴国家 4A 级旅游风景区长白山原始萨满部落(自由活动 50 分钟、费用自理、可拍照留影)"赏长白风光,游萨满世界"。与自然相融,与龙脉相通,与文化相合,美哉,天地长白!福也,人生逍遥。抵达长白山山门换乘环保车入山(已含环保车 85/人),到达倒站口乘倒站车(景区必须乘坐倒站车上山,需客人自行购买 80/人)攀登 2 700 米高峰观赏因火山强烈喷发而形成的中国最大的天然高山湖泊——长白山天池风光(90 分钟),感受东北落差最大的瀑布——长白瀑布,而后游览四季水温不变的聚龙温泉群,它含有硫化氢等微量元素,呈现出五颜六色的壮丽景色,还有独具风味的温泉鸡蛋、玉米可自费品尝。下午乘车返程途经国家 3A 级景区中国朝鲜族第一村——红旗村(自由活动 90 分钟,推荐朝鲜族民俗餐+歌舞表演,费用自理、可拍照留影)含朝鲜族歌舞表演、朝鲜族民俗风味餐,随着村内的讲解员在村里转上一转,到了朝鲜族人家坐在大炕上了解朝鲜族文化、风情浓郁的朝鲜族民俗及穿朝鲜服装拍照留影更是可以给您的长白山旅途增色许多,晚入住酒店。
D4	餐食:早中晚 酒店:朝鲜	延吉—珲春—朝鲜 早 7 点左右延吉乘车至珲春圈河口岸(车程 45 公里 50 分钟)办理出境手续后(车程约 90 分钟)到达朝鲜罗津市午餐,午餐后参观金日成花金正日花草温室(游览时间约 20 分钟),海洋革命事迹地,乘车赴朝鲜北部最大港口罗津港口(不冻港)(车程约 20 分钟,游览时间约 30 分钟),外文书店(邮票、纪念品商店)(车程 10 分钟,参观 40 分钟)参观太阳像(罗津革命事迹馆)、海岸公园,参观水产品商店,参观美术展示馆,大兴公司,参观朝鲜学生表演(车程 20 分钟,观看 30 分钟);演出为公益演出,由朝方安排,如当天没有演出则直接回宾馆入住,晚餐。 罗先市简介:罗先市位于朝鲜半岛东北端罗津湾、造山湾岸,地处朝鲜北部的图们江下游地区,东南以全长 64 公里的图们江为界,与中国、俄罗斯隔江相望,并与朝鲜非开放区隔离开。罗先市为原来的罗津港及比邻的先锋市合并而成。
D5	餐食:早中 酒店:火车上	朝鲜 早餐后乘车前往琵琶岛参观(车程约 30 分钟,游览时间 2 小时),位于朝鲜罗津西 13 公里,离先锋西北 6 公里处,其南侧有海滨浴场。风景名胜琵琶岛水清如池,细沙铺地,沙滩由栈桥与对面的琵琶岛相接。琵琶岛横卧着,乍一看,好像邻接陆地。此名称来源于她的形状酷似乐器琵琶,此岛还称"避波岛",因侧影像漂浮在海面的鲸鱼,亦称鲸岛。琵琶岛临近罗津,气候温和湿润,属于温带海洋性气候,冬暖夏凉,四季皆宜。午餐后乘车回圆汀口岸办理回国手续。抵达珲春或延吉结束愉快的旅程。(因通关口岸为公路口岸,时间不好掌握,根据当天境外安排时间为准)。晚抵达延吉后乘 K 2038 次(21:43—08:30)火车硬卧返回哈尔滨。
D6	餐食:无 酒店:无	哈尔滨—始发地 早 08:30 分抵达哈尔滨香坊火车站,结束愉快的旅程。客人自行赴机场/火车站,如需接送机/火车价格另议!

第三节　旅游产品发展方向

随着经济和旅游业的发展,在传统旅游产品的基础上,根据游客的需求导向,发展了更多"旅游＋"模式的新兴旅游方向。"旅游＋"模式丰富了旅游内涵,扩大了旅游消费点,从而促进了旅游业的供需平衡。

一方面旅游与相关传统行业交叉融合,形成旅游＋农业、旅游＋地产、旅游＋商贸、旅游＋金融、旅游＋会展、旅游＋林业等多种类型的行业融合发展态势,涌现出国际康养度假区、农业生态观光园、历史文化风情街区等一大批"旅游＋"投资项目。

另一方面,新兴跨界旅游项目投资如雨后春笋般纷纷兴起,旅游＋航空、旅游＋体育、旅游＋影视、旅游＋医疗等跨界投资,产生了动漫创意休闲、低空旅游、实景演艺、影视旅游、养生国医等针对细分市场和游客群体的新项目,赢得市场的积极反响。

此外,互联网与旅游的结合,不仅提供了新的旅游营销技术手段,极大地刺激旅游需求的增长,还将推动旅游各行各业在互联网层面的落实,从旅游者行前提供的咨询,到行中的实际旅游消费,到延伸性的附加服务,再到行后的信息反馈,均产生新的格局。

一、旅游＋自然

坚持人与自然和谐共生。建设生态文明是中华民族永续发展的千年大计。必须树立和践行绿水青山就是金山银山的理念,坚持节约资源和保护环境的基本国策,像对待生命一样对待生态环境,统筹山水林田湖草系统治理,实行最严格的生态环境保护制度,形成绿色发展方式和生活方式,坚定走生产发展、生活富裕、生态良好的文明发展道路,建设美丽中国,为人民创造良好生产生活环境,为全球生态安全做出贡献。

坚持推动构建人类命运共同体。构筑尊崇自然、绿色发展的生态体系。

加快生态文明体制改革,建设美丽中国。人与自然是生命共同体,人类必须尊重自然、顺应自然、保护自然。人类只有遵循自然规律才能有效防止在开发利用自然上走弯路,人类对大自然的伤害最终会伤及人类自身,这是无法抗拒的规律。

我们要建设的现代化是人与自然和谐共生的现代化,既要创造更多物质财富和精神财富以满足人民日益增长的美好生活需要,也要提供更多优质生态产品以满足人民日益增长的优美生态环境需要。必须坚持节约优先、保护优先、自然恢复为主的方针,形成节约资源和保护环境的空间格局、产业结构、生产方式、生活方式,还自然以宁静、和谐、美丽。

推进绿色发展。加快建立绿色生产和消费的法律制度和政策导向,建立健全绿色低碳循环发展的经济体系。构建市场导向的绿色技术创新体系,发展绿色金融,壮大节能环保产业、清洁生产产业、清洁能源产业。推进能源生产和消费革命,构建清洁低碳、安全高效的能源体系。推进资源全面节约和循环利用,实施国家节水行动,降低能耗、物耗,实现生产系统和生活系统循环链接。倡导简约适度、绿色低碳的生活方式,反对奢侈浪费和不合理消费,开展创建节约型机关、绿色家庭、绿色学校、绿色社区和绿色出行等行动。

加大生态系统保护力度。实施重要生态系统保护和修复重大工程,优化生态安全屏障体系,构建生态廊道和生物多样性保护网络,提升生态系统质量和稳定性。完成生态保护红线、永久基本农田、城镇开发边界三条控制线划定工作。开展国土绿化行动,推进荒漠化、石漠化、水土流失综合治理,强化湿地保护和恢复,加强地质灾害防治。完善天然林保护制度,扩大退耕还林还草。严格保护耕地,扩大轮作休耕试点,健全耕地草原森林河流湖泊休养生息制度,建立市场化、多元化生态补偿机制。

完成生态保护红线、永久基本农田、城镇开发边界,加大生态系统保护力度,是旅游产业发展的保障。

二、旅游＋人文

社会文明程度达到新的高度,国家文化软实力显著增强,中华文化影响更加广泛深入。文化是一个国家、一个民族的灵魂。文化兴国运兴,文化强民族强。没有高度的文化自信,没有文化的繁荣兴盛,就没有中华民族伟大复兴。要坚持中国特色社会主义文化发展道路,激发全民族文化创新创造活力,建设社会主义文化强国。

中国特色社会主义文化,源自中华民族五千多年文明历史所孕育的中华优秀传统文化,熔铸于党领导人民在革命、建设、改革中创造的革命文化和社会主义先进文化,植根于中国特色社会主义伟大实践。

坚持百花齐放、百家争鸣,坚持创造性转化、创新性发展,不断铸就中华文化新辉煌。推动文化事业和文化产业发展。满足人民过上美好生活的新期待,必须提供丰富的精神食粮。要深化文化体制改革,完善文化管理体制,加快构建把社会效益放在首位、社会效益和经济效益相统一的体制机制。完善公共文化服务体系,深入实施文化惠民工程,丰富群众性文化活动。加强文物保护利用和文化遗产保护传承。健全现代文化产业体系和市场体系,创新生产经营机制,完善文化经济政策,培育新型文化业态。广泛开展全民健身活动,加快推进体育强国建设,筹办好北京冬奥会、冬残奥会。加强中外人文交流,以我为主、兼收并蓄。推进国际传播能力建设,讲好中国故事,展现真实、立体、全面的中国,提高国家文化软实力。

实施区域协调发展战略。加大力度支持革命老区、民族地区、边疆地区、贫困地区加快发展,强化举措推进西部大开发形成新格局。

健全现代文化产业体系和市场体系,创新生产经营机制,完善文化产业政策,培育新型文化业态,在居民对更高层次的精神文化生活需求下,文化将会进一步活态化、物态化、业态化。在革命老区、民族地区、边疆地区结合旅游扶贫政策后,文旅产业也大有可为。

三、旅游＋研学

"行万里路,读万卷书。""学"与"游"具有天然的耦合关系。近年来,研学旅行在国内渐成热潮。这种"旅游＋"概念下的新模式,越来越受到家长和学生的青睐,不少学校、旅行社推出系列研学旅行产品,通过旅游与研学的深度结合,发掘旅游品牌资源,陶冶青少年情操。同时,研学旅行也为旅游与教育融合发展带来新契机。

研学旅行是指由学校根据区域特色、学生年龄特点和各学科教学内容需要,组织学生通过集体旅行、集中食宿的方式走出校园,在与平常不同的生活中拓宽视野、丰富知识,加深与自然和文化的亲近感,增加对集体生活方式和社会公共道德的体验。

研学旅行作为与亲子游市场密切相关的旅行项目,给孩子一场旅游与教育结合的学习之旅，成为目前很多家长的"心头好"。一方面，旅游是最好的释压方式之一；另一方面，也希望通过"行走的课堂"让孩子汲取更多养分，在旅游度假中学习知识，增长见识。

研学旅行的本质是求知、求异、求文的过程。为此，能够丰富孩子阅历、提高心智的旅游产品更能激起游客的兴趣。

自2013年开始，国家就提出"研学旅行"这一概念。2016年12月，教育部等11部门出台《关于推进中小学生研学旅行的意见》。2017年7月24日，省教育厅、省公安厅等11部门联合下发的《山东省推进中小学生研学旅行工作实施方案》中，规定了中小学校每学年安排研学旅行不少于2次，而且对学生参加研学旅行的情况进行科学评价，逐步纳入学生学分管理和学生综合素质评价体系。

四、旅游＋体育

体育旅游是指以观看、欣赏和参与各种体育活动为目的的旅行游览和体验活动，是体育与文化旅游相结合的一种健身运动方式，有参与性、观赏性、娱乐性等特点。体育旅游是以体育运动资源和一定体育运动设施为条件，通过体育运动休闲体验、体育建筑场馆观光及赛事观赏、体育旅游商品等形式，为体育旅游消费者在旅行游览和运动健身过程中提供的相关服务。

体育和旅游都是绿色产业、环保产业和服务业，近两年国家发布了相关政策，加快体育和旅游产业发展，促进体育和旅游消费。"互联网＋""大众创业、万众创新"等国家战略和大众旅游时代背景下，体育与旅游相关产业的融合，不仅为体育的发展激发了新的活力，也为旅游产业的创新转型提供了新方向。

以"旅"兴"体"，培育具备国际影响力的体育赛事。高能级，精品级，具有国际影响力的体育赛事需要相应的公共服务设施作为支撑，如游客集散中心、公厕、标示标牌、停车场等旅游服务设施的建设完善与培育具备国际影响力的体育赛事息息相关。

依"体"促"旅"，推出体育旅游精品项目。当下，国内的体育旅游产品的开发尚处于前期阶段，产品集中于以山体、水系等自然景观观赏类旅游为主，而凸显地域性及文化性的民俗体育旅游产品开发不够成熟，受青年人喜爱的较刺激的旅游产品如蹦极、攀岩、滑行等项目更是不足。应以现有的多类型体育项目为基础，拓展体育旅游产品项目，打造体验型体育旅游项目。

"体旅"融合，打造体育旅游全产业链。在体育＋旅游的基础上，加强与文化、水利、林业等行业的合作，培育复合型体育旅游产品。通过体育旅游延伸产业链创造更丰富的旅游产品，增加游客的消费项目。

五、旅游＋会展

会展旅游是包括各类会议、奖励旅游、展览会与博览会、大型文化、体育盛事、各种节事节庆活动等具有紧密的内在联系的各种综合性的旅游形式。会展旅游的本质是会展活动与旅游活动的有机结合，会展活动是会展旅游的前提，旅游活动是会展活动的延伸和延续。

综合各方面的学术和研究观点，会展旅游可以认为是：借助于各种类型的会议、展览会与博览会、大型文化体育盛事、各种各样的节事节庆活动等形式，利用旅游业的吃、住、行、游、购、娱等要素的有机结合,吸引参展商、专业观众及与会人员在参展、参观、参会、交流、交易、交往之余进行观光旅游活动。

现代会展业发展到今天,已经与旅游业密切相关、紧密相连。旅游环境和条件的好坏已经成为组织和举办各类会展活动选择举办地的重要条件之一,会展业的快速发展同样为旅游业的发展提供了更为广阔的空间。

六、旅游＋婚庆

在诸多跨IP合作模式中,"旅游＋婚庆"发展迅速,并且已形成了一定的影响力。从字面上看,"旅游＋婚庆"就是将旅游和婚礼策划、婚纱摄影、蜜月旅行等结合起来。目前,"旅游＋婚庆"模式逐渐在一、二线城市用户中普及,既有80、90后新婚人群,也不乏重温蜜月的金婚、银婚一族。

或许在一些人看来,这与传统的蜜月旅行并无区别。其实不然,在旅游模式的带动下,"旅游＋婚庆"构筑了一个全景平台,在这一平台上,诸多新奇的元素自然融合,实现了"1＋1＞2"的可能。

"旅游＋婚庆"已然成为一块极具诱惑力的蛋糕。在我国,每年约有1 200万对新人结婚,平均有31%的个人积蓄用于婚庆消费,67.66%的新人安排蜜月旅游,婚庆主题已经成为各旅游目的地招揽游客的重要卖点。

七、旅游＋康养

增进民生福祉是发展的根本目的。必须多谋民生之利、多解民生之忧,在发展中补齐民生短板、促进社会公平正义,在幼有所育、学有所教、劳有所得、病有所医、老有所养、住有所居、弱有所扶上不断取得新进展,深入开展脱贫攻坚,保证全体人民在共建共享发展中有更多获得感,不断促进人的全面发展、全体人民共同富裕。加强社会保障体系建设。按照兜底线、织密网、建机制的要求,全面建成覆盖全民、城乡统筹、权责清晰、保障适度、可持续的多层次社会保障体系。全面实施全民参保计划。完善城镇职工基本养老保险和城乡居民基本养老保险制度,尽快实现养老保险全国统筹。完善统一的城乡居民基本医疗保险制度和大病保险制度。完善失业、工伤保险制度。建立全国统一的社会保险公共服务平台。统筹城乡社会救助体系,完善最低生活保障制度。坚持男女平等基本国策,保障妇女儿童合法权益。完善社会救助、社会福利、慈善事业、优抚安置等制度,健全农村留守儿童和妇女、老年人关爱服务体系。发展残疾人事业,加强残疾康复服务。

人民健康是民族昌盛和国家富强的重要标志。要完善国民健康政策,为人民群众提供全方位全周期健康服务。深化医药卫生体制改革,全面建立中国特色基本医疗卫生制度、医疗保障制度和优质高效的医疗卫生服务体系,健全现代医院管理制度。加强基层医疗卫生服务体系和全科医生队伍建设。全面取消以药养医,健全药品供应保障制度。坚持预防为主,深入开展爱国卫生运动,倡导健康文明生活方式,预防控制重大疾病。实施食品安全战略,让人民吃得放心。坚持中西医并重,传承发展中医药事业。支持社会办医,发展健康产业。促进生育政策和相关经济社会政策配套衔接,加强人口发展战略研究。积极应对人口老龄化,构建养老、孝老、敬老政策体系和社会环境,推进医养结合,加快老龄事业和产业发展。

养老服务业政策利好,市场空间巨大,在健康中国战略与消费升级的大背景下,康养旅游只是刚刚起步。

八、旅游＋乡村

实施乡村振兴战略。农业农村、农民问题是关系国计民生的根本性问题,必须始终把解决好"三农"问题作为全党工作的重中之重。要坚持农业农村优先发展,按照产业兴旺、生态宜居、乡风文明、治理有效、生活富裕的总要求,建立健全城乡融合发展体制机制和政策体系,加快推进农业农村现代化。巩固和完善农村基本经营制度,深化农村土地制度改革,完善承包地"三权"分置制度。保持土地承包关系稳定并长久不变,第二轮土地承包到期后再延长三十年。深化农村集体产权制度改革,保障农民财产权益,壮大集体经济。

确保国家粮食安全,把中国人的饭碗牢牢端在自己手中。构建现代农业产业体系、生产体系、经营体系,完善农业支持保护制度,发展多种形式适度规模经营,培育新型农业经营主体,健全农业社会化服务体系,实现小农户和现代农业发展有机衔接。

促进农村一二三产业融合发展,支持和鼓励农民就业创业,拓宽增收渠道。加强农村基层基础工作,健全自治、法治、德治相结合的乡村治理体系。培养造就一支懂农业、爱农村、爱农民的"三农"工作队伍。

田园综合体、美丽乡村等概念获得新的依托,未来围绕"农村"的田园养生、乡村旅游、康养旅居项目大有可为。

九、旅游＋城镇

以城市群为主体构建大中小城市和小城镇协调发展的城镇格局,加快农业转移人口市民化。以疏解北京非首都功能为"牛鼻子"推动京津冀协同发展,高起点规划、高标准建设雄安新区。以共抓大保护、不搞大开发为导向推动长江经济带发展。支持资源型地区经济转型发展。加快边疆发展,确保边疆巩固、边境安全。坚持陆海统筹,加快建设海洋强国。

特色小镇概念仍将持续发酵,此外,依附于北京等一线城市的"卫星城"作为承接养老、旅游、休闲职能的载体,会催生大量旅游产业的投资项目。

旅游产业具有跨行业的综合复杂性以及多环节配合的服务消费性,旅游产品之间的相互依赖非常强,需要服务链各个环节的提升保障。因此"旅游＋"更多地表现为一种以旅游业本身所包含的行业为基础,关联第一产业、第二产业及第三产业中的卫生体育、文化艺术、金融、公共服务等相关行业的泛旅游产业结构。

吃、住、行、游、购、娱作为旅游产业传统要素,构成旅游产业的基本生产要素。

康、体、疗、文化体验、城市环境等作为旅游产业新兴要素,构成旅游产业的延伸要素。

媒体、组织、配套等作为旅游产业信息要素,构成旅游产业的智慧集成要素。

"旅游＋"实际上是以创造性思维为核心,以挖掘旅游与相关产业的价值交汇点为关键,通过创新旅游体验,满足游客多样化、个性化旅游需求,实现资源的旅游化。

思考题

1. 旅游产品的含义是什么?
2. 旅游产品的分类包括哪些?
3. 旅游线路策划包括哪些内容?
4. 列数旅游产品有哪些发展新方向。

【微信扫码】
相关资源

第九章

旅游景区开发策划

第一节 旅游景区开发策划的内容

一、旅游景区开发的概念

旅游景区是能为旅游者提供参观游览、休闲度假、康体健身、科学考察等功能,具有相应旅游服务设施并提供相应服务的具有统一经营管理机构和明确地域范围的场所或区域。

旅游景区开发除了考虑与旅游的六大要素"食、住、行、游、购、娱"相关的设施建设外,还必须考虑景区资源状况、景区市场状况、国家和地方旅游开发政策、景区开发地的经济承载能力、景区开发地的社会环境、景区的环境容量等。

旅游景区开发是旅游开发商为了吸引和招徕旅客而对景区和各项旅游要素进行加工和建设的综合性社会与技术经济活动。

二、旅游景区开发策划的内容

对旅游景区的项目策划来源于对旅游资源、旅游环境的分析评价。审视周边现有的旅游产品和市场,通过开发策划,从而确定景区的发展目标、旅游吸引物、旅游活动、旅游设施、服务和相关的基础设施、信息和促销等方面的产品组合。

旅游景区的项目内容是旅游产品的主体,是"环境—设施—活动—服务—管理"。

(一) 旅游吸引物的主题方案设计

确定景区设置—观光还是度假产品,确定文化特色和主题风格、景区类型、规划设计内容和方法。

(二) 旅游服务要素体系

旅游交通、旅游线路布置、旅游安全、旅游卫生、旅游通信、旅游购物、综合管理、旅游接待网点等。

(三) 旅游评价要素体系

总体印象、游览内容、可进入性、内部游览路线、路标和景点介绍牌、导游讲解服务、旅游安全、环境卫生、厕所卫生、公用电话服务、旅游商品特色、便民服务等。

三、旅游景区策划六大要素

(一) 深入市场研究

客源市场是旅游景区的生命线,旅游景区所策划的旅游产品、项目必须要适应市场的需求,这就需要在旅游策划前期慎重研究细分市场。

旅游市场调研必须依靠实证的科学方法,对客源地结构、游客结构差异、游客需求差异、服务要求差异、游客购买行为、游客消费行为、时间安排、消费能力、旅游组织方式等进行定性定量相结合的实证研究。

(二) 以人为本

旅游产品吸引核的打造,最重要的是对游客旅游产品购买心理与游憩感受的深度理解。现在的生活已经不缺乏功能,旅游者需要的是一种感觉,一种触动视觉、听觉、味觉、触觉、心灵与肉体娱乐的精神感召与刺激。

以人为本,设计出互动体验、亲和吸引、情境感悟、个性娱乐的旅游产品,形成旅游项目的市场核心竞争力,是项目设计追求并执行的原则和目标。

(三) 拒绝平庸

现如今,游客的口味越来越刁钻,很多旅游景区费尽心思拉拢游客。说到底,游客寻求的就是独特奇异,以差异化为基础的创意联想,一旦达到独特性之时,吸引核形成了,独特性卖点就产生了,产品吸引力才得以形成。

项目设计应该拒绝平庸,以无穷智慧,推动想象力和创造力,在旅游悟性和超前意识引导下,展开激情创意,就能形成出奇制胜的市场卖点和商业感召力。

(四) 与文化结合

资源的价值,来源于地质地貌、生态环境,来源于历史文化、民俗文化,也来源于现实的人脉关系、往来结构。深度挖掘一个区域的积淀,挖掘现实中纷繁现象背后的商机,才能把资源的本体价值充分显现出来。

因此,在整个策划的过程中,一定要融合当地的文化特点,符合当地人的思维习惯,这样才能够显示整个景点的不同特色。

(五) 项目的可行性

璞玉在开采出来的时候,也需要对矿石的切割进行一定的可行性研究,才能最大程度地获得价值,旅游景区的策划也不例外。旅游景区在开发初期,开发者往往只是看到了项目地的资源价值,没有真正从政策、法律、客户需求等诸多方面进行考虑,使得旅游景区的开发具有极大的不确定性。

因此,旅游景区规划一定要考量诸多方面,对其进行可行性评估,从而达到有效控制风险的目的。

(六) 具有前瞻思维

进入新时代,与时俱进的思维是每个行业必须尊崇的原则。要想不被时代淘汰,光与时俱进还不行,还得有前瞻思维。

中国旅游景区管理,正在进入一个流程再造的新时期。旅游景区项目策划应该特别重视旅游开发与经营中管理流程的科学设计,遵循前瞻原则,才可能形成良性的旅游运作。在旅游项目的开发时,一定要具备超前意识,使得旅游景区的开发时时与社会同步。

综上所述,旅游景区策划规划还是应该多注重文化挖掘,避免照搬照抄,这样的方案即使落地,也很难在旅游景区中脱颖而出,还是需要多花时间在前期的旅游策划上,这样才能打造独特的景点。

第二节 旅游景区开发策划的基本方法

一、文化包装法

(一) 名人包装法

其要点有二。一是所借名人之"名"要具有垄断性,这一名人最好是只有本地域本景区才能借用的,至少是这一名人在本地域本景区有着突出的影响或活动;二是所借名人之"名"要对目标市场有吸引力,所借名人最好富有传奇或浪漫色彩。景区或饭店都可采用名人文化包装法(如成都杜甫草堂、长沙橘子洲头等)。

(二) 故事包装法

主题故事是通向目标市场中较深旅游休闲趣味层次的桥梁。编故事在一定意义上成为产品策划的核心问题。编故事的实质是根据情感定义市场。在经营产品和项目的过程中,旅游产品基于原有资源的部分已经成为一个附属,主要的目的是体现故事的意义。这一点在以文化为主的景区里,尤其突出。故事包装法在旅游策划中的步骤是:挖掘故事——加工故事——物化故事——营销故事。

故事包装法案例:

相传在很久很久以前,天上的玉龙和金凤在银河边的仙岛上找到了一块白玉,他们一起琢磨了许多年,白玉就变成了一颗璀璨的明珠,这颗宝珠的珠光照到哪里,哪里的树木就常青,百花就盛开。但是后来这颗宝珠被王母娘娘发现了,王母娘娘就派天兵天将把宝珠抢走,玉龙和金凤赶去索珠,王母不肯,于是就发生了争抢,王母的手一松,明珠就降落到人间,变成了波光粼粼的西湖,玉龙和金凤也随之下凡,变成了玉龙山(即玉皇山)和凤凰山,永远守护着西湖。

二、情景实化法

情景实化法是指如何将景区既有的传说故事落到实处,具体方法要点可从四个方面进行。

(一)景韵模写

景观视线应避开和传统风貌不符的地区,注意从现实到历史的过渡,并通过景观设计、史迹陈列、恢复或仿造传说故事中的建筑工程等手段,营造历史文化环境氛围,使旅游地的景观特色和整体韵味与传说故事大致相似,实现故事景观的"实化"。

(二)场景活化

核心场景应有表演设计,变纪念型景点为动态型景点,实现故事事件的"实化"或"场景活化"。

(三)游客参与

设计参与性项目,让游客既动腿又动手还动脑,包括参与氛围、参与场景、参与活动等,实现游客身心参与的"实"。

(四)升华体验

将传说故事所蕴含的有益内容升华,让游客参与其间,自我感悟,实现游客精神体验的"实化"。

通过上述 4 个方面,将传说故事的情景实化,切切实实地让游客能够得到传说故事的全方位体验。

三、突出差异法

根据注意力经济的理论,人们的注意力是有限的,因此对于同类事物,人们往往只关注最具特色或品质最优良的事物。如果景区景观较为突出,可抓住这一特点形成特色产品或项目主题,以达到吸引游客的目的。在突出差异上,具体可用"另辟蹊径法""大同小异法""同质异构法"等方法。

四、整合提升法

我国众多景区进一步发展面临的最大问题就是如何重塑景区形象和提升景区品质。整合提升法旨在深入挖掘旅游景区文化内涵,以更高层面的精神理念对旅游景区资源进行重新整合,从而使景区对旅游市场形成更大的吸引力。整合提升法的要点有以下几点。

(一)深刻把握景区文化内涵

产品主题定位必须基于对旅游景区文化内涵的深刻把握,不能过于牵强附会,主题定位虽然是人为策划,但是不能脱离旅游景区文脉的延续,要易于被人们所接受。

(二) 主题定位立意要高

立意高才能达到重塑景区形象、提升产品品质的目的。立意高不是"假、大、空",而是要从吸引旅游者的角度出发进行考虑,符合旅游者更高层次的需求。

五、愿望填充法

人们有许多美好的愿望,如对健康、长寿、平安、财富、爱情、仕途、学业、子嗣等的向往等。如果旅游产品和景区项目能够围绕满足人们的愿望进行开发,显然能够对旅游市场形成巨大的吸引力(如祈福武当山,一生保平安),这种吸引力甚至可以化平凡为非凡、化腐朽为神奇,将景观平平的景区打造为旅游精品景区。

六、避实击虚法

"影区现象"是中国旅游业最普遍的现象之一。影区现象有时表现为一种"三角关系"。"省级三角"如贵州处于云南和四川的影区下;"地区级三角"如安徽的"两山一湖",太平湖处于黄山和九华山的影区下;有时表现为对立关系,如云南的乃古石林就在路南石林的影区之中。影区如何发展旅游成为值得研究的一个重要课题。

避实击虚法的要点是不在竞争景区的优势上与对手抗衡或争锋,哪怕这方面的资源是景区最具特色的资源,而要另辟蹊径,抓住景区资源某一方面的特色策划并打造特色旅游产品,在与对手的错位竞争中形成优势,或者实现互补,使得景区能够突破阴影或屏蔽效应,获得发展。

七、突出主题法

(一) 旅游商品开发的主题化

开发旅游商品的主题化主要有两条重要途径:一是创新文化主题旅游商品,即根据旅游地的文脉和地脉特色设计出独具一格的新商品(如泰安的五岳独尊酒)。二是对当地的工艺土特产品进行文化包装,即把当地的历史文化、景区风光与工艺土特产品结合起来,变成只有在当地才能买到、在当地才愿买的真正的旅游商品,使其成为游客的情感寄托物(如襄樊古隆中的孔明扇)。

(二) 旅游餐饮开发的主题化

主题化已成为餐饮开发的重要思路。2019年12月,中国昆曲博物馆首次尝试以IP授权的形式,将博物馆馆藏昆曲元素,经过博物馆人员的资源整合与创意指导,授权肯德基作为"昆曲主题餐厅"(狮林餐厅、拙政园餐厅)的氛围装饰元素与文创衍生品的开发素材。昆曲的传播需要"跨界"。肯德基文化代表的是年轻、活力的普罗大众文化圈层。昆曲艺术的"高雅细腻"与肯德基文化"开放活泼"无疑是两种背景文化的碰撞与对话,显示着边界拓展的无限可能性。二者之间的跨界并不仅仅是混搭,更是昆曲和肯德基背后文化精神的对话。

(三)旅游酒店建设的主题化

主题酒店是我国旅游产品从观光产品过渡到休闲产品、饭店业从共性产品过渡到个性产品的一种必然产品,它通常附属于具有一定文化内涵的景区或特立于城市饭店,以个性取胜。

(四)旅游交通建设的主题化

旅游交通也应注重交通工具与服务的文化内涵,如西宁至拉萨的旅游列车用藏文化包装车厢。区际之间、景区与游客集散中心之间、景区内部的多种交通工具都可以通过主题化丰富游客的体验,提高游客的满意度。

八、衍生拓展法

衍生拓展法是指在进行旅游产品的开发时,不仅要关注核心产品的建设,而且要关注外围产品的建设,打造体验丰富的要素产品。

比如在餐饮产品的开发中,不仅要注重菜肴本身的文化包装,也要重视餐饮服务与就餐环境的体验化,增加餐饮服务与就餐环境的文化内涵和体验要素。

第三节 旅游景区开发分类策划

一、观光类旅游景点策划

产品细分:观光类旅游产品包括自然风光类观光旅游产品、城市风光类旅游观光产品、名胜古迹类观光旅游产品、民俗风情类观光旅游产品。

产品特征:观光类旅游产品属于大众旅游产品、低端旅游产品,开发最普遍,产品生命力长、普适性与兼容性强。

策划要点:
- 自然类旅游产品策划应突出旅游资源的美学特征并兼容相关产品;
- 人文类旅游产品应突出旅游资源的文化特色,防止异化;
- 提升产品层次,改善产品结构。

二、休闲度假类旅游景点策划

产品细分:休闲度假类旅游产品包括海(湖)滨、山地、乡村、温泉、森林等度假旅游产品。

产品特征:休闲度假类旅游产品要求环境幽雅,可进入性强;强调服务和度假功能;休闲配套设施要求高,游玩档次高。

策划要点：
- 重视休闲性观光功能，将度假与观光有机结合；
- 实现休闲度假旅游产品类型的多样化发展；
- 高起点规划旅游度假区软硬件设施，提高服务功能；
- 推出富有创意的特色项目；
- 创新产品经营方式。

三、娱乐类旅游景点策划

产品细分：包括主题公园、影视城、游乐场、儿童乐园、娱乐表演等。
产品特征：娱乐类旅游产品具有突出的娱乐性、无形性、时代性特征。
策划要点：
- 突出文化因素，主题体现地域文化特色；
- 全面分析目标市场需求，并进行科学选址；
- 形式手段紧随时代潮流，注入流行元素；
- 强化跟进意识，提高娱乐旅游产品的开发经营管理水平；
- 关注影响娱乐产品开发经营成功的其他因素。

影响娱乐类产品开发经营管理的因素很多，特别是大型娱乐项目往往具有高风险、高投资的特点，市场变化莫测，应对以上策划要点进行综合分析并加以落实。

四、生态类旅游景点策划

产品细分：生态旅游、农业观光旅游、国家公园旅游、自然保护区旅游。
产品特征：生态类旅游产品具有旅游吸引力强、前景广阔、生态环保性能优先、具有明显的知识含量、教育导向作用突出等特点。
策划要点：
- 以系统开发观为指导，结合实际开发生态旅游产品；
- 保护为主，有限度开发，科学规划与适应发展相结合；
- 以市场为导向开发生态旅游产品；
- 开发系列化的生态旅游产品；
- 生态旅游开发应与乡村、林区开发相结合；
- 生态旅游开发应更好地满足人们回归自然、求知与生态文明建设的要求；
- 与深度开发休闲度假 3N（自然、怀乡、神往）产品相结合。

五、文化类旅游景点策划

产品细分：文化类旅游产品主要分为文化遗产艺术馆类（博物馆、艺术馆、美术馆、纪念馆）、民风民俗类、历史类（历史人物故居、历史文化遗迹、历史文化名城、古镇）、宗教类（寺庙、佛塔、清真寺、教堂等）、文学类（与文学名著有关的建筑、文学大师居室等）、附会文化类（各种神话传说、历史传说等）、纯艺术类（音乐、绘画、书法、雕塑等）旅游产品等。

产品特征:文化旅游产品的主要特征是历史文化性强,知识含量高。产品一般有明确的主题。

策划要点:
- 注重产业融合(旅游产业+文化产业等);
- 选择合理的文化内涵进行外化;
- 体现娱乐性和参与性;
- 实现历史与时尚的适度结合;
- 做好景观文化氛围的保护工作。

六、科普教育类旅游景点策划

产品细分:按照涉及内容,科普教育类旅游产品主要可分为科普旅游、修学旅游、校园旅游、爱国主义教育旅游产品等。其中,科普旅游形式多样、内容丰富,包括现代农业参观活动、工业基地游览活动、地理考察活动、海洋探秘活动、天文观象活动、影视科技活动等旅游活动。

产品特征:科普教育类旅游产品具有旅游内容专业性强、旅游方式新颖、参与性项目多、蕴含知识丰富,趣味性较强等特征。

策划要点:
- 增加旅游产品的知识含量和科技含量;
- 寓知识教育于娱乐之中,增强旅游产品的趣味性;
- 以青少年为主要目标市场进行开发。

案例:以现代高科技为特色的大型主题公园——安徽芜湖"方特欢乐世界"。这个集科技活动、旅游娱乐、学习教育为一体的主题公园,使人们在娱乐中增长科技知识,在游玩中探索科学的秘密。这个完全由中国人自己研发、设计、建造的高科技主题公园大量运用数字模拟与仿真、巨型球幕电影、自动控制、舞台幻象技术、光学与声控等高科技手段,人们在这里可以模拟高空飞翔"飞越极限",在"维苏威火山"穿行历险,乘坐"星际航班"体验动感太空飞行……其中"恐龙危机"这个项目充分运用模拟实景、立体数码电影、现场特技、动感平台等技术,综合了巨幕、4D电影、多自由度动感游览车等多项高科技手段,将由立体数码电影产生的立体影像与由特种装饰所形成的真实场景结合得浑然一体,使人们在惊险的游乐中学到科技知识。

七、康体类旅游景点策划

产品细分:按照实现的途径,康体与养生类旅游产品可以分为运动康体旅游产品(传统运动项目如滑雪、网球、保龄球、登山、垂钓等,新兴时尚运动项目如极限、滑翔、攀岩、远足、水上运动、高尔夫等)、疗养康体旅游产品(森林浴、阳光浴、空气浴、泥浴、沙浴等疗养,温泉疗养、环境养生等)两大类。

产品特征:以"康体"为核心要求,在此基础上,两大类产品的特征有所分化。运动康体旅游产品以青少年为主要目标市场,旅游活动动静结合,旅游项目强调精彩、刺激,以"健康、运动、享受"为核心主题,开发成本较高、游客消费水平高。疗养康体旅游产品主要以中老年游客和亚健康群体（如部分白领阶层）为目标市场，旅游活动强调静养、强身、舒心功能。养生旅游是时新产品。

策划要点：
- ▶ 瞄准目标市场，策划丰富多彩的产品；
- ▶ 有针对性地开发康体旅游，与休闲有机结合；
- ▶ 在硬件设施和软件服务上坚持高标准；
- ▶ 选址的特定要求（特殊的环境条件，较高的环境质量）。

健康旅游新理念——乐活旅游

乐活，是从西方传来的新兴生活型态族群，由音译 LOHAS 而来，LOHAS 是英语 Lifestyles of Health and Sustainability 的缩写，意为"以健康及自给自足的形态过生活"，强调"健康、可持续的生活方式"。"健康、快乐、环保、可持续"是乐活的核心理念。

他们关心生病的地球，也担心自己生病，他们吃健康的食品与有机蔬菜，穿天然材质棉麻衣物，利用二手家用品，骑自行车或步行，练瑜伽健身，听心灵音乐，注重个人成长。乐活是一种爱健康、护地球的可持续性的生活方式。既不盲目崇洋，也不刻意复古，走在经典与时尚之间，走在东方与西方之间。

相对生态旅游，低碳旅游在尊重自然、保护自然的前提下更能体现"以人为本"的思想，更能体现旅游的目的与本质。从旅游的本质和旅游者权利的角度来看，旅游本身就是一种追求身心自由和愉悦体验的行为，生态旅游、低碳旅游（以保护生态、节能减排为出发点，重点在环境）如果赋予旅游者太多的责任和义务自然也会损害其旅游体验的质量。因此，可以提倡一个既尊重自然又以人为本的新的旅游方式——"乐活"。

八、奇异类旅游景点策划

产品细分：奇异类旅游产品可分为探险旅游、狩猎旅游、野外体能拓展、地质旅游（地质公园、喀斯特溶洞、石林、洞穴探秘等）、海洋旅游、沙漠旅游、摄影旅游、军事旅游、自驾车旅游、自助旅游产品等。

产品特征：追求个性化和非程序化；追求"反常态"生活方式；强调体验和过程之旅，铸炼冒险和探索精神；风险性高，专业性强。

策划要点：
- ▶ 紧扣时代脉搏，转变观念，加强宣传；
- ▶ 力求新意，精心策划，达到游客"高峰体验"情感需求；
- ▶ 横向拓展（与相关产业结合），深度开发；
- ▶ 强化对特种旅游的安全控制与管理；
- ▶ 旅行社可实行菜单式管理，积极提高专业化服务水平。

九、节庆类旅游景点策划

产品细分：节庆类旅游产品包括民族节日（如藏历年、彝族火把节、傣族泼水节等）、传统文化节（如体育节、舞蹈节、音乐节等）、地方特色节日、会展（如大连国际服装节、青岛国际啤酒节、昆明世界园艺博览会等）旅游产品等。

产品特征:节庆类旅游产品具有商业聚焦、公众吸引、大众参与、政府主导与市场运作相结合、形象塑造作用重要、历时短但轰动效应大等特点。

策划要点:
- 避免雷同,体现特色;
- 了解市场;
- 深入挖掘文化内涵;
- 形成品牌化和系列化;
- 与当地的社会经济有机结合;
- 搞好活动组织;
- 加强宣传促销。

十、现代人造景观类旅游景点策划

产品概念:现代人造景观是当今人们为发展旅游而纯粹人为设计、人为建造的那些模拟景点,主要是微缩景观、主题公园等,基本方法是利用各种手段,将历史上的、异国异地的、想象的自然现象与人文现象,"移植",集中一地,以达到娱乐、消遣、增长知识等目的。

产品特点:现代人造景观具有主题鲜明、参与性与娱乐性强、投资大、风险高等特点。

策划要点:
- 现代人造景观建设应遵循市场原则、资源原则、区位原则、旅游行为规律原则、经济原则、创意原则等。
- 应进行基本条件的分析,不能违背基本规律,干"没有条件也要上"的蠢事。应遵循规律和科学决策。
- 选择鲜明而有特色的主题,提供充满乐趣的游览经历,寓教于乐。
- 应考虑空间竞争和阴影效应的影响。
- 应尽量运用现代科技手段。

第四节　旅游景区开发策划新方向

一、新一代旅游模式——体验式旅游

在体验经济时代,随着旅游者旅游经历的日益丰富而多元,旅游消费观念的日益成熟,旅游者对体验的需求日益高涨,他们已不再满足于大众化的旅游产品,更渴望追求个性化、体验化、情感化、休闲化以及美化的旅游经历。

花上半个月时间带你去到新疆,让你亲自酿制葡萄酒的过程,采收、分拣、去梗、破碎、冷浸渍(Cold Soak)、压榨、发酵、熟化、装瓶等一系列步骤,让你亲自参与其中,听当地人员给你讲解每一个过程需要注意什么事项,让你受益匪浅。你再去品尝自己酿造出来的葡萄酒,与工业制造的截然不同,你会感受葡萄酒散发出的甜香味,那是辛勤劳作的结晶。这便是体验式旅游。

(一)体验式旅游的概念

所谓体验式旅游是指"为游客提供参与性和亲历性活动,使游客从感悟中感受愉悦"。20世纪80年代中后期,在中国一度兴起的城里人到农村"住农房、吃农饭、干农活"就是体验式旅游的雏形。人们开展旅游活动大多是为了扩展个人视野,感受不同的生活体验或者获取个人生活范围以外的信息。传统的观光式旅游,仅仅依赖一些自然资源或者历史遗产为游客提供一种游览的满足感,而后兴起的探险式旅游则更多的是追求感官或者感受的刺激,例如漂流、爬山等,但是也有体验式旅游的雏形。另外,度假式旅游着重提供一种休闲的氛围让游客轻松愉快享受假期。对比这几种,体验式旅游更着重的是给游客带来一种异于其本身生活的体验,比如为城市人提供乡村生活的体验;为游客带来不同地域,或者是不同年代生活的体验等。

(二)体验式旅游的特点

1. 注重个性化

体验旅游与传统旅游不同,它追求旅游产品的个性化,力图以独一无二、针对性强的旅游产品,让游客感受这种特性,满足求新求异的心理,如自驾车旅游、暑期国外夏令营等。

2. 强调参与性

通过旅游者的参与和互动活动,旅游者能更深层次地感受旅游消费的每一个细节,体会旅游产品的内涵和魅力,获得更直观和深刻的旅游体验。如参与主题公园的庆典游园活动,参与滑草滑雪活动,小学生参与红军小指挥员的红色爱国主义教育活动等,都强调了旅游者的角色模仿和参与,更加全身心地投入旅游活动产生身临其境的感觉。

3. 注重过程,而不是结果

与传统观光旅游相比,体验旅游注重的是游客对旅游产品的感受、体验、享受的过程,而不是一味追求"到此一游"的旅游结果,从某种程度上更强调心理感知和理解。如外国人参与包饺子的活动,通过揉面、擀饺子皮、包饺子的过程亲身体会中国的传统习俗,而并不强调包出的饺子如何漂亮、好吃。现今流行的许多传统手工艺制作、乡村绿色瓜果采摘活动以及寻求惊险刺激的旅游活动等追求的就是这样一个心理体验的过程。

(三)体验式旅游的类型

游客的体验类型大致可以分为四种,称为"4E"(Entertainment,Education,Escape,Estheticism),即娱乐、教育、逃避与审美。游客离开日常居住的环境(逃避现实),接受不同文化与异域风情的洗涤(审美),尽情享受休闲时光(娱乐),并通过一系列感官刺激和心灵感受,获取精神的成长(教育)。

1. 娱乐体验

娱乐是人们最早使用的愉悦身心的方法之一,也是最主要的旅游体验之一。游客通过观看各类演出或参与各种娱乐活动使自己在工作中造成的紧张神经得以松弛,让会心的微笑或开怀大笑抚慰心灵的种种不快,从而达到愉悦身心、放松自我的目的。迪斯尼乐园匠心独运地设置出"西部乐园""探险乐园""新生特区""未来世界""梦幻乐园"等体验旅游项目,不同的娱乐主题为不同年龄的人们塑造了属于自己的娱乐经历。

2. 教育体验

游客在旅游中见前所未见、闻前所未闻、尝前所未尝，每一次旅游都会有新的收获。无论是自然风光，还是人文景点，总会以其独特的、蕴藏其中的自然知识或文化底蕴、悠久的历史传统、高超的建筑技艺等令人耳目一新，学习自然而然地就融入旅游的全过程当中。近几年兴起的参与体验式的"土地认领"，是新生代农家乐旅游项目，也属于教育体验。游客通过交纳租金的方式在农家田园认领一块土地，由游客决定栽种蔬菜、花草、果树或庄稼，种子、农家肥料则由园方免费提供，最后收获的农作物等归游客所有。这种旅游形式可使游客在田间尽情呼吸新鲜空气，品尝自己亲手种植的纯天然绿色蔬菜等食物，了解各种农作物的种植、管理知识，并在亲自躬耕于农田时体会到种植和收获的乐趣。另外通过土地认领还可以丰富现在孩子尤其是都市里孩子的田野知识，让他们真正体会"谁知盘中餐，粒粒皆辛苦"的内涵，从而起到良好的教育效果。

3. 逃避体验

工作的压力、日常生活的烦恼、人际交往的复杂、生活空间的拥挤与喧闹使人们希望能定期到尚未城市化的地方修身养性，忘却来自工作和生活的双重压力，寻找生活中另一个摆脱束缚的真实自我。近几年农家旅游的出现客观上满足了游客的这种需求，到农家体验田园生活，可以使游客在相对淳朴的人际关系中放松自我；在与自然、田园零距离接触中体味陶渊明诗中"采菊东篱下，悠然见南山"的意境，在平淡、与世无争的状态下重新发现人性的美好。

4. 审美体验

美好的事物令人心情舒畅、精神愉悦，游客在感受名山大川姿态各异、人文建筑的高超艺术之美时，就是获得从身体到精神的放松、通畅、忘我感觉的过程。被誉为"生态乐园"的四川碧峰峡景区融幽谷、飞瀑、清溪、珍禽于一体，森林覆盖率达 95%，游客在景区中可以享受与温驯的野生动物零距离接触的乐趣，也可以在晚上租一顶帐篷，体味野居的滋味。景区的住宿设施设计为竹木结构的低层建筑，与周围的自然环境十分协调，掩于丛林之中，保证了游客视觉上的完美性。主体建筑——游客接待中心，也以其优美的几何造型，使游客无论从哪个角度都可获得巨大的美感。

体验式旅游，让你亲自参与其中，或是与农家老板一起去钓鱼，钓上来后清洗鱼，亲自做一道美食。或者春天带你到乡间小山坡亲自去拔春笋，感受大地的复苏……你无从感受一个普通乡村家庭的生活，就无法真正走近野生大自然。

体验式旅游创造出在现实中没有的情景和体验过程，给人身心刺激性感受，创造出巨大的震撼性。

二、景区"夜间经济"大有可为

2019 年元宵节，故宫博物院举办了"紫禁城上元之夜"文化活动，夜场"首秀"反响非常好，业界还随之开启了一波探讨景区发展夜间经济的热潮。

据了解，全国近 3 万家景区中，真正开设夜间旅游项目的景区不到 10%，景区夜游市场基本处于刚起步状态。但近年来，在"主题公园＋旅游演艺"的发展推动之下，"印象（又见）""山水""千古情"三大旅游演艺系列的开发打造，已经对夜间旅游产生了明显的带动效应，这是一个十分良好的开端。尤其值得关注的是,近几年各地政府、旅游等部门纷纷重视夜间旅游市场发展,多地出台新政策鼓励发展夜间旅游,也为激活夜间经济添了一把柴。

(一) 发展夜间旅游的意义

夜间旅游是当代旅游发展理论体系的研究新领域、学术新成果。回顾改革开放以来的旅游发展,主要是从资源潜力挖掘和空间拓展上做文章,夜间旅游这一时间概念的提出,无疑具有重大的理论意义,在学术演化的进程中,也是具有标志性意义的。虽然古时就有"去年元夜时,花市灯如昼",今有自贡灯会、哈尔滨冰灯节的实践,但是从经济社会现象、资源和市场多角度对夜间旅游进行系统分析和理论建构是开创性的。概念抽象和理论建构的过程并不只有"概念—命题—体系"及其形式化的数学表达,当然还一如既往地充满了我们对现实的温情关注。对于很多工薪阶层而言,朝九晚五的工作节奏很容易让人感慨"阳光下的城市是他们的,月光下的城市才是自己的"。对于"躲得开对酒当歌的夜,却躲不开四下无人的街"的芸芸众生而言,一座充满人间烟火的城市,一座可以夜场电影之后接着在夜市吟唱《成都,成都》和《董小姐》的城市,才是真正意义上主客共享的美好生活空间。

夜间旅游是文化和旅游融合发展的需求新潜力、供给新动能。相对于白天的走马观光的景区打卡,夜晚的休闲调性更有助于游客对当地文化的感知与生活方式的体验。中国旅游研究院夜间旅游专项调查数据表明,当前游客夜间旅游参与度高、消费旺,九成左右游客有夜间体验的经历,2019年春节期间游客夜间消费占目的地夜间总消费近三成。与银联、携程、驴妈妈等机构合作的大数据联合实验室研究表明:夜游消费数据稳步增长,观光游船、主题灯会、文化体验活动成夜间旅游热度风向标。在平均停留3天的国内游客样本群中,高达53%的受访者会有2个晚上去体验当地生活,而18~35岁间的中青年亲子游、情侣游的夜游热度最高。在多元化的夜游需求中,当地生活和文化体验成为重要组成部分,游客对夜间文化节事活动、文化场所参观等活动的选择显著高于美食、购物、电影剧院等选项。数据表明,上海的夜间社会商品零售总额已经接近白天的一半,成都春节期间推出的"夜游锦江"吸引了16万人次参与。

夜间旅游是国家和地方高质量发展的政策新方向、效能新提升。发展夜间旅游有助于推动城乡目的地资源配置从空间拓展转向时间延展,有利于推进文化事业、文化产业和旅游业的深度融合。为了促进经济增长和推动高质量发展,不少地方特别是一、二线城市出台了发展夜间经济的政策,包括购物、餐饮、电影、灯光亮化工程。总体上看,已经出台的政策主要着眼于本地居民的夜间消费。如何把游客消费纳入其中,在本地居民的基础上增加一个旅游消费增量,国家和地方相关部门的政策设计亦是重要。当代研究早已证实存在"旅游者二元行为论",即旅游者进入目的地这样的非惯常环境后,其消费行为与日常惯常环境下会存在显著差异。中国旅游研究院持续开展的中国游客出境满意度与国内游客满意度调查数据进一步表明,这种显著差异首先表现在消费总量上,受到时间成本、距离成本等强约束,游客消费支出总额会明显高于本地居民,关注夜间游客有助于进一步增强消费对地方经济的基础性作用,有效实现量增。而且这种显著差异还反映在游客消费支出结构上,尤其是近两年我国包括旅游在内的重点领域出现的消费升级新趋势,从夜间游客视角重构城市发展的新理念,正带动许多目的地以数字智能技术为触媒开展着令人瞩目的智慧城市创新实践与产业生态平台重构,实现城市质优发展。

（二）发展夜间旅游的原则

我们所倡导的夜间经济和夜间旅游，应当也必须是以国民大众的广泛参与为指向的。无论理论研究、政策设计，还是产业投资，刚起步的夜间旅游都必须坚持习近平新时代中国特色社会主义思想，坚持以人民为中心的旅游发展理念，坚持"宜融则融，能融尽融；以文促旅，以旅彰文"的融合发展战略，坚持意识形态安全和生产安全两个底线。

无论是政策设计，还是产品研发，都要着眼于城乡居民和广大游客对夜间旅游的现实需求，不能搞小圈子里的自我欣赏和相互吹捧。专项调查数据表明，七成以上游客仍期待夜游市场品质的显著提升，八成左右的受访企业有直接或间接参与夜间投资的意愿，但消费主体和产业主体双方对夜游市场的判断仍有较大差异，夜间旅游供需匹配尚待专业数据和研究做支撑。

发展夜间旅游不要忙于出政绩，不要忙着发声音，政策和投资还没有落地，就忙着搞花花哨哨的颁奖盛典。夜间旅游需要灯光亮化，但是夜间旅游不仅只有灯光亮化，特别是在当前的国情、国力下，不能过于追求奢侈、豪华和震撼的效果。更不能有奇奇怪怪的灯光雕饰，要充分考虑公序良俗和受众感受。要理性而务实地做好理论建设、政策设计、环境优化和产品策划。

发展夜间旅游不能总是往后看，更不能只是在民间民俗的圈子里打转转，应以开放的思维汲取世界各国发展夜间休闲和夜间旅游的经验。夜间旅游项目和内容可以是民间民俗、餐饮酒吧，也可以融合人类文明发展的一切成果，如哥本哈根、伦敦、首尔等世界旅游城市，以文化艺术和城市空间为依托，融以光影秀、灯光雕塑、灯光交互装置，加入浸入式表演和休闲娱乐的互动，从而吸引了市民和游客的广泛参与。韩国的"夜行"、日本小樽的"雪灯之路"、美国亚特兰大植物园的"玻璃植物展"等，都是可资借鉴的夜间旅游创意案例。

（三）发展夜间旅游的机遇

现在是各级党委和政府思想上重视夜间旅游，实践上加强政策协调的时候了。对越来越多的追求异地生活方式深度体验的休闲客人而言，晚上6~10时也是旅游消费的高峰期。我们一定要瞄准这个"黄金四小时"，让游客有得玩、玩得好，而不是回酒店睡大觉。除了众所周知的夜市、夜店和专场演出，我们应当，也可以向文化要资源，包括挖掘公共文化的利用潜力。博物馆、图书馆、书店可不可以延长开放时间到晚上10点？从国际经验看是必要的，也是可行的。国民大众需要实体餐饮的宵夜，也需要精神文化的"深夜食堂"。需要指出的是，随着夜间旅游、夜间消费和夜间经济的兴起，必然会带来电力、自来水、地铁、公交、公共卫生、市政管理、安全保卫和应急救援等城市基础设施和公共服务的压力，需要城市管理部门加大相应的投入，并务实提升公共治理水平。

现在是各类涉旅市场主体培育夜间旅游品质、研发夜间旅游产品的时候了。从受访企业发展夜间旅游需要的支持条件看，除了资金和政策外，对技术、人才、专业咨询和数据服务的需求达到42%、27%、17%，加快投资研发产业链，是缓解夜间旅游供需矛盾的有效途径。景观之上是生活，不能一说夜间旅游就奔着山水实景演出和大型主题公园去了，应在充分挖掘本地居民的夜间休闲资源、场所和项目的基础上，让游客参与进来，从而扩大消费基础。像苏州的评弹表演、北京的老舍茶馆、上海的彩虹合唱团、东北二人转，等等，都可以为游客所共享。要用好大数据聚合游客，那么多的过夜游客，不同年龄段的都有，职业背景和生活方式各异,不可能都去三里屯和后海泡酒吧。3 年前有识之士就在开发都市夜游的 App,用大数据连接游客需求和导游资源。

现在是教育、科研、媒体和社会各界共商、共建、共享美好夜间生活的时候了。总体而言,夜间旅游尚处于市场导入期和产业培育期,需要研究机构、大众传媒和社会各界的同心协力和精心呵护。要培养灯光设计、城市亮化的专门人才,当代夜间经济不是打几束灯光就完事了,这里面有技术,更有艺术和审美。媒体要把时尚和审美品位带到旅游领域中来,受众和体验者的审美力提高了,就可以倒逼内容生产机构和公共事务管理机构持续提升自己的艺术水准,从而打造世界文化新地标。《孤独星球》联合京东、One Plus 上线了手机夜拍旅行读物《夜·中国》,这就是科技、文化和时尚的有机融合。

我国夜间旅游已经完成了从自发探索到局部自醒,正在走向战略自觉。在此进程中,离不开当代旅游发展理论的推动,更离不开市场主体的实践,以及国家和地方的主动作为。愿多方共同努力,推动夜间旅游健康可持续发展。

(四)发展夜间旅游的途径

发展夜间经济,一是要研究开发文化创意型旅游产品。故宫文化夜游产品受到市场追捧的现象表明,现在的游客旅游需求层次提高,对旅游景区和全域旅游的要求不断升级。因此,夜游产品不仅要开发,而且要有针对性地开发,要具有历史价值、文化色彩和民俗特点。以云南丽江黎明景区为例,2015 年以来,该景区依托世界自然遗产资源,融合当地傈僳族文化习俗,在景区内红石街开放了夜场,组织当地少数民族与游客一起唱歌跳舞,现场气氛热烈,互动效果非常好。剑川白族原乡的石宝山沙溪寺登街景区,依靠享誉全国的石宝山歌会,吸引游客参与其中,效果非常好,连国外游客也争当白族"金花阿鹏",用英语高唱"心肝飘"情歌。这种沉浸式对歌体验让游客感到十分有趣,景区人气旺了,营业时间长了,自然带动了周边餐饮、住宿等行业增加收益,连锁反应十分明显。

二是抓好景区夜间经济试点,培育壮大一批文化旅游企业。改革创新是最强大的发展动力,要通过景区夜间经济改革试点,为旅游景区和旅游目的地,特别是拥有世界文化遗产、世界自然遗产的旅游景区,提供充分展示文化资源、历史古迹、民族民俗、村落文化等优质旅游资源的样本,带动其他景区效仿和尝试。比如,昆明西山公园风景秀美,在当地具有一定知名度。该公园可以联合昆明滇池索道公司在晚间增开夜间索道,推出以"夜观昆明城美景,夏享滇池风凉爽"为内容的夜游项目,为市民和外地游客提供新的旅游产品,将其作为开发夜游产品的试点景区,一旦模式成功,必将产生示范带动作用,吸引当地景区争相效仿。

三是以 AI 技术和云计算作为技术支撑,实现景区夜间经济消费的精准营销。依托互联网云计算、AI 技术智能机器人等技术,建立景区夜间经济产品供需数据库,对消费者的消费行为进行分析,之后精准营销,可以有效提高游客的满意率和景区的收益率。比如云南丽江古城,可以进一步结合大研古城数字小镇和智慧旅游建设等工作,在提升现有酒吧、餐饮、商铺的品质的基础上,整合开发独具特色又符合游客要求的丽江古城夜游项目,盘活当地夜间旅游市场。

四是借鉴学习国外经验,如设立景区夜间经济首席执行官。从旅游安全的角度来说,夜晚出游的确比白天风险性要高一些。因此,在安全保障方面,建议景区借鉴荷兰阿姆斯特丹"夜间市长"工作机制,对景区"晚九朝五"的夜间经济活动进行严格监管、有效防控,保障游客的旅游安全。

发展景区夜间经济,开放景区夜场活动,是有效缓解景区"白天开门迎游客,晚上关门睡大觉"、游客"白天看风景,晚上数星星"的一剂良方,也是促进旅游景区新旧动能转换的助推器,更是一片值得深度开发、大做文章的旅游蓝海。

(资料来源:中国旅游报)

三、激活景区的文化与生命力——旅游微演艺

旅游微演艺,简言之就是微型的旅游演艺。

(一) 发展旅游微演艺的原因

旅游演艺始于20世纪80年代末,经历了30多年的发展,从1988年西安的《仿唐乐舞》到1994年深圳华侨城演艺系列到1997年杭州宋城推出的《宋城千古情》(当时的千古情只是几十个人小型露天演出,和目前改版多次后的千古情系列完全不是一回事)再到2004年桂林阳朔的《印象·刘三姐》……如今全国300多场(2018年数据306场)旅游演艺,已经逐步发展成为旅游传统六要素"吃、住、行、游、购、娱"之一的"娱"当中最具有代表性的产业,也是文旅产业中最具朝气的生力军,未来甚至可能成为游客参与旅游活动的刚性需求。根据业界的普遍看法,我们把旅游演艺的概念界定如下:旅游演艺,是指常驻于旅游景区或目的地,以游客为主要观众,综合运用多种艺术表现形式,结合声光电科技效果,以表现当地特色文化或民俗风情为主要内容的主题商业演艺活动。简单地说就是,为游客打造的演艺。

据统计,仅2018年,旅游演出场次就达6.31万场;旅游演艺总票房收入37.47亿元;旅游演艺观众总接待量达到7 577万人次。由此可见,旅游演艺所拥有的巨大市场份额,再加上其强劲的综合效益带动能力,这也是近10多年来旅游演艺快速发展,诞生了像三湘印象、山水盛典、宋城演艺、陕西旅游集团、广州长隆、上海迪士尼等各类演艺百花齐放的重要原因,甚至旅游演艺已开始走向国外,在做文化和技术的输出。

然而据不完全统计,目前全国3万多家旅游区(包括:景区、度假区、乡村旅游区等)中只有300多场旅游演艺,1‰都不到。为什么是这样的现状?主要原因是现有的旅游演艺项目很大一部分是因为前期投入太大、后期持续的运营成本太高,而导致绝大部分旅游区都做不了。那还有99%的旅游区怎么办?由原来大手笔、大制作、大场景、大投入、壮阔、震撼的做法到追求小而美、小而精、小而活;在小空间里融入大文化,在短时间内讲述好故事,在微投入下争取大回报的方式。这就是旅游微演艺——景区的一匹新黑马!

其实,当下是发展旅游微演艺的最佳时机,理由包括四个方面:一是时代的诉求,二是政策的要求,三是市场的需求,四是发展的追求。

1. 时代的诉求

2020年全面小康社会的实现,也必将促使人民对美好生活的需求迎来新的机遇,而文旅业就是要给人们创造更多的美好体验与感受。在高质量发展的时代背景下,文旅融合正在不断深入,景区厚重的文化内涵需要通过诸如旅游微演艺的形式更加轻松、生动地将景区特色呈现出来。

2. 政策的要求

2019年3月14日,国家文旅部发布了《关于促进旅游演艺发展的指导意见》,这是从国家层面首次对旅游演艺的发展提出了具体的指导意见,意义深远。其中,"鼓励发展中小型、主题性、特色类、定制类旅游演艺项目,形成多层次、多元化供给体系。支持各类经营主体利用室外广场、商业综合体、老厂房、产业园区等拓展中小型旅游演艺空间"。这就是旅游微演艺。还有在《国家全域旅游示范区验收细则》中第二大项要素体系的第6条旅游娱乐共30分,其中旅游演艺单列18分,所占比重达到60%;另外,在A级旅游景区、旅游度假区等考评标准中,都对旅游演艺提出了明确要求,并设有具体得分项。同时在全国各省文旅厅2020工作要点中,均有提及旅游演艺的发展,其中江苏就明确提出要"开发主题性、特色类的旅游演艺"。

3. 市场的需求

首先是国民出游总量的逐年增加,成为文旅业发展的基础保障。据统计,2018年国内旅游人数达55.4亿人次,2019年国内旅游人数比上年增长8.4%,突破了60亿人次的大关,年人均出游达到了4.2次。2020年可能会因为新冠肺炎的影响有所下降,但也有专家分析,长线游可能受影响较大,周边游和短线游可能会迎来爆发,这也是很多中小旅游区发展的契机。当然也要清晰地看到:现在人们出游也早已告别了观景、看花、行程紧凑、数量多多的年代。更多的是深度游、体验游,甚至愿为一间房,远赴一座城;只为一道菜,组团来买单。所以就要求我们旅游区要有足够的吸引力,要用自己的文化特色来打造专属产品。

此外,在文旅融合发展的背景下,人们对于文化的消费需求越来越高了。比如,央视有一档节目叫作《国家宝藏》,001号讲解员张国立老师每次主持的第一句话就是:让国宝"活"起来!为什么要这样说?大家想想,这些国宝可都是文物,以前都是安静地陈列在博物馆里的,很少有人能接触到,即使参观了也不一定看得懂,而"让国宝活起来",就是用演艺的形式把国宝的前世今生讲清楚了,让更多的人了解、知道、懂得。这也启发我们要通过演艺等更丰富的手段把传统文化、民俗、非物质文化遗产,以及当下新生的、流行的正能量、好故事进行呈现、继承和发扬。

4. 发展的追求

对于任何一家旅游区,一定都想拥有持久的生命力、强劲的竞争力和深远的影响力,这就需要有足够好的产品来吸引消费者、打动市场。但好的旅游产品打造岂非易事,旅游演艺这么好的产品仅有1%不到的旅游区可以做,而且活的还不是那么好。不仅是旅游演艺,任何一个优质旅游项目的引进或旅游产品的打造,都需要面临一系列的挑战:首先您得有建设用地(现在生态红线管控这么严,着实不易),即使有用地了,您得建设,在建设之前,您要花一大笔投入来做可研、策划、规划、设计施工图,然后才是开工建设,庞大的工程,建完之后呢?您还得养护、管理,项目后期持续的运营,要有人,要有服务,要有售后;一整套体系缺一不可,包括资金在内的各种投入可想而知。

(二) 旅游微演艺的优势

为什么说旅游微演艺是活化景区文化和提升旅游吸引力的可实操创新路径,甚至是当下的首选呢?因为相对于大型旅游演艺和其他旅游项目打造,旅游微演艺具有如下特征。

1. 规模小

相对于旅游演艺投资动辄大几千万甚至上亿来说,旅游微演艺投资规模要小太多,甚至根本算不上什么投入,只要从几十万到百余万不等,根据旅游区实际情况来,多少由自己掌控,可灵活变通。

2. 时间短

5 到 20 分钟,最多不超过半个小时,根据景区的文化、主题、特色等因素合理编排。

3. 人员少

0~15 人;在用人方面可以变通,主要角色一定要用有功底的专业人员,其他的辅助角色,要求不高的可以用景区的工作人员,甚至周边的老百姓客串都可以;而在当下科技迅猛发展的时代,有些微演艺的打造可以运用 3D 全息投影等科技手段,甚至无人,都可以呈现出一台微演艺。

4. 场地便

室内、室外的空间,怎么方便怎么来;我们不鼓励大拆大建,更建议盘活存量,因地制宜去操作。

5. 形式新

通过专业的策划、编排,对在地文化深入挖掘,用创新的形式进行轻松表达,达到本地人常看、外地人来了必看的效果。

6. 互动好

好的旅游微演艺一定是要强调参与性和体验性的,要让游客置身其中。

7. 关联多

旅游微演艺可选择的展现形式十分丰富,舞蹈、说唱、杂技、戏曲、活动……好的东西都可以经过甄选,为己所用。

8. 创效强

实实在在为景区创造销售的机会,增强自身的造血能力,增加业态收入。比如,一个景区上午本来 2 个小时看完,11 点就要离开了,但一看景区 11:15 还有一场小演出,留下来一看,过 11 点半了,便会留下来吃饭,从而延长了游客的逗留时间。那上午一场,下午是不是也可以弄一场?如果是旅游度假区,晚上还可以搞一场,解决晚上住下来不知道干什么的问题。所以,可以全面丰富游客的美好体验度,促进消费。

(三)如何打造旅游微演艺

1. 文化活化,小中见大

旅游微演艺投资小,但是正因为它小,所以更需要精细化创作,小中见大,内容为王,强调文化的活化呈现,厚重文化,轻松表达。演艺场面虽小,但可以从角色上着手,演艺出独具一格的个性气场;故事虽短,但可以从道理、意境上着手,留有具有品味思考的空间和价值,或营造一种深远的意境。

世界自然文化双遗产地、国家 5A 级旅游景区——江西龙虎山景区的微演艺产品——《古越升棺天下绝·龙虎传奇悟真道》,通过祭祀舞蹈对神灵的敬畏、鸬鹚捕鱼古老技艺的展示、先民崖壁采药的艰辛、古越民族奇特的丧葬习俗、旋律悠扬的主题歌曲和恰如其分的讲述解说与龙虎山的青山绿水有机结合,营造出一种古老而又悠远的意境,成为来到龙虎山不可不看的一道风景,深受游客好评。整场演艺投资百余万,参与演员共14人,但其效果远超预期,这就是通过旅游微演艺把文化做活,小中见大。

2. 在地挖掘,创新表达

旅游的吸引力、差异性的本质是在地文化、自有文化的个性表达。如何通过深入挖掘景区本身富涵的历史文化来进行深入研究、去伪存真,艺术创作,达到增强景区吸引力的目的,并全面提升文化的教化功能,使旅游的教育意义获得轻松的释放,是检验微演艺旅游项目是否成功的关键。

中国龙虾之都盱眙县,有一个红色文化景点——黄花塘新四军军部纪念馆(国家4A级旅游区),将导游单调的解说改编成了快板书,让纪念馆讲解员穿上新四军服装,以快板说唱的表演代替原有的导游解说,顿时令人耳目一新。一段五六分钟的快板立刻能够把大家带入到氛围中来,为游客后面的参观、学习,奠定了非常好的基础;此外一台名为"战地婚礼"的微演艺,很多游客看完后眼睛都红了,甚至流下了泪水。这就是通过对在地文化的挖掘,通过创新的手段,深深打动游客,让他们对此旅游区留下深刻的记忆,形成有效的自发传播,来增加品牌影响力。

3. 运用科技,精彩呈现

深入挖掘景区内涵,将其最富魅力的文化形态重新解读,科学合理的运用高科技、声光电、歌舞、戏剧、音乐等艺术化手法全新呈现,为景区注入活力和生命力。

2017年国庆旅游黄金周期间,我们为国家4A级景区——连云港·灌云大伊山风景区精心打造了一场佛光秀。夜幕之下,我们在这座国内最高的锻铜工艺佛祖坐像前,恭请十方僧众带领居士信众,合十观想,共同聆听佛音、沐浴佛光、点亮心灯。璀璨的佛光庄重而又神圣,映照了夜空,也照亮了世人的心灵。在这场微演艺活动中,所运用的科技手段不算有多新潮,但却用得恰如其分,所以整体有了一个非常出色的呈现(据灌云文旅局统计:2017年国庆黄金周期间,大伊山景区共接待游客118 090人次,景区综合总收入630 700元,相比2016年,人数同比增长308%,收入同比增长384%)。

在未来,特别是5G时代已经来临的背景下,旅游微演艺产品将结合高科技产品、技术等颠覆传统,迎来更快、更大的发展空间。如一些沉浸式的演艺和体验产品也越来越受到游客的喜爱。

4. 融入互动,强调体验

景区的文化通常具有地域性特征,想要游客留下美好、深刻的印象,很重要的做法是让游客真正参与进来。通过切实地互动,调动游客的自我价值和主动参与的欲望,这样既能够增强游客体验性,也有助于带动现场气氛。

现在的网红爆款——西安·大唐不夜城的真人不倒翁,可谓是一人一台戏,一戏火一城。许多游客为了一睹"不倒翁"小姐姐的真容,不远千里来到西安,每天的表演时间一到,观众围得是里三层外三层,有时候为了演员和游客的安全,甚至不得不取消或者推迟表演。当然大唐不夜城真人不倒翁的成功有很多综合性因素,比如西安大的旅游演艺氛围、有效的整合营销宣传等。但就产品本身的打造而言,除了不倒翁的有趣原理、精美的大唐服饰、精致的唐风妆容、悠扬的音乐旋律之外,还有精心的互动编排,一份突如其来的惊喜小礼物,一次撩动心弦的偶然牵手,都给游客创造了充满期待的互动、体验和参与感。

纵观现在健康发展、成熟运营的旅游区,不管是迪士尼、长隆这样的主题乐园,还是开封清明上河园这样的文化类景区,无论是无锡灵山的拈花湾小镇,抑或是礼泉袁家村这样的乡村旅游区,无不拥有若干个旅游微演艺产品,连点成线,在游客游览的过程中逐一上演,情节此起彼伏,高潮不断。

未来,一定还会有更多的策略、方式和方法来打造旅游微演艺,通过旅游微演艺这种形式,让更多的游客感受到中国文化的博大精深,让优良的传统文化、社会正能量得以继承和发扬;让更多的旅游区可以有自己的特色优质旅游产品,让游客可以在旅游区深度体验、玩的尽兴,如此也必将能够为旅游区争取更多的创效机会。

(摘自尔目旅游研究公众号)

旅游景区开发策划成功案例——厕所革命优秀成果

由国家旅游局主办的"世界厕所日暨中国厕所革命宣传日"活动在北京举行,公布了中国《厕所革命十大典型景区》,让我们来看看有哪些景区厕所进入榜单,它们有哪些经验值得学习借鉴。

1. 北京密云·古北水镇(司马台长城)国际旅游度假区

入选理由:入微关怀让如厕成为休闲时光

人性化的母婴室与休息室遍布景区内,宽松的沙发、座椅、饮水机,搭配轻音乐、装饰画和鲜花,让游客在如厕同时,享受放松的休闲度假时光。无障碍厕位向残障人士、儿童、哺乳期妇女提供贴心关爱。儿童厕位造型卡通的垃圾桶,让小朋友爱上文明。酷夏洗手池旁的冰块,寒冬24小时不间断的热水,令尊重变得可触可感。游客打开水龙头即可免费享用水质达到欧盟标准的直饮水。古色古香的设计风格与长城脚下别具匠心的北方水镇融为一体。

2. 吉林省长白山景区

入选理由:高寒高山处建起生态厕所

泡沫封堵式循环水环保技术的使用让"零污染、零渗透、零排放"成为可能,让满足游客需求与节约管理成本得到平衡。外形不拘于传统,数量布局日趋科学,厕所在此成为景观构筑物,在基础功能之外拥有了美化、人文、愉悦的功能。更为难能可贵的是,景区通过时下风行的二维码,建立起与游客互动的便捷渠道。游客不再仅仅是厕所的使用者,也成为谏言者。多变的天气里,先进的生态环保技术以及独特的管理方式,让长白山旅游厕所建设工作位居吉林省前列。

3. 浙江省杭州西湖风景名胜区

入选理由:科学选址实现一景一厕一风格

最高密度的数量设置,让厕所易寻,满足了千万游客的如厕需求。厕所服务的提供者不再局限于景区,"贴心城管"App提供厕所指引,以商养厕缓解数量压力,社会力量群策群力解决如厕难题。具有开创性意义的厕所市场化运营模式,为景区厕所管理提供了新的灵感。

60平方公里西湖,始终着眼细节,专注服务,为厕所革命提供了新的可能性。

4. 江苏省南京牛首山文化旅游区

入选理由:禅意设计让最高颜值厕所享誉海外

"牛首山捌厕"匠心独运,用简约的设计线条,环保且价格低廉的材料,描画出八个蕴含东方禅意的公厕。捌厕以厕点景,或隐入竹林,或掀地而起,成为牛首山一道独特风景,更入选全球最美厕所榜单。牛首山文化旅游区甚至因此受到更多关注。外在美的同时,牛首山旅游公厕内部的设计也处处彰显人性关怀。休息区的设立,则丰富了公厕的功能与内涵,为游客在观景之余,提供更贴心的服务。

5. 江西省景德镇古窑民俗博览区

入选理由:建筑材料与整体设计尽显古窑文化特色

当瓷器与厕所"邂逅",便成就了古窑的"舒园"。碎瓷片装饰的厕所墙面,仿造青花瓷的洗手池,陶瓷元素的指示路牌,典雅的细节展现了充满东方质感的陶瓷文化魅力。重檐式的屋面设计,凸显建筑的立体感与层次感,入口处借用徽派门头处理,与原有厕所风格呼应,使整体建筑融入古窑文化的大主题。九座星级厕所合理布局,由专人管理,实行"一人一厕、一次一扫",及时保证卫生干净,无不彰显古窑人的细心与用心。各景点厕所数量充足,让游客安心、舒心。

6. 山东省青岛崂山风景名胜区

入选理由:引入PPP模式有效降低行政运行成本

通过引进社会资本和技术,参与旅游配套设施投资和运营,改变了过去完全由政府包办公益基础设施投资、建设、管理等传统做法,极大节约政府人力物力投入,有效降低行政运行成本,提高公共服务质量。创新建管模式之外,生态厕所的新技术应用也令人眼前一亮,其中,能精确计量如厕人员数量,根据等候情况,使用自动转换技术合理安排厕位,为破解高峰时期男女厕供需难题提供了一个有益的参考。

7. 湖北省武汉黄陂木兰文化生态旅游区

入选理由:打造全域旅游下"点面"结合的旅游厕所网络

黄陂木兰景区五星公厕已成为景区文明星标记。厕所内像艺术品一样的装饰吊灯让人念念不忘,干净整洁的洗手台、温馨便利的母婴间,给人一种清洁、舒适、悠闲的家的味道。另一方面,黄陂区积极开拓全域旅游,旅游厕所覆盖了木兰旅游区的集散中心、旅游景区、旅游宾馆酒店、旅游环线、旅游咨询点、农家乐等,现已形成以木兰文化生态旅游区为中心,辐射周边大片综合服务区的"点面"结合的旅游厕所网络,成为全国旅游公厕建设的公认标杆。

8. 广西桂林芦笛景区

入选理由:独辟蹊径"透明厕所"自成观景台

独辟蹊径,用"透明厕所"颠覆了大众对厕所的传统认知:落地玻璃幕墙让如厕的同时饱览风光成为可能,观景平台使排队等候的枯燥不再难挨。厕所在这里不仅是为游客缓解内急的场所,更是灵感创意与现实世界碰撞出的火花。无须遗憾辜负春光,群山、田园俱在眼前。他们用大胆创新的设计重新定义了厕所,找到了环保、智慧、人文、休闲的最佳组合方式。私密性与景观性兼备,因地制宜,别具一格。

9. 四川省海螺沟景区

入选理由：泡沫微生物环保技术实现高寒景区零污染

全石木结构,巧妙融合园林风景与厕所风格。设施完备,充分满足不同人群的使用需求。古朴与现代并存,美观性与实用性兼备。在这里,泡沫微生物环保厕所取代打包式厕所,实现了高寒景区厕所环境零污染、臭味全祛除、保温新突破的目标。为营造舒适的如厕环境提出的"两拒绝,三提倡"(拒绝低俗文化,拒绝广告植入;提倡景区文化,提倡人本文化,提倡并兼顾现代需求)理念,值得各景区参考借鉴。

10. 贵州省黄果树旅游景区

入选理由：厕所设计和景观文化相融合传递本土信息

考虑到老年人、妇女、儿童和残障人等游客的需求,黄果树景区厕所的建设宗旨是反对奢华,以实用为主。除配备必要用品外,部分厕所防蚊虫叮咬药物的提供也为人称道。周到完善的管理服务令今年造访的新加坡总理发出感叹,没想到西部欠发达地区的厕所管理这样好。在外观设计上,黄果树景区厕所突出山地生态旅游特色和自身特点,注重建筑风格与环境相协调,采用当地特有的石材和木材作为主要建筑材料,尽量体现建筑美观、地方文化,传递本土信息。

(发布时间:2016-11-19 14:28:07 ｜来源:中国网｜作者:伍策冷竹｜责任编辑:潘泱)

思考题

1. 旅游景区开发策划包括哪些内容?
2. 旅游景区开发策划的基本方法有哪些?
3. 不同类型的旅游景区策划要点有哪些?
4. 列数旅游景区策划有哪些发展新方向。

【微信扫码】
相关资源

第十章

旅游节庆活动策划

第一节 旅游节庆活动概述

一、旅游节庆活动的定义

旅游节庆活动是依托举办地具有独特卖点的旅游资源,遵循旅游主题化、大众参与性强/活动内容丰富、市场开放性等原则,借助旅游吸引物的影响力吸引广泛群众踊跃参与的现代旅游高度发展的旅游产品。

旅游节庆活动具有一定的时间规律:

季节性,春季和秋季的旅游节庆更为丰富。

短时性,旅游节庆是在一定时间内举办的,具有短时性,一般来说,旅游节庆持续的时间在一周到两周左右,规模较大的旅游节庆也不会超过1个月的时间。

周期性,旅游节庆的周期性规律,一方面,表现为举办的周期性,绝大多数旅游节庆总是在固定的时间周期内举办,或者一年一次,或者两年、数年一次时间不等;具体时间相对固定,某一旅游节庆总是在某一固定的季节或日期举办。

二、旅游节庆活动分类

为了更好地展开旅游节庆活动的策划,首先必须认真了解各类活动的分类,从不同的活动分类中找到各类活动策划的相同点与不同点,以便在策划过程中举一反三,有的放矢。了解旅游节庆活动的类型对于开发和策划旅游节庆活动、推动我国旅游业的发展有着十分重要的意义。按不同的分类方法分类,节庆可被分为多种类型。

1. 按旅游节庆活动的规模分

(1) 特大型活动:特大型旅游节庆活动指那些规模庞大以至于影响整个经济环境,并对参与者和媒体尤其是国际媒体有着强烈的吸引力并引起反响的活动。什么样的大型活动可以称之为特大活动呢?例如:奥运会、世界杯、世界博览会是当之无愧的特大活动。那狂欢节、重大仪式等活动是否属于特大型活动,应该取决于她的规模和影响力。

例如那些能吸引大量观众、媒体报道的活动。这些活动极大地激发当地居民的兴趣,吸引着当地人们的参与,并为增加旅游收入提供极大机遇。如中国一年一度的春节庆祝活动,2017年(中国)数字制造国际学术会议,2018年(浙江,乌镇)的世界互联网大会,2018年(中国上海)世界进口商品博览会等国际性的大会或会议。还有包括众多世人瞩目的国际锦标赛、巡回赛、公开赛、友谊赛、运动会等赛事,如世界体操锦标赛、世界女排锦标赛、大师杯网球公开赛等都属于这类活动。随着国际重要活动市场竞争的加剧,国际体育组织和各国政府越来越多地参与策划、举办和承办这类重要的大型活动。

旅游节庆活动有世界的、洲际的、国家的、区域的、地方的、社区的、景区的等几种类型。世界性旅游节庆活动如世界杯足球赛;洲际性旅游节庆活动如东亚运动会;国家性旅游节庆活动如澳大利亚200周年国庆;区域性旅游节庆活动如华东出口商品交易会;地方性旅游节庆活动如桃花节、柑橘节、风筝节等;社区性旅游节庆活动如社区的一些庆祝活动,景区性旅游节庆活动,如深圳华侨城世界之窗的"欧洲之夜"。

(2) 标志型活动:标志型活动是指那些与一个民族、城市、地方、乡镇或民族村落的精神风貌、风气、历史传承相融合,以至于这项活动已成为它们这个地方的特点、特色、文化或某种象征、符号、标志的代名词,并获得了广泛的认同和高知晓度的节庆活动,我们称之为标志型活动。

标志型节庆活动是一种每年能在该地重复举办的,(多数是一年一次,极少数地方半年一次的活动),对于举办地来说,标志型活动具有传统性、吸引力、形象性或名声等方面的重要性。这种活动往往是为了提高本地旅游景点和地区吸引力而设计的,通过每年或有规律活动的举办来宣传自己,吸引旅游者,打开国内外市场。随着活动的发展和成熟,与旅游目的地融为一体,成为某地的代名词。如西班牙的斗牛节、爱丁堡文化节、悉尼同性恋节、戛纳国际电影节、博鳌亚洲论坛、意大利威尼斯狂欢节、中国南京夫子庙每年的灯会,大连服装节、江苏盱眙的龙虾节、无锡的水蜜桃节、南京的国际梅花节以及各地的特色传统庙会集市等。只有那些因为某种活动,而使该举办地广为人知,由于这种活动具有强大的表现力,而成为这个旅游目的地的旅游主题,并且每年重复举办时,这类活动才能称之为标志型活动。

可以这样说,无论是世界性的盛事还是地方性的节庆,不论是外来的节庆活动,还是本土的传统节日,不论是偶尔为之的节庆,还是循环定期举办的节庆,经过认真策划都可加以发展和培育成为某地的,具有旅游节庆的特征或标志性的活动。

(3) 中小型活动:分散在各地的类型众多、主题各异的中小型活动中,尤以各类会议、舞会、庆典、颁奖仪式、中小型体育赛事或企业、政府的社交活动等活动,这类影响范围小,但举办频繁的活动占据了各类活动的大部分,活动类型虽小但它是人们日常交往不可或缺的。

2. 按活动性质分类

若是按活动的性质分类,旅游节庆活动可以分为政治性、文化性、商业性、宗教性、体育性等类型。

(1) 政治性旅游节庆和盛事活动,是指一些国际组织召开的大会或某些重大的政治活动,如世界银行国际货币基金组织召开的大会,香港回归祖国等。

(2) 文化性旅游节庆活动,主要指能满足人们文化旅游动机的各类节日和节日举办的庆祝活动,如音乐会、画展、雕塑展、戏剧演出。

文化性旅游节庆活动可分为以下四类:

① 传统的节庆活动,如傣族的"泼水节";包括"三月三""那达慕"等传统民俗活动,② 非

传统的节庆活动,如电影节、电视节、科技节、"上海国际电影节"、广播音乐节等艺术活动；③ 科学教育界的节庆庆典活动,主要指的是名校周年庆典等,比如北京大学或清华大学的百年校庆等。④ "商品化"的非传统节庆活动,如上海徐汇区的桂花节,举办者的主要目的和意图是通过举办旅游节庆活动促进商业的繁荣,这种活动可称之为"以节促商型"；又如上海南汇区的桃花节,举办者的主要目的和意图是通过举办这个活动,向外展示自己的投资环境,吸引外资,这种活动可称之为"以节引资型"；再如上海龙华寺的"龙华新年撞钟"节庆活动,举办者的主要目的和意图是通过将节庆作为一种旅游产品开发,达到提高旅游收入的目的,这种活动可称之为"旅游产品型"。

(3) 商业性旅游节庆活动,主要指各种旅游交易会、展览会、博览会。

(4) 宗教性旅游节庆和盛事活动,最典型的例子是麦加朝圣,"龙虎山道教文化节"等宗教活动。来自世界各地的信徒有数千万之众。浙江普陀山的观音菩萨生日、福建莆田的妈祖娘娘生日,朝圣者也络绎不绝。

(5) 体育性旅游节庆活动,主要指一些大型的体育盛会,如奥林匹克运动会。

体育性旅游节庆活动可以分为以下三种基本类型：
① 定期或不定期在不同地点举行的体育盛会；
② 在固定几个地点轮流定期举行的体育盛会；
③ 在某一地点定期举行的体育盛会。

3. 按活动组织承办者分类

旅游节庆活动可分为：
(1) 政府机构举办的旅游节庆活动；
(2) 旅游企业举办的营利性质的旅游节庆盛事活动；
(3) 旅游企业举办的并非以盈利为主要目的的旅游节庆活动,其目的可能是公关、产品展销和广告宣传等。
(4) 民众自发进行的旅游节庆活动,如农村中的各种庙会,各种农民自发兴起的,每年定期举办的农副产品集市。

4. 按活动的属性分类

如果按照节庆活动的属性分类,又可分为传统节日活动、现代庆典活动、节日庆祝活动、会议和展览活动。

(1) 传统节日活动

从传统节日的发展历史分为：古代传统型和近代纪念型,是对历史文化的追溯,也是对民族传统文化的反映和弘扬。重阳节的大型登山活动、端午节的赛龙舟活动、新春元宵节的逛花灯活动、上海龙华庙会、西方的圣诞节、复活节、威尼斯狂欢节等都属于古代传统型旅游节庆活动。近代纪念型节庆活动如各国国庆节、国际劳动节、儿童节、妇女节、美国纽约的玫瑰花节、奥尔良的圣女贞德节等。

(2) 现代庆典活动

① 与生产劳动紧密联系的节庆活动。深圳的荔枝节、菲律宾的捕鱼节、水牛节、阿尔及利亚的番茄节、摩洛哥的献羊节、意大利丰迪市的黄瓜节、新墨西哥州哈奇城的辣椒节、西班牙的鸡节等。

② 与生活紧密联系的节庆活动。上海旅游风筝会、国际服装节、现代生活中的浦东牛

排节、西餐饮食文化节等美食节、各种影视文化和农民旅游节及浙江浦江书画水晶节、2001年中国淳安千岛湖秀水节、蒙古族的那达慕大会等。

(3) 节日庆祝活动

节日庆祝活动都来自对生活的热爱,尤其是传统节日,不仅有着悠久的历史,而且其形成过程,也是一个民族或国家的历史文化长期积淀凝聚的过程。它的起源和发展是一个逐渐形成,潜移默化,慢慢渗透到社会生活的过程中。例如:人们通过各种方式,举行各种庆祝活动怀念先人,借以寄托自己的思念,表达自己对朋友、亲人的美好祝愿,如端午节、清明节、冬至(中元)节。

(4) 会议和展览活动

据世界权威的国际会议组织——国际会议协会ICCA的统计,每年在世界各地举办的参加国超过4个,参会外宾超过50人的各种国际会议已达40万次以上;此外,据不完全统计,世界上每年还要定期举行4 000多个大型展览会。全世界每年仅用于会议的开支就达2 800亿美元。还有占会展市场绝大部分的公司小型会议和展示活动,为改善和提高企业的经营提供沟通和商业交流的机会。

随着时代的快速发展和各种社会交往、旅游休闲的需要,近年来相继出现了多种类型的节庆活动,如体育节、工艺节、戏剧节、电影节、舞蹈节、音乐节、农业节、丰收节等集中类型。世界博览会和展示会、特殊游行会、体育赛事、文化和宗教节庆、历史里程碑事件纪念活动、古典商业和农业节庆以及与某些政治人物有关的节庆,这些节庆活动,充实了人们的文化生活,丰富了旅游活动的内容。

第二节 旅游节庆活动的要素与作用

一、旅游节庆活动的构成要素

(一) 民族性要素

节庆活动是一种社会现象,总带有强烈的民族色彩。按照节庆活动的族属,可以将节庆活动分为单一民族的节庆活动和跨民族的节庆活动两种类型。单一民族的节庆项目是一些民族所独有的活动,如藏族特有的沐浴节。而跨民族的节庆项目体现为数个民族共有的活动,比如春节。除汉族以外,还有二十多个民族都过春节,是我国跨民族数量最多的传统节庆,但具体形式和内容有差异。按照节庆活动的主题分类,有农事类(如高山族的丰年节)、宗教祭祀类(如伊斯兰教的开斋节、盖得尔夜等)、历史事件或人物纪念类(如侗族的林王节)、文化娱乐类(如蒙古族的"那达慕大会")、庆贺类(如各民族的年节)、商贸类(如纳西族的骡马会)和生活社交类(如朝鲜族的梳头节)等。这些节庆活动带有很强的民族色彩。

(二) 事件性要素

节庆活动是一种历史现象,总影射着某个历史事件或历史人物。节庆活动的渊源可以分为历史事件(例如国庆节)、历史人物(端午节)、宗教故事(狂欢节)和神话传说(泼水节)等几类。节庆活动分为两大类：历代传承至今的传统民俗节庆和后来新兴的现代节庆。比如春节逛庙会，端午划龙舟、吃粽子，中秋的赏月、吃月饼，重阳的登高、赏菊等习俗古已有之，至今仍盛行不衰，是我国传统的民俗节庆活动，具有很强的事件性特征。而像哈尔滨冰灯节、上海桂花节、大连槐花节、江苏宜兴陶瓷节、广西民歌节、拉萨藏族服饰节、安徽砀山梨花节、洛阳牡丹节等都是新兴节庆活动的典型代表。随着人们的需求和时代的发展，城市或者地区为了发展当地经济而造的节庆，这是各地发展节庆产业的一种趋势。各地在挖掘和打造节庆活动的时候，要注重事件性要素的发掘，充分丰富节庆活动的文化内涵，可促进节庆活动的可持续性。

(三) 文化性要素

一个节庆活动之所以能长久延续和传承，是因为它是长期发展、积淀、演变和发展而来，是根植于人民大众的民族感情、民族信仰和生活习俗之中的，是某个地区因时、因事、因物或因名人等创造出来的一种庆祝活动，或者说是一种展示地方文化的形式，这也是一种聚集人气的方法。这类节庆活动，有的定位比较准确，能同当地的民情和文化相融合，有可参与性，也有吸引力，经济上能做到良性循环，不给政府和百姓造成负担，它就能够持续存在并发展下去。节庆文化包括传统文化、时代文化和外来文化，传统文化就是节庆文化本身具备的体现地区本土风情的文化，是节庆活动的基石；时代文化是随着时代的发展，节庆文化与时俱进，在传统文化的基础上增加的创新元素；外来文化是节庆活动在举办的过程中，随着当地居民的观点逐渐发生变化，吸收外来游客带来的文化的产物，节庆活动文化是这三种文化的综合体。

(四) 演绎性要素

节庆活动是历史和现实的共同发展需求，包括大量的时代演绎活动。节庆活动通过演绎文化、演绎故事、演绎人物。时间是土壤，物质、财富、文化、精神是养料，我们现在所看到的大量节庆活动是经历了无数时代演绎进化以后的结果。例如"嘉年华"是起源于欧洲的一种民间狂欢活动，最早可以追溯到1294年的威尼斯。多年以来，"嘉年华"逐渐从一个传统的节日，到今天成为包括大型游乐设施在内，辅以各种文化艺术活动形式的公众娱乐盛会。全世界各地有着花样繁多的嘉年华会，并成为很多城市的标志。中国媒体经常提到的世界各地狂欢节，比如著名的巴西圣保罗狂欢节、威尼斯狂欢节、牙买加狂欢节，英文都是：Saint Paul Winter Carnival, Carnival Venice, Jamaica Carnival，都是嘉年华演绎的。而且嘉年华的活动形式和主题都是通过嘉年华原始要素演绎而来，使参与者通过互动来体验节庆的内涵。

二、旅游节庆活动的作用

节庆活动的目的不仅在于吸引旅游者、消费者、赞助商、承包商等参与者，而且在于成功举办后所能带来的多种牵动效应。它一方面推动当地经济的发展，带来了物质文明方面的经济效益，另一方面为当地文化的定位奠定了基础，带来了精神文明方面的社会效益。经济发展和社会发展是良性互动的关系，在两者相互促进、相得益彰、协调发展的基础上，达到与自然、人文等环境效益的高度统一，共同构建和谐社会。尤其是大型节庆活动，对国家或地区或城市会产生难以估量的推动作用。

2010年的上海世界博览会，进一步提高了中国的国际声誉，使全世界进一步认识和了解上海，提高了上海现代化程度。将会使世界更加充分地了解中国，目睹中国的巨大变化，并可加速中国经济的市场化和开放化，中国将进一步参与到世界经济的发展中去。

（一）有利于突出目的地的旅游主题

旅游业的发展是一项涉及面广的全局性工作，每一个国家旅游业的发展有每一个国家的重点，同一个国家在不同的时期旅游业的发展也有不同的重点，旅游业发展的重点实际也就是旅游的主题。就好似写文章一样，不同的文章的主题是不一样的，在不同的时期，旅游业的发展主题也是不一样的。利用旅游节会活动，可以使旅游的主题得到很好的体现。比如，国家旅游局每年确定的不同内容的主题旅游年，在主题年的开启之际，都会选择一个有意义的地方举办主题年的启动仪式，这实际上就是用活动的方式将当年全国旅游业发展的总的方向告诉人们，这对于增强人们对旅游业的了解和支持是十分有利的。又比如，自2004年开始，国家旅游局已开始将红色旅游当作全国旅游发展的重点，湖南韶山抓住这一契机，积极地向有关部门申报，于2004年10月以国家旅游局、团中央、湖南省人民政府3家为主办单位，以湖南省旅游局、共青团湖南省委、湘潭市人民政府3家为承办单位在韶山毛泽东铜像广场举行了盛大的"中国红色之旅、百万青少年湘潭韶山行"大型主题活动启动仪式，这就同样是以活动的形式突出了红色旅游这一主题。

（二）促进目的地的经济快速发展

节庆活动针对的是休闲和商务两大旅游市场，既吸引商务旅游者，又吸引休闲旅游者。正因为这个原因，所以节庆活动产生的经济效益更大。如奥运会不仅是国际体育界的一次聚会，也同样是大规模的世界盛事，它吸引的不仅是运动员、教练员、各国政府体育部门的官员、各类体育用品和消费品的供应商，也同样吸引世界各国的人们。事实证明，奥运会的成功举办不仅能推动旅游业的发展，而且更能对一个主办城市和地区的经济发展产生难以估量的整体推动作用，其经济效益远远大于一般的会议和展览会。

（三）促进相关产业发展和基础设施的建设

节庆旅游项目丰富多彩，要求多方面配合，对社会经济方面要求很高。举办节庆活动能够推动当地经济发展，还能培养当地社会综合协调能力，同时还能培养一批管理人才，为当地经济社会发展提供非常好的机遇。这是因为，举办一次成功的节庆活动需要各个方面多层次的人配合协调、交通畅通、优质且高标准的服务餐饮和舒适的食宿接待。

（四）提升城市的知名度，塑造城市的形象

节庆活动的举办因其暂时性和短暂性，而可以将高质量的产品、服务、娱乐、设施、人力等众多因素围绕某一主题组织和整合，集中大众媒体的传播报道，迅速提升目的地知名度和美誉度，而且目的地举办节庆活动，具有广泛的意义，不仅能大大增强旅游吸引力，使原来那些静止与固定的旅游吸引物（如当地的自然和人文景观）变得生气勃勃，营造与平常迥异而浓厚的旅游氛围，同时又能作为很好的催化剂促进旅游地组织各种要素协同发展。发展丰

富多样的旅游项目可以有效地促进旅游业的可持续发展。

(五) 弘扬传统文化,展现现代文化内涵

节庆活动成为体现城市历史、彰显城市个性、提供娱乐舞台的一个欢乐的"宣泄口"。因此,多数节庆必然和老百姓的文化娱乐紧密相关,节庆活动必然是一种大众文化现象、一种当代文化现象和特色文化现象。

(六) 使参与者获得放松和欢乐

一位早期的希腊学者曾经这么说过:"过节没有别的,就是欢乐。"节庆活动的参与对于广大消费者来说,是日常紧张而忙碌工作后的一种休闲,一种享受,适当的、有节制的放松不仅有益于身心健康,而且也为欢乐之后带来工作效率。

第三节 旅游节庆活动策划旅游

一、旅游节庆活动策划的要点

(一) 主题鲜明

不管举办什么节庆活动,必须要有一个明确的主题。主题是节庆活动的主旋律,反映了节庆活动的理念,也是其形成竞争优势并保持长久生命力的有力工具。它在整个策划过程中,起到了凝聚、方向指导作用,直接关系到节庆活动的成功与否。一般来讲,主题的选择要有利于主题形象的形成,有利于后期的宣传推广,有利于吸引有效的客源市场,所以在主题选择上尽量做到特色与创新相结合,创造独特的项目主题。主题的选择需要挖掘旅游节庆自身的本底要素,结合当地的地脉、文脉、人脉等特征,运用各种方法和技巧进行充分论证、反复推敲和归纳总结。在合理确定节庆主题的基础上,节庆中的项目来烘托加强主题。一般节庆主题的确定应该遵循民族与时尚相结合,既可以挖掘本地的民族特色也可以通过移植中国乃至世界各地不同的风土人情,表现多彩的民族特色,形成另外一种时尚,满足时尚人群广泛的、普及性的需求。

(二) 特色突出

当前各地政府新办节会的一个最大问题在于数量过多过滥、水准参差不齐,没有形成自己的地方特色和民族特色。特色是节庆活动的灵魂,因此,在活动中我们注意挖掘各民族的深刻文化内涵,突出展示其独特的个性色彩。无论何种性质或类型的节庆活动,若要产生广泛的影响,就必须着眼独特的优势,找准与区域特色相符合或相融合的结合点,来塑造独树一帜又并非无所根基的节庆活动形象。把节庆活动与当地的历史文化、民俗风情、产业特征和自然风光结合起来。张扬个性、追求特色,并善于把特色与个性附着于一定的客观载体。突出节庆活动的民族特色、地域特色、文化特色和时代特色。

(三) 群众参与

任何节庆活动,都是一种大型的、群众性的活动,必须在群众参与上大做文章,才能把活动搞得生动活泼、有声有色,产生影响,达到目的。因此,在策划过程中要大力宣传节庆活动,增强广大群众的兴趣,吸引他们积极参加,同时举办大量的参与式项目组织群众参与。节庆活动要大众化,办大众化的节,办富裕百姓、快乐百姓的节。形式要开放,参与度要增大,使游客和市民都能从亲身参与中感受到节日的美好和快乐,这样才能集聚人气,渲染气氛,使活动有"气势",有"声势",从而产生节日的热烈感觉。具体到对节庆的主题、内容、形式的探讨上,在对节庆的广告语、会徽、吉祥物、纪念品的制定上等,都需要积极发动当地群众和文化界知识界的学者专家文人献计献策。只有事先经过深入的市场调研,有着广泛的群众基础并深得人心的节庆活动才能唤起群众对它的参加热情。

(四) 国际接轨

节庆活动要体现出国际性,这既是节庆活动档次的表现,也是节庆活动效益的需要。要打造国际化节庆,要做到对外宣传国际化,人员参与国际化和活动组织国际化。首先,对外宣传国际化就要求宣传的方式、语言、范围、宣传工具的选择都应做到国际化。其次,人员参与国际化,在节庆的策划、开展、参与过程中,尽量邀请目的地市场的知名人士一起参与,实现人员参与国际化。再次,活动组织的国际化,就是活动组织的水平和方式与国际接轨,在保持本土化的基础上做到国际化。西班牙的潘普罗那奔牛节(西班牙原文为圣菲尔明节 Sam Fermin,圣菲尔为潘普罗那市人的守护神),本来也是一个区域性节日,后来经过诺贝尔文学奖获得者海明威在他英文版小说《太阳照常升起》中大肆渲染,在全世界影响不断扩大,再加上奔牛、斗牛的惊险和引人入胜,拉开序幕的"冲天响"和全球电视台播放的《我好可怜》的结束曲,很快变成了一个国际性节日,年年相传,至今已有400多年。

(五) 市场运作

经过近20年的实践,各地都在探索按市场化机制举办节庆活动,对节庆活动的有形资产和无形资产进行全面开发,由政府操作走向市场运作,节庆活动市场化运作已成大势所趋。目前,我国有各类民族传统节日和现代节庆活动约5 000多个,但节庆活动仍带有浓重的政府色彩,真正的市场化运行机制没有形成,经济效益成为节庆活动成功与否的唯一标准。要实现市场化运作,首先节庆组织要以企业为主体,企业在市场中运作,具有自主性,有利于节庆活动的灵活发展。其次,节庆项目的策划要以市场为导向,节庆活动的策划应该建立在市场分析的基础上,才会是面向大众的节庆。再次,节庆活动的筹资方式要以多元化为目标,要实行公司化运作。

(六) 整体出发

旅游节庆产品的开发是一系统工程,涉及当地社会经济生活的方方面面,需要政府、众多的企事业单位和当地民众的协作配合,忽视任何一方都将直接影响到旅游节庆产品的整体功效。从产品自身来看,旅游节庆产品是在一个较短时间内,以市场为导向,围绕某一主题,通过整合当地资源、经济、产业、文化等要素,向游客加以集中展示的旅游产品。它同时要求有广泛的民众参与以烘托节日气氛,它带给旅游者的是从旅游项目本身到当地人文环境气氛的整体感受,因此它的成功推出对诸要素的整合性要求较高。就产品开发的目的来看,由于旅游节庆举办的主要目的在于推动当地旅游业的发展和促进经贸交流,旅游节庆产品和当地众多的产业之间必然有着更为密切的利益关系。同时,作为当地政府从多角度向外界推介区域整体形象、扩大地方影响的重要手段,也需要强调整体性。

二、旅游节庆活动策划的方法

(一)旅游节庆活动策划的创意方法

① 整合资源法,通过系统的分析,选择适当的主题和内容。
② "旧瓶新酒"法
③ 逆向思维法
④ 效用叠加法

(二)旅游节庆活动主题的选择技巧

① 既有性主题,是历史发展过程中逐渐沉淀而形成的,大多存在于传统的节庆活动中。
② 创造性主题,大多出现在为满足当地旅游业的发展需要而人为创造、设计的旅游节庆活动中。

在具体的选择过程中,首先要分析当地现有的旅游资源,找出活动举办区域的优势和劣势,然后避重就轻、扬长避短地利用现有的旅游资源;其次,要顺应时代发展需要,把握市场脉搏,调查分析市场需求及发展趋势,然后策划设计出能适应、引导、创造消费需求的旅游节庆主题。

(三)旅游节庆活动策划的要诀

1. 打造高品质的旅游节庆品牌

一般来说,旅游节庆品牌是指那些知名度高,具有广泛客源市场、完善的经营管理体制,活动内容丰富多彩、规模较大、举办日期较为固定,有持续办节的传统和旅游吸引力,并能产生一定的经济、社会、文化效益的旅游节庆。

2. 树立鲜明的旅游节庆形象

旅游节庆的形象是指旅游者及其他旅游节庆参与者对节庆整体的印象与评价。树立鲜明的节庆旅游形象应注意以下几点:
① 特色突出、个性鲜明、通俗易懂的旅游节庆名称是树立旅游节庆形象的第一步。
② 标识是用符号、图案、颜色等视觉方式来表达品牌形象的重要载体。
③ 主题口号能够为旅游节庆造势。
④ 细节决定成败,旅游节庆整体形象的塑造离不开对细节的关注和打造。

3. 注重全方位的旅游节庆营销宣传

① 从时间轴上讲,旅游节庆策划宣传应该是事前、事中、事后的全过程宣传,所以要制订全过程的旅游宣传计划。
② 旅游节庆策划宣传具有技巧性,应针对目标市场,选择有效的媒体,而且在宣传中要

注意宣传的频度。
③ 旅游节庆宣传要注意挖掘活动期间的亮点。
④ 旅游节庆宣传要结合时事、事件做技巧性宣传。
⑤ 要建立自己的宣传阵地。
⑥ 召开新闻发布会,旅游节庆可以通过召开新闻发布会的形式拉开宣传的序幕。

三、旅游节庆活动策划的流程

1. 明确举办目的,获得明确的策划方向。
2. 调查分析基础资料,调查将为旅游节庆策划提供可观的依据,通过相关资料的调查分析,选择目标市场并确定活动定位。
3. 确定旅游节庆活动的主题,主题是策划活动的灵魂,它统率着整个项目的策划创意、构想、方案、形象等要素,贯穿于整个项目策划之中。
4. 确定旅游节庆的初步方案,首先成立组委会;其次拟定旅游节庆活动方案。
5. 方案的审批与检查,方案确定后应交有关部门领导和专家进行评审。
6. 项目落实、推进阶段。
7. 旅游节庆活动策划评估。

延伸阅读

第六届中国南京(六合)《茉莉花》文化旅游节
——民歌节、文化节、美食节、旅游节、商贸节

民歌经典蜚声中外

六合是蜚声中外的民歌《茉莉花》的发源地。1942年冬天,当时年仅14岁的新四军小文艺兵何仿,在六合金牛山下采风时,从一位民间艺人处搜集到了传唱百年的民歌《鲜花调》,后经何仿整理改编,定名为《茉莉花》推向全国,很快唱红了全世界,成为世界乐坛一朵奇葩。已连续举办了5届的中国南京(六合)《茉莉花》文化旅游节,成为以文化力助推经济发展的"扛鼎之作",被誉为"文化的盛宴,企业的舞台,人民的节日"。

天赐瑰宝中华一绝

六合是"天赐瑰宝、中华一绝"雨花石的故乡和正宗产地。我国最早记载石头的专著是宋代的《云林石谱》,六合记录有:"六合县水中或沙土中出玛瑙石、有绝大而纯白者,纹如刷丝,甚温润莹澈。"明代大书画家米万钟,任六合县令时,大兴收藏六合文石(即雨花石)之风,形成了盛极一时的"雨花石市"。六合城东郊的灵岩山,为雨花石最早和最著名的产地,至今灵岩山玛瑙涧一带检拾雨花石的爱好者仍络绎不绝。

佳山佳水美不胜收

六合襟江带滁,控扼齐鲁,雄奇隽秀,无所不备。古代文人即评出著名的"六峰八景",即灵岩积雪、定山定云、瓜埠观潮、龙池举网、草塘春烟、长芦晚钟、龙津待渡、冶浦归帆,皆一时之胜也。鲍照、李白、苏轼、王安石、秦观等均曾于此流连忘返,留下诸多名篇佳作。城北之金牛湖为南京市最大的人工湖,为新金陵四十景之一。毗邻金牛湖的桂子山石柱林,气势雄伟,有如鬼斧神工所劈,其观赏价值远超美国黄石公园之石柱林,为六合国家地质公园核心景区。城东的灵岩山,山不高而清秀,峰不锐而险峻,林草丰茂,环境清幽,四时景色迥异。竹镇芝麻岭林木茂密,环境优美,一派原始风光为苏皖两省自然保护区。

特色美食琳琅满目

"走遍全国,吃在六合"是到过六合的人们对六合美食的溢美之词,但六合美食众多却是不争的事实。特殊的区位和移民城市的区情,孕育了六合博大精深的饮食文化。六合弹丸小邑,列入省市名菜点的菜肴就有56种之多。其中如盆牛脯、猪头肉、芙蓉鲫鱼、八百大糕、瓜埠赖月饼、龙袍蟹黄汤包、活珠子等,均具有极高的知名度。六合菜肴兼取徽菜与淮扬菜之长,朴实无华而又不乏精雕细琢之工,深受人们喜爱。近年来更力推以龙袍蟹黄汤包为代表的"美食品牌",连续六届龙袍蟹黄汤包节均获得巨大成功,每年吸引大江南北数十万食客前来品尝。

金陵新区欣欣向荣

六合是一座历史悠久的古城,具有确切纪年的城建史可追溯到公元前559年,比金陵城垣最早的"越城"还早87年;六合又是南京年轻的新区,自2002年5月正式成立至今,才不过"5岁"。全区现辖5个街道,14个镇,总面积1 485.5平方公里,人口87万,是"全国生态示范区"和省级"社会治安安全区"。在2005年和2006年度全国百强县(市、区)排名中,六合分别名列81位和73位。2006年,全区实现地区生产总值180亿元;财政收入32亿元;全社会固定资产投资112亿元;社会消费品零售总额74.9亿元。

表 10-1 第六届中国南京(六合)《茉莉花》文化旅游节活动一览表

项目	活动名称	日期	地点	精彩看点
音乐文化单元	1. 开幕式暨《又是茉莉飘香时》大型文艺演出	9月19日	"茉莉花"文化园	群星璀璨,美轮美奂;浓香四溢,异彩纷呈。
	2. "茉莉花"加冕"省花"命名仪式	9月19日	"茉莉花"文化园	魅力"省花",惊艳亮相;精彩推介,字字珠玑。
	3. "茉莉仙子"暨六台旅游形象大使评选(决赛)	10月6日	扬子演播厅	美丽盛典,闪耀金秋;以花为媒,以"赛"促游。
	4. "茉莉花大家唱"群众歌咏大赛	9月20日—9月30日	扬子影视剧院	齐唱《茉莉花》,共祝祖国好。
	5. 六合区家庭才艺表演大赛	9月20日—10月10日	人民剧场	展示家庭才艺,促进社会和谐。
	6. 闭幕式暨《吴风楚韵茉莉情》大型音乐会	10月19日	扬子影视剧院	"茉莉仙子"齐加冕,阳春白雪醉知音。

续 表

项目	活动名称	日期	地点	精彩看点
美食文化单元	1. 第七届龙袍蟹黄汤包节开幕式	9月26日	龙袍镇中心广场	美食盛宴,令人垂涎;民俗表演,别具风情。
	2. 六合美食月开幕式	9月23日	白马公园	"走遍全国,吃在六合";珍馐佳肴,美不胜收。
	3. 六合美食嘉年华暨优质安全农产品展示展销会	9月23日	白马公园	名产名点,特色美食,绿色环保,安全放心。
	4. 金牛湖湖鲜美食月	9月28日—10月28日	金牛湖景区	湖鲜美食,自然天成;名厨料理,风味宜人。
	5. 六合"美食休闲之旅"推广周启动仪式	9月23日	山水大酒店	畅游地质公园,品味美食文化。
雨花石文化单元	1. "天赐国宝·中华一绝"雨花石邀请参展	9月30日	龙海商业广场	不败之花,不朽之画;天所幻出,思议不及。
	2. 央视《石说华夏·雨花石》专题片首映式	9月30日	龙海商业广场	向世界展示"石中皇后"的风采。
	3. 雨花石工艺品开发展示交流会	9月30日	龙海商业广场	精雕细琢,巧夺天工,通灵宝玉,神采飞扬。
	4. 第二届六合雨花石精品拍卖会	10月7日	龙海商业广场	"疯狂的石头"将再度上演。
	5. 雨花石文化产业论坛	10月12日	横梁镇	注入更多文化内涵,全面提升雨花石产业。
	6. 中小学生"雨花石"征文大赛	9月30日—10月16日	龙海商业广场	"童眼看雨花",从小爱家乡。
旅游文化单元	1. 六合"农家乐""创星争优"活动月	9月20日—10月19日	各"农家乐"旅游点	休闲农庄,提档升级;农家旅游,再上台阶。
	2. "翰墨飘香,丹青流韵"书画邀请展	10月9日—10月16日	万寿宫	为"茉莉花"添彩,为雨花石增色。
	3. 金牛湖风筝大赛	10月2日	金牛湖景区	放飞梦想,共祝奥运。
	4. 金牛湖龙舟大赛	10月10日	金牛湖景区	龙腾魅力金牛湖,全民健身迎奥运。
	5. 金牛湖风景区征联、征文、征集广告语系列活动	9月20日—10月19日	金牛湖景区	传奇山水,茉莉情缘;文人墨客,纵笔金牛。
	6、六合休闲旅游产业发展高层论坛	9月28日	山水大酒店	休闲旅游,方兴未艾;朝阳产业,破题六合。

续 表

项目	活动名称	日期	地点	精彩看点
商贸文化单元	1. 南京六合(宁波)产业投资说明会	9月2日	宁波	13个项目签约,预计总投资12.6亿元。
	2. 江苏"海外之友六合行"联谊会	9月17日	扬子宾馆	观光六合,考察六合,联谊六合,投资六合。
	3. 六合区重点投资项目推进会	9月28日	六合经济开发区	重点项目,重点推进,工业六合,蓄足后劲。
	4. 南京六合(佛山)投资环境推介会	9月28日	广东省佛山市	走出去,请进来,投资六合,投资未来。
	5. 魅力六合——南京金秋经贸洽谈会六合专场推介会	9月24日	古南都大酒店	金秋招商月,六合展魅力。
	6. 农林水利资源专场招商会	9月16日	平山森林公园	争当丘陵山区开发的"排头兵"。
	7. 六合区重大投资项目开工仪式	10月18日	中山科技园	推进"三带六园"建设,打造江北经济"增长极"。

(资料来源:《扬子晚报》)

思考题

1. 论述旅游节庆活动的分类。
2. 论述旅游节庆活动的作用。
3. 论述旅游节庆活动的策划方法。

【微信扫码】
相关资源

第十一章

旅游商品策划

第一节 旅游商品概述

今天,随着人们物质财富和文化素质的不断提高,追求文化精神满足的要求也越来越高。在参与各种旅游活动过程中,人们往往把购买具有鲜明特色的,具有丰富的文化内涵的,具有重要纪念意义的高品位的商品和纪念品作为参与各类旅游活动经历的见证。

一、旅游商品含义

旅游商品的含义有广义和狭义之分。广义的旅游商品是指旅游者因旅游,或在旅游过程中购买的具有旅游文化内涵的有形商品和无形商品的总称,是指在整个旅游活动过程中购买的商品,它几乎涵盖了旅游者在游览之前、旅游活动之中所购买的所有商品,包括旅游日常消费品、旅游纪念品、旅游线路以及各种服务等。因此,广义的旅游商品是含有"旅游信息"或"旅游地文化内涵"的劳动产品。文化内涵是旅游商品的重要"组成部分",将旅游地的文化内涵应用到旅游商品中,可以提高当地商品的层次和品质。

狭义的旅游商品则是指旅游者在旅游过程中购买的,具有纪念意义的,能反映旅游地特色的特殊物品。

二、旅游商品的特点

(一) 蕴含着目的地民族文化的特点

对于旅游商品的开发与设计,要充分反映一个国家或一个地区的民族文化特色,要有鲜明的主题和独特的个性。由于历史、风俗的不同,很多地区在长时间里形成了自己的传统文化,并逐渐物化,在人类制造的所有各类商品中均能体现出来,表现出了民族文化的精髓。因此,旅游活动商品与纪念品有其强大的生命力。对于活动参与者来说,商品与纪念品是具有特殊意义和价值的,尤其是带有浓郁的民族文化性的纪念品,更能吸引国内外消费者。

旅游商品作为一种文化的载体,它记录着旅游者的每一次旅游经历,反映出旅游目的地的文化渊源和背景。这是旅游特色商品区别于一般商品最本质的特点之一。如到中国的旅游者喜欢购买中国茶叶、丝绸、印章、瓷器、国画、工艺品等,是因为其具有中国民族文化的特点。

（二）给旅游者带来愉悦的特点

旅游商品的愉悦性是指人们购买它，会带来旅游活动的愉悦。普通商品一般不具有旅游愉悦性。如旅游过程中的饮食与在家用餐是有区别的，在家吃饭是满足基本的生活、生理需要，而在旅游目的地用餐就不仅仅是满足吃饱的生理需求，可能更多的是希望品尝当地有特色的饮食，感受异地的饮食文化习俗等。

（三）具有艺术高品位的特点

旅游商品在设计时要考虑旅游活动消费者的审美观念，他们购买的目的是作为纪念留存或者作为礼品转赠他人，所以商品与纪念品要有一定的品位和艺术价值。当然这种艺术性应该是大众化的，能被消费者所接受的。

（四）兼顾宣传旅游目的地的特点

旅游商品的宣传性，是指其具有宣传旅游目的地和产品品牌的功效。旅游商品能使旅游者了解当地的历史文化、生活习俗甚至是地理气候等，从而对目的地的知名度、形象形成等将起到宣传的连动作用。如刻有云冈石窟佛像的雕刻艺术品就具有较强的宣传作用，它不但使人们了解到云冈石窟的魅力，还传递这样一个信息：山西大同是一座具有丰富煤炭资源的历史文化名城。

（五）反映旅游目的地资源特色的特点

旅游商品的代表性是指旅游商品能代表和反映旅游目的地的资源特色。那些能反映目的地资源特色和文化底蕴的旅游特色商品往往与众不同，特色明显，异地不易买到，具有一定的垄断性。如海南省拥有热带岛屿以及丰富的海洋自然资源，并具有鲜明的地域文化特征，通过贝和沙的艺术组合而制作的贝沙工艺品，赢得了首届中国旅游纪念品设计大赛金奖、银奖和优秀奖。

（六）具有旅游经历纪念意义的特点

人们外出旅游总是希望带回一些具有地方特色的商品来留作纪念。一件具有纪念意义的旅游特色商品能有效地加深人们对旅游经历的回顾和感受，因此，纪念性也是旅游特色商品的基本特性。如去北京八达岭长城的游客，会带回雕刻有长城图案和自己姓名的铜牌，四川峨眉山的旅游者，会带回刻有"峨眉山纪念"字样的竹手杖；到西藏旅游的人们，喜爱购买藏文化饰品（如藏刀）、工艺品。旅游特色商品不同于其他商品的一个重要之处就在于其有特殊的纪念意义。由于很多旅游活动具有一次性的特征，旅游消费者的经历是独一无二的，不可有第二次的机会，所以旅游活动过程中用来推销给旅游者的商品与纪念品需要有鲜明的个性，且具有独特的纪念价值。

（七）便于携带，体积灵巧的特点

旅游特色商品由于是在游览前或旅游过程中购买，因而往往由旅游者自己携带，便携性就成为对旅游特色商品的基本要求。如一件旅游特色商品虽然很美，但体积、重量、包装都不利于携带，旅游者一般也不会购买。活动商品与纪念品可以制作成装饰品、书画品、日常生活用品,如背包、钥匙链、竹器保健品等,应该充分考虑旅游纪念品的实用性、小巧化和特殊处理包装。

三、旅游商品开发的重要作用

(一) 丰富了旅游活动的内容

旅游购物是旅游"吃、住、行、游、娱、购"的六大要素中不可或缺的重要内容之一,是丰富旅游过程中的活动的重要环节,大多数旅游者在旅游过程中都会购买旅游特色商品。一方面来铭记自己的旅游经历,另一方面用来馈赠亲朋好友。缺少了购物环节,旅游将成为一个不完整的活动。另外,合理、有效地安排旅游购物活动(而不是频繁的),还可提高旅游活动的参与性和趣味性。在购物过程中,旅游者通过和服务人员的交流沟通,可了解当地的民风、民俗、旅游特色商品制作过程以及鉴别真伪的技巧等,这样既增长了见识,又增加了活动的乐趣。购物活动与观光活动相间安排,舒适的购物环境也给游客以休憩、放松的机会。

(二) 促进了地区经济文化的交流

大力开发旅游特色商品,可全方位促进地区的经济文化交流。通过组织旅游特色商品设计大赛、开展各类旅游特色商品展销会等活动,可不断提高旅游特色商品的文化内涵和品质,促进各地之间的文化交流,繁荣地区经济。如2001年昆明国际旅游暨旅游特色商品展销会,签订合同104份,总成交额8.3亿元,零售总额2 492.3万元。2002年沈阳旅游特色商品展销会上,展示了79类近7 000余种旅游特色商品,成交额达1 174万元。这既促进了区域经济的发展,也对外宣传了地方旅游产品。

(三) 推动了旅游经济的发展

据国际旅游相关统计资料分析,欧美等旅游业发达国家中的旅游购物收入,一般均占这些国家旅游业总收入的40%以上,新加坡和香港地区的旅游购物收入,则占旅游业总收入的50%~55%,并且增长很快。旅游购物所占比重的多少,已成为衡量一个国家(或地区)旅游业发展程度的重要标志。从国内主要旅游城市来看,旅游购物发展水平较高的北京、上海两地,旅游购物消费已占游客旅游总支出的40%左右。

(四) 游客前往旅游的重要因素

旅游特色商品的开发与策划,属于旅游目的地旅游资源及商品开发的一部分,是吸引旅游者前来旅游的重要因素之一。如,中国北京的王府井,上海南京路,南京新街口、夫子庙,扬州的东关街,广州北京路步行街,湖南的凤凰古城,成都的宽窄巷子等旅游特色商品聚集中心,也都成为都市旅游不可缺少的购物街区,每年吸引了上万名旅游者前来购物。尤其对于一些具有质高、物美、价廉的购物特色的旅游目的地,旅游景区、购物中心、特色商品一条街来说(如香港和新加坡等),旅游特色商品就成为其旅游吸引力系统中相当重要的组成部分。

第二节 旅游商品分类

我国国土幅员辽阔,地大物博,历史悠久,物产丰富,旅游特色商品类资源也十分丰富多彩、种类繁多,许多旅游商品资源研究方面的专家、学者在对我国的旅游商品资源的研究过程中,提出了各自不同的分类方法。旅游商品按照不同的分类依据有不同的分类方法。

一、按照旅游商品属性分类

旅游商品按其旅游属性可划分为旅游纪念品、旅游工艺品、旅游用品、旅游食品和其他商品。

1. 旅游纪念品

旅游纪念品就是指各种各样的标有产地地名,后用产地的人或事物特征作商标的商品。它主要以旅游景点的文化古迹或自然风光为题材,利用当地材料制成等。

2. 旅游工艺品

旅游工艺品是以旅游目的地的文化古迹或自然风光为题材,利用当地特有材料制成的设计新颖、工艺独特、富有纪念意义的艺术品,如丝织品、刺绣、陶瓷、金属工艺品、漆器、工艺画等。

3. 旅游用品

旅游用品就是指在旅游活动中购买的具有实用性和纪念性相结合的生活用品,包括服饰和日用品两类。服饰就是指本地制造的具有地方和民族特色的绸缎、呢绒、棉毛。皮革和皮毛等旅游日用品是在旅游过程中必需的日用品,如毛巾、打火机等。

4. 旅游食品

旅游食品是指旅游者在旅途中随身携带、食用或瓶装、匣装、袋装和其他软硬包装的食品,如土特产品、方便食品、快餐食品、风味食品等。

5. 其他商品

其他商品是指除以上四种商品之外的旅游商品,如文物商品及其复制品等。

二、按照旅游商品的地域性分类

泛地域类旅游商品:无法体现某一特定地区或民族文化的特色及文化差异,具有普遍性,变现为一种较大尺度地域上的共同文化。(如中国结、国画、非特定地域内放置文物等)。

表层地域类旅游商品:从表层的地域来传达旅游区的地域文化,即通过形象塑造,是产品具有旅游地的某种意向或视觉特征,该意向来源广泛,如特色景物、特色民宿、特色材料等。

深层地域类旅游商品:在特定地域,由特定民族产生并发展起来的,具有强烈地域特征和浓厚历史文化内涵的商品,如无锡惠山泥人、紫砂茶壶、天津泥人张的泥人、维吾尔族的花帽。

三、按照旅游商品的流通形式分类

旅游商品按其流通形式可划分为导购旅游商品和自选旅游商品。前者往往是作为旅游行程中有意安排的购物对象,后者是旅游者在旅游目的地的市场上自己选购的旅游商品。

四、按照旅游商品的用途分类

旅游商品按其用途可划分为消耗性旅游商品、旅游用品和旅游纪念品。消耗性旅游商品是指旅游者在旅途中购买的日常生活中有实际用途,具有一次性消费的特点,能够代替一般生活用品功能的旅游产品;旅游用品是指旅游者为实现特定的旅游目的的需要所购买的旅游过程中使用的商品;旅游纪念品是指旅游者在旅游过程中购买的具有区域文化特征,富有民族特色,具有长期纪念意义和收藏价值的一切物品。

五、按照旅游商品的原料分类

旅游商品按其原料可划分为植物性旅游商品、动物性旅游商品和矿物质旅游商品。植物性旅游商品是以植物性原料制成的旅游商品,如根雕、盆景、竹艺品、木艺品、植物性等;动物性旅游商品是以动物原料制成的旅游商品,如皮制品、毛织品、动物性工艺品等;矿物质旅游商品是以矿物质原料制成的旅游商品,如陶瓷制品、金银饰品、宝石玉器等。

六、按照标准化程度分类

旅游商品按其标准化程度可划分为标准性旅游商品和非标准性旅游商品。前者可以制定成明确的生产质量标准,可以客观地评价其质量状况;后者难以制定成明确的生产质量标准,其质量高低主要以主观评价为主。

七、其他分类方式

按旅游商品功能分类:
旅游工艺品、礼品类旅游食品、礼品类旅游用品和其他类。
按区域旅游商品生产工艺:
工业制成品、手工制品。
按旅游者购买的目的:
礼品用、收藏用、实用与多用途旅游商品。
按旅游商品功能与美学价值可分为低、中、高三档。商品价格也响应分为三档。

第三节　旅游商品的开发与策划

一、旅游商品发展存在的问题

（一）旅游商品生产企业普遍存在轻视品牌现象

商标是品牌的前提和基础，缺少有效的注册商标，何谈塑造特色旅游商品品牌。

（二）误把农副产品包装物当成农副产品开发方向

食品包装物首先要起到保护作用；第二要起到勾起食欲的作用。食品包装物既不应设计成文化宣传品，更不应过度，让包装物的成本远远大于食品的成本。

（三）旅游食品的现代化程度明显不足

旅游食品是旅游者最喜欢购买、销售额可以很高的旅游商品。很多旅游食品以保护传统工艺为名，守着传统品种不变。其油大、过咸、过甜、过腻等特点，已不适合现代人对健康的要求。过干、渣多、块头大等也不适合现代饮食习惯。即食类旅游食品的更新速度过慢，严重影响复游旅游者的重复购买量。

（四）旅游纪念品类的贴画式设计仍很严重

把所谓的文化符号贴在各种常见用品上，美其名曰：旅游纪念品系列。这种快餐式、应付式的设计产生的所谓旅游纪念品早已过气，已丝毫不能打动旅游者。这种内心缺乏对生活和文化尊重的设计，产生不了旅游者喜爱的旅游纪念品。

（五）旅游工艺品的低端纪念品化严重

旅游工艺品的核心是精美，基础制造手段是手工，题材是大众旅游者能够接受的，目标是创新。工艺粗糙的旅游工艺品很难打动消费者。若其机械加工的成分太多，容易成为昙花一现的快消品。如果题材过于严肃，会脱离大众的需求。旅游工艺品的创新很难，但有一点点创新就很明显。旅游工艺品既要敢于创新，又要符合传统文化的内涵。旅游工艺品的低端纪念品化，只会降低旅游工艺品的价值。

（六）电子、电器类企业对旅游购物市场认识仍然不足

很多电子、电器制造企业还是不理解旅游者的电子、电器旅游购物需求，还在用低档电子、电器产品应付旅游者，或是把旅游者当作一般居民购物者，导致境内旅游者在出境旅游中大量购买电子、电器类旅游商品，在境内则少有购买。

（七）旅游玩具类缺乏创新

中国是全世界最大的玩具加工出口地。但自主研发、自有品牌的玩具企业不多，有较大

市场份额,品牌知名的玩具企业更少,即使是绒毛玩具也鲜有功能上的创新。

(八) 旅游鞋帽类少有精品

总是说世界上有多少多少的鞋帽是中国制造的,准确说应是中国加工的。大品牌几乎都是国外的,知名新款也多是国外的。多数旅游鞋帽的款式已是陈旧得不能再陈旧了。

二、旅游商品开发策划的计策

(一) "心理需求"计

旅游商品策划要仔细分析游客的心理,有些游客喜欢求新、求异、求时尚、求保健、求舒适等,我们要根据游客的这些心理设计出他们喜欢的商品。如随着全球环境污染的加剧,人们可能会认识到环保的重要性,那么旅游商品开发则应侧重商品的天然性。

(二) "文化包装"计

充分结合旅游地的文化特色,将当地的文化理念融入商品的策划、设计、生产、销售的全过程,用文化来包装商品,使文化成为当地旅游商品的灵魂。

(三) "推陈出新"计

"推陈出新"计是指摒弃那些已经不被消费者认可的,没有销售市场的旅游商品,推出新的旅游商品。新的旅游商品可以是对原有旅游商品的改进,也可以是创造出来的新产品。

(四) "聚优组合"计

旅游商品开发商可以仔细分析各类商品的优势,博采众长,取其精华,打破原有的组合形式,重新组合。如在雕塑工艺的制造过程中,将古代人物的形象加上一些现代人的元素,会发挥出微妙的效果。

(五) "细分专攻"计

依据不同的标准将市场进行细分,再根据不同细分市场的需求特色,"集中优势兵力"进行设计、开发商品。

(六) "嫁接联姻"计

旅游商品开发可以采用嫁接或联姻的方法,即以外地某些著名的工艺品技术、特种材料为载体,以当地的文化为内涵,将二者有机结合进行开发。例如宜昌利用江苏宜兴的紫砂陶器制作工艺,以长江三峡为文化进行包装,开发出茶具"三峡紫砂壶艺"——瞿塘壶、巫峡壶、西陵壶。

(七) "借鉴"计

注意借鉴和吸收别人的优秀成果,在旅游商品的开发过程中这点也很重要。

（八）"亮点"计

任何旅游商品的开发都要有亮点，亮点能激起游客的好奇心，是形成购买力的主要推动因素。

三、旅游商品的经营

（一）旅游商品的经营要有针对性

旅游者购买旅游商品，虽然在动机上和需求上有一定的共性，但由于个人的经济条件、职业、国籍、性别、文化程度等方面的差异，对旅游商品的需求表现出较大的不同。因此，旅游商品的经营在考虑旅游者的主要需求的同时，还要特别注意针对不同个性特征的旅游者的心理和风俗习惯，尽量增加花色品种，以提供更加有针对性的旅游商品。

（二）旅游商品的经营要有地方色彩和民族风格

地方色彩是指旅游商品的生产和造型、式样、图案、书面设计等必须同当地的旅游资源和当地的特点紧密结合起来，突出当地的旅游风貌，增添旅游纪念品的意义和使用效能，以此来扩大影响。

（三）旅游商品的销售渠道应通畅

旅游商品具有品种多、批量小、变化大、季节性强等特点。因此，经营过程中应减少流通环节，减低生产成本，设点要便利旅游者的购买。同时，销售网点的设置要合理，既不妨碍旅游者参观游览，也不会因旅游者的购买影响聚散。

四、旅游商品开发新趋势

随着旅游者的成熟度越来越高，再次到某地的旅游者越来越多，旅游地的重游率越来越高，对新旅游商品的追求也越来越高。旅游者的消费需求在不断变化，旅游者在不断追求新的旅游商品，迫使旅游商品需要不断创新，旅游商品企业根据旅游商品的趋势要不断开发新的旅游商品。2018年以来，新的旅游商品趋势也越来越明显，主要集中在八个方面：

其一，旅游商品开发向多品类、多品种、全系列发展。以绿茶为例：在日本，仅绿茶类的冰激凌就有百种，绿茶的烘焙类食品也有数百种，绿茶的化妆品、护肤品等品种也非常多。海南省的椰子食品、椰子类化妆品、护肤品、首饰等也在不断开发中。利用当地特色物产资源多品类、多品种、全系列地开发特色旅游商品，已越来越受到企业和旅游者的关注。

其二，旅游商品开发时创意大于设计。经常听到一些企业负责人说，准备请设计师设计一批好销的旅游商品。他们对设计的重视值得称赞，但对设计的期望值太高了。要求旅游商品的设计师既精通市场，又了解工艺，还要有创意，且能设计，很难说这样的设计师能有几位。旅游商品的创意是基于市场基础上，或结合当地物产，或结合企业优势，或结合当地文化等形成的区别于现有旅游商品的创意。在有了创意之后,再请专业设计师进行设计,才能比较容易地做到既有符合市场的创意,又有专业的设计。

其三,旅游商品与乡村旅游的结合越发紧密。一是作为城市周边游的乡村旅游在旅游中的占比迅速提高,欧洲的旅游发达国家旅游总人数中的乡村旅游人数占比已达50%以上,乡村旅游地逐渐成为重要旅游购物消费地;二是乡村旅游地的特色物产对旅游者的吸引度较高,以特色物产开发的旅游商品较易被旅游者接受;三是乡村特色旅游商品的创新开发渐渐被企业所重视,脱离俗套的乡村特色旅游商品被旅游者所喜爱。

其四,旅游商品开发逐渐脱离呆板的文化设计。曾几何时,大量的旅游商品开发者张嘴文化旅游商品,闭嘴文化旅游商品,设计的文化旅游商品只是把各种文化符号、图案以贴画方式贴到现成的商品上,千篇一律,呆板无比。开始有少数旅游者购买,后来有少数旅游者拍照,再后来少有旅游者关注。市场逼迫旅游商品开发者逐渐脱离呆板的文化设计,开始关注生活化旅游商品的开发,为人们的美好、幸福生活而开发。

其五,旅游商品开发中景区卡通形象逐渐失宠。利用旅游景区的卡通形象开发旅游商品一度成为时尚。但随着发现旅游者只是在主题游乐园关注卡通形象旅游商品,在大多数景区旅游时很少关注卡通形象旅游商品,导致景区卡通形象旅游商品在景区内的销售额很低。在景区外,景区卡通形象商品认知度更低。现已形成国际著名主题游乐园景区卡通形象旅游商品销售火爆,一般主题游乐园景区卡通形象旅游商品销售很一般,其他类景区卡通形象旅游商品少有人问津。

其六,主动开发旅游商品的制造企业日渐增多。很长一段时间以来,主动开发旅游商品的旅游商品销售企业比较多。之后,又有不少设计企业主动开发旅游商品。旅游商品销售企业主动开发旅游商品的好处是贴近市场,开发的品类多、品种多,弱点是容易跟风,创新度弱,不易形成旅游商品自有专业品牌。设计企业主动开发旅游商品的好处是创新度都较高,开发的品类多、品种多。弱点是脱离市场的设计较多,不易形成旅游商品自有专业品牌。制造企业主动开发旅游商品同样面临市场问题和创新问题,但易形成旅游商品自有专业品牌,有利于旅游商品的长期发展。

其七,旅游商品设计企业开始行业细分,更趋于专业。经过旅游商品市场的验证,大多数在旅游商品的贴画时代形成的"万能型"旅游商品设计企业正逐渐被淘汰。严重违反旅游商品规律的各种以所谓的"旅游商品一体化解决方案"为名的旅游商品设计公司,已被纳入大忽悠以上级别。只有那些叫不醒的装睡的负责人还接受这种忽悠公司的荒唐之说。旅游商品设计企业走向以对应的行业设计为主的旅游商品专业设计企业。设计的专业细化有利于各类旅游商品的专业化创新,包括功能创新、工艺创新、功效创新等,更好地满足旅游者的购物需求。

其八,旅游商品的开发将伴随全域旅游发展而发展。旅游商品也是商品,只是因旅游者的购买而成为旅游商品。要想吸引旅游者、满足旅游者、让旅游者关注、让旅游者喜爱、使旅游者自然地购买,就需要品类广、品种多、品质好、品牌响、价格优的商品。好的旅游商品一定是能够为旅游者接受,为当地居民接受,还能被网民接受的商品。其销售对象包括旅游者、当地居民和网民。用旅游商品带动当地产业发展,符合用旅游产业带动当地产业的全域旅游的产业发展观,与全域旅游服务、全域旅游消费、全域旅游产业融为一体,旅游商品开发也必然伴随全域旅游发展而发展。

旅游商品成功案例——故宫文创的成功之路

伴随着时代潮流,文创艺术悄然兴起。文创,顾名思义就是文化创意产业的简称,是指依靠创造人的智慧、技能、天赋,借助现代科技手段对文化资源和文化用品进行创造提升。

文创既能让传统文化走进生活、融进生活,又能让物品因为增加创意而更富有趣味性,使得大家在消费、使用的过程中获得更多的精神享受。

说起文创产品,不得不提故宫文创。

故宫文创始于2008年故宫文化创意中心的成立,而从严肃的紫禁城到萌萌哒故宫淘宝,转变源自2013年。当时,台北故宫推出了大受欢迎的"朕知道了"纸胶带,这让北京故宫博物院院长单霁翔认识到了文创产品的庞大市场。

故宫在传统文化从简单商品到创意的过程中,搭建起了自己的文创商业版图和一个坚守IP价值与开放互动的产业链。2013年8月,北京故宫第一次面向公众征集文化产品创意,举办以"把故宫文化带回家"为主题的文创设计大赛。此后,"奉旨旅行"行李牌、"朕就是这样汉子"折扇等各路萌系路线产品使600岁的故宫以一种前所未有的姿态变得年轻。

近几年,故宫不断推陈出新,潮品爆款层出不穷,不断尝试花式营销玩法,600岁的故宫终于活成了网红。

故宫的网红之路

2013年—2014年,故宫官方就推出了三款App:胤禛美人图、紫禁城祥瑞、皇帝的一天。三款app极具趣味,吸引了众多用户的关注。除了实体的文创产品,故宫在网络上也陆续"打"开了宫门,开发出了各类App:每日故宫、故宫展览、清代皇帝服饰、韩熙载夜宴图、紫禁城祥瑞、胤美人图……这些App都蝉联AppStore精选榜单。

2014年,一篇《雍正:感觉自己萌萌哒》的文章,让平均阅读量四位数的故宫有了第一次的10万$^+$。推送中,比着剪刀手的雍正、挤眉弄眼的康熙等表情包,一炮而红,萌化众人。

2015年8月,正值故宫博物院院庆90周年,故宫魔性周边走红。"如朕亲临"的旅行箱吊牌,朝珠形状的耳机,各式各样的带有皇宫色彩的生活用品及工艺品萌翻了当下年轻人。

2016年,故宫IP推出《穿越故宫来看你》H5火爆朋友圈获得347万点击量……

故宫真正成为超级网红,还归功于同年的爆款纪录片《我在故宫修文物》,播出后大热,豆瓣评分达9.4分,超过了热播剧《琅琊榜》,还超过了纪录片《舌尖上的中国》,成为国内纪录片第一。随后的《国家宝藏》《上新了·故宫》等节目的播出,让这座有着将近600年历史、看上去庄重高冷的故宫开始接地气了。

2016年,故宫文创产品销售额已经达到10亿元。

2017年,故宫文创产品突破10 000种,产品收益达15亿。

2018年,相继推出6款国宝色口红,以及"故宫美人"面膜,引发市场一片哄抢。

2019年,从"故宫里过大年"到"故宫下雪",这个农历年,故宫可没闲着,赚足了流量。

作为一个大IP,故宫赚足了热度,那么故宫文创到底为啥这么火呢?

1. IP 衍生创意

故宫本身就是大 IP，这一点想必大家已经达成共识。故宫刷屏的案例，都是基于故宫 IP 进行的衍生，自带的大 IP 属性，赋予原本冰冷的历史故事鲜活的形象。

2. 文物丰富取材容易

故宫有 1 807 558 件（套）文物藏品，包含着大量的历史信息，故宫的建筑、文物、历史故事等都成了研发团队取材的宝库。无论是故宫的大门还是房顶的脊兽，皇帝御批抑或是某块牌匾，深度发掘这其中的特色并将其应用于受市场欢迎的载体，是故宫文创成功的关键。

3. 创意融合更具趣味

故宫文创兼具故宫文化底蕴和流行时尚元素，将这些融合性的创意元素与箱包、服饰、首饰、手机壳等相结合。摘取有潜力成为爆款的御用名句，添加到帽子、眼罩、钥匙扣、折扇等上面，赋予这些产品新的创造力。很多如"朝珠耳机""朕就是这样汉子"折扇、超酷的御批文字系列万能刺绣布贴等本身形象就足够创意，很吸引眼球。而《点染紫禁城》图书、《故宫日历》等特色产品的打造，就显得很有文化品位，从中能够长知识，也就受到追捧。

研发人员查阅大量史书资料，以确保所用词汇不与史料背离的同时，还能突显"朕"这一皇帝自称在表达感情时的可爱亲切之感，从而拉近"御用产品"和平民百姓的距离，刺激购买欲。

4. 给力的营销团队

除了做好产品本身的研发，另一个能让北京故宫文创短时间内超过台北故宫的原因就是"故宫淘宝"这个账号洗脑式的宣传方式。

故宫淘宝停不下来的"卖萌"宣传模式拉近了与受众的距离也增加了互动感，既向各年龄层受众科普了小众的历史故事，又将自己的新产品宣传出去，一举两得。

后来，故宫淘宝的微博账号以及微信账号又陆续发布多篇名为《朕生平不负人》《够了！朕想静静》《朕有大招赐予你》《你们竟敢黑朕？》《朕是如何把天聊死的》这样以讲历史史实之名，行宣传售卖之实的广告帖，文内多配上颠覆形象的君王的新形象。

5. 注重研发质量

故宫文创向来不关注研发数量，而是更加注重研发质量。他们认为，产品代表的就是故宫博物院的品牌形象。故而，产品质量是其研发的前提。所以故宫周边不仅进入了寻常百姓家，也进入了收藏领域，有的参加大会比赛获奖，有的甚至经常作为国礼赠予外国的领导人。

6. 多元的合作方式

2016 年，故宫先后与阿里巴巴、腾讯两大互联网巨头达成合作。阿里方面搭建了文创产品销售平台。而和腾讯的合作，故宫则看重 QQ 与微信庞大的用户量，已经尝试推出故宫定制版游戏，未来的 QQ 表情中将出现故宫的元素，将原创 IP 通过社交软件传播。

2016 年 9 月，故宫博物院还和凤凰领客文化达成战略合作，签约之后双方将充分应用故宫具有丰富历史背景、文化故事的馆藏进行创意合作，以增强现实技术（AR）、互动沉浸技术（MR）、3D 等科技手段，提升其文化价值，传播故宫文化内涵，满足公众对故宫文化认知的需求。

7. 品类丰富满足大众

故宫的文创产品能够在设计风格、产品种类、质材物料等方面及时吸纳到社会研发力量的精华,能够应时应景推出呼应于市场的新产品,"卖萌"的、文人雅士手办礼类的、高大上的、限量版奢侈品等应有尽有,在风格、题材、价位方面能满足社会不同层次的购买需求。

故宫文创的红火充分借助互联网起到了关键作用。故宫淘宝、故宫天猫旗舰店的网店让故宫文创的销量大增,这让不去故宫的人也能够享受故宫文化的创意。而且,为了更好地开拓市场,故宫还与互联网企业合作,一起推动其文创产品开发和营销。

故宫博物院近年的变化也改变了人们印象中高高在上的紫禁城的形象,更为贴近大众。让优秀传统文化与时代审美相结合,实实在在实现了让"文物"活起来。

(资料来源:搜狐网)

 思考题

1. 简述旅游商品的地域性分类。
2. 说说你所接触过的旅游商品应用了哪些商品策划计策。
3. 附件中故宫文创产品的成功经验对我们有哪些启示?

【微信扫码】
相关资源

第十二章

智慧旅游策划

第一节 智慧旅游概述

一、智慧旅游的定义

智慧旅游,也被称为智能旅游,就是利用云计算、物联网等新技术,通过互联网/移动互联网,借助便携的终端上网设备,主动感知旅游资源、旅游经济、旅游活动、旅游者等方面的信息,及时发布,让人们能够及时了解这些信息,及时安排和调整工作与旅游计划,从而达到对各类旅游信息的智能感知、方便利用的效果。

智慧旅游策划,旨在构建智慧旅游的总体框架和支撑体系,着重探讨智慧旅游在行业管理、游客服务和产业发展方面的典型应用,对智慧旅游的关键技术、运营模式以及建设效益进行了的探讨。

智慧旅游是基于新一代信息技术(也称信息通信技术,ICT),为满足游客个性化需求,提供高品质、高满意度服务,而实现旅游资源及社会资源的共享与有效利用的系统化、集约化的管理变革。智慧旅游的本质是指包括信息通信技术在内的智能技术在旅游业中的应用,是以提升旅游服务、改善旅游体验、创新旅游管理、优化旅游资源利用为目标,增强旅游企业竞争力、提高旅游行业管理水平、扩大行业规模的现代化工程。

二、智慧旅游与旅游信息化的概念区别

智慧旅游是智慧地球及智慧城市的一部分。智慧旅游与旅游信息化既有区别又有联系。

信息化是指充分利用信息技术,开发利用信息资源,促进信息交流和知识共享,提高经济增长质量,推动经济社会发展转型的历史进程。旅游信息化狭义上讲是旅游信息的数字化,即把旅游信息通过信息技术进行采集、处理、转换,能够用文字、数字、图形、声音、动画等来存储、传输、应用的内容或特征;广义上讲是指充分利用信息技术,对旅游产业链进行深层次重构,即对旅游产业链的组成要素进行重新分配、组合、加工、传播、销售,以促进传统旅游业向现代旅游业的转化,加快旅游业的发展速度。因此,信息化与旅游信息化既是过程也是结果,过程的理解侧重于实现信息化的过程,而结果则侧重于"信息化了"的

结果。

然而,由于信息技术的不断发展,信息化在实践中更侧重于一个随着信息技术的发展而不断进行的过程。智慧旅游则可理解为旅游信息化的高级阶段,其并不是旅游电子政务、旅游电子商务、数字化景区等用"智慧化"概念的重新包装,而是要能够解决旅游发展中出现的新问题,满足旅游发展中的新需求,实现旅游发展中的新思路以及新理念。

三、智慧旅游的特征

(一) 数据化——全面感知

全面感知的本质是使旅游资源能被计算机识别,然后形成整体的数据网络,从而实现数据信息的即时交互。其核心是感知技术,比如传感技术、RFID 技术、GPS 技术、视频识别、红外、激光、扫描等所有能够实现自动识别与物物通信的技术都可以成为智慧旅游的信息采集技术。目前运用较多主要集中在 RFID 技术上。

(二) 互联化——全面传输

信息技术采集到的数据要经过传输才能到达智能处理终端。传输技术是指能够汇聚感知数据,并实现物联网数据传输的技术,它包括互联网技术和移动通信技术等,包括远距离通信技术(GSM、GPRS 等)、近距离通信技术(WiFi、蓝牙、RFID 和 UWB 等)以及基于 GPS、无线终端和网络的位置服务技术等。通过这样一个网络,能够连接所有的物体,在任何时候、地点,可以使他们通信。在此基础上,人类可以以更加精细和动态的方式管理生产和生活,实现智能化,提高资源利用率和生产力水平。换句话说,未来的传感网络、物联网在任何时间(anytime)、任何人(anyone)、任何地点(anywhere)的基础上,又拓展到了任何物体(anything)。

(三) 智能化——人性处理

智慧旅游是一个智能的网络,面对采集的海量数据,必须通过智能分析和处理才能实现智能化。目前实行智能处理的技术有云计算、模糊识别等。

云计算(Cloud Computing)通过网络把多个成本相对较低的计算实体整合成一个具有强大计算能力的完美系统。云计算的一个核心理念就是通过不断提高"云"的处理能力,进而减少用户终端的处理负担,最终使用户终端简化成一个单纯的输入输出设备,并能按需享受"云"的强大计算处理能力! 在未来,只需要一台笔记本或者一个手机,就可以通过网络服务来实现我们需要的一切,甚至包括超级计算这样的任务。它可以充分利用资源来处理海量信息,并降低运营成本。

第二节　智慧旅游的关键技术

智慧旅游作为信息技术带来的一种革新,其概念与内涵离不开信息技术。物联网技术、移动通信技术、云计算技术以及人工智能技术是智慧旅游的关键技术,称为智慧旅游的核心能力,指智慧旅游具有的核心技能。这四大核心能力充分体现了智慧旅游对于旅游资源及社会资源的共享与有效利用的能力,这是智慧旅游的核心标志,也有别于前一代信息技术在旅游业中应用。

智慧旅游的四大核心能力不是孤立与分散的,而是相互关联并有机集成的。从信息角度来看,物联网(移动通信网、移动互联网、传统互联网)是信息获取、交换以及共享的渠道;云计算是信息的网络应用方式;人工智能是信息处理、分析以及推理的方法;移动智能终端是应用对象与信息交互的方式,是信息的表现载体。随着信息技术的发展,智慧旅游的核心能力将不断扩充与发展。

一、物联网技术

物联网是智慧旅游的核心网络。物联网实现了物与物、人与物、人与人的互联(国际电信联盟,ITU)。从定义上讲,物联网是通过射频识别(RFID)、红外感应器、全球定位系统(GPS)、激光扫描等信息传感设备,按约定的协议,把物品与网络连接起来进行信息交换和通信,以实现智能化识别、定位、跟踪、监控和管理的一种网络。智慧旅游中的物联网可以理解为互联网旅游应用的扩展以及泛在网的旅游应用形式。如果称基于互联网技术的旅游应用为"线上旅游",那么基于物联网技术的旅游应用则可称为同时涵盖"线上"与"线下"的"线上线下旅游"。物联网技术突破了互联网应用的"在线"局限,而这种突破是适应旅游者的移动以及非在线特征的。泛在网是指无所不在的网络,即基于个人和社会的需求,利用现有的和新的网络技术,实现人与人、人与物、物与物之间无所不在的按需进行的信息获取、传递、存储、认知、决策及使用等的综合服务网络体系。基于物联网的旅游应用的"线上""线下"融合体现了泛在网"无所不在"的本质特征,而这种本质也是适应旅游者的动态与移动特征的。

二、移动通信技术

移动通信是物与物通信模式中的一种,主要是指移动设备之间以及移动设备与固定设备之间的无线通信,以实现设备的实时数据在系统之间、远程设备之间的无线连接。因此,移动通信可理解为物联网的一种物与物连接方式,是支撑智慧旅游物联网的核心基础设施。移动通信技术作为物联网的一种连接方式之所以被特别提出,是因为随着移动终端设备的发展与普及,移动通信技术使得信息技术的旅游应用从以个人计算机为中心向以携带移动通信终端设备的"人"——旅游者为中心发展,体现了以散客为服务对象的信息技术应用方向。个人计算机基于计算机网络技术连接,通过互联网技术繁荣各种旅游应用;而移动通信终端设备基于移动通信技术连接,通过互联网、物联网技术繁荣各种旅游应用。移动通信技术自诞生以来迅猛发展,已经从第一代发展至第三代,并正在向第四代前进,第四代也被称为新一代、超三代。智慧旅游中的移动通信技术为旅游者提供丰富的高质量服务,如全程(游前、在途、游后)信息服务、无所不在(任何时刻、任何地点)的移动接入服务、多样化的用户终端(个性化以及语音、触觉、视觉等多方式人机交互)以及智能服务(智能移动代理,Intelligent Agent)等。智慧旅游的移动通信技术应用将极大改善旅游者的旅游体验与游憩质量,提升旅游目的地管理水平与服务质量,使旅游管理与服务将向着更加精细以及高质量方向推进。移动通信技术在智慧旅游中体现的是满足游客个性化需求,提供高品质、高满意度服务的智慧。

三、云计算技术

云计算是一种网络应用模式,计算机终端、移动终端等终端使用者不需了解技术细节或相关专业知识,只需关注自己需要什么样的资源以及如何通过网络来得到相应服务,其目的是解决互联网发展所带来的巨量数据存储与处理问题。云计算的核心思想是计算、信息等资源的有效分配。云计算技术包含两个方面的含义:一方面指用来构造应用程序的系统平台,其地位相当于个人计算机上的操作系统,称为云计算平台(简称云平台);另一方面描述了建立在这种平台之上的云计算应用(简称云应用)。云计算平台可按需动态部署、配置、重新配置以及取消部署服务器;这些服务器可以是物理的或者虚拟的。云计算应用指一种可以扩展至通过互联网访问的应用程序,其使用大规模的数据中心以及功能强劲的服务器来运行网络应用程序与网络服务,使得任何用户通过适当的互联网接入设备与标准的浏览器就能够访问云计算应用。

智慧旅游的云计算建设须同时包含云计算平台与云计算应用。目前,智慧旅游实践中经常混淆了云计算平台与云计算应用两个概念,如"旅游云""旅游云计算""旅游云计算平台"等。实际上,云平台具有某种程度的具体应用无关性,因此智慧旅游的云计算技术的应用研究应侧重于云计算应用,如研究如何将大量甚至海量的旅游信息进行整合并存放于数据中心,如何构建可供旅游者、旅游组织(企业、公共管理与服务等)获取、存储、处理、交换、查询、分析、利用的各种旅游应用(信息查询、网上预订、支付等)。从某种程度上讲,云计算技术在智慧旅游中体现的是旅游资源与社会资源的共享与充分利用,以及一种资源优化的集约性智慧。

四、人工智能技术

人工智能(Artificial Intelligence,AI)研究如何应用计算机的软硬件来模拟人类某些智能行为的基本理论、方法和技术,涉及知识表示、自动推理和搜索方法、机器学习和知识获取、知识处理系统、自然语言理解、计算机视觉、智能机器人、自动程序设计等方面的研究内容。目前已经被广泛应用于机器人、决策系统、控制系统以及仿真系统中。智慧旅游包含了以物联网与移动通信为核心的先进计算机软硬件以及通信技术,也包含了以云计算为核心的计算与信息资源的合理及有效分配技术;但是,如何充分利用智慧旅游不断采集、存储及处理的大量甚至海量数据信息,使其能够在旅游服务及管理等方面发挥重要作用,是关系智慧旅游成败的关键问题。人工智能就是智慧旅游用来有效处理与使用数据、信息与知识,利用计算机推理技术进行决策支持并解决问题的关键技术。在旅游研究领域,人工智能更多的被用于旅游需求预测中;而人工智能在智慧旅游中的作用不仅在于此,还包含游憩质量评价、旅游服务质量评价、旅游突发事件预警、旅游影响感知研究等诸多领域。如果将物联网、云计算以及移动通信技术看成智慧旅游的构架技术,那么人工智能就是智慧旅游的内核技术。

第三节　智慧旅游的应用与发展

一、智慧旅游的"智慧"应用

智慧旅游的"智慧"体现在"旅游服务的智慧""旅游管理的智慧"和"旅游营销的智慧"。

（一）旅游服务的智慧

智慧旅游从游客需求和方便出发，通过信息技术来提升旅游体验和旅游品质。游客在旅游信息获取、旅游计划决策、旅游产品预订和支付、享受旅游和回顾评价旅游的整个过程中都能感受到智慧旅游带来的全新服务体验。

智慧旅游通过科学的信息组织和呈现形式让游客方便快捷地获取旅游信息，帮助游客更好地安排旅游计划并形成旅游决策。

智慧旅游通过基于物联网、无线技术、定位和监控技术，实现信息的传递和实时交换，让游客的旅游过程更顺畅，提升旅游的舒适度和满意度，为游客带来更好的旅游安全保障和旅游品质保障。

智慧旅游还将推动传统的旅游消费方式向现代的旅游消费方式转变，并引导游客产生新的旅游习惯，创造新的旅游文化。

（二）旅游管理的智慧

智慧旅游将实现传统旅游管理方式向现代管理方式转变。通过信息技术，可以及时准确地掌握游客的旅游活动信息和旅游企业的经营信息，实现旅游行业监管从传统的被动处理、事后管理向过程管理和实时管理转变。

智慧旅游将通过与公安、交通、工商、卫生、质检等部门形成信息共享和协作联动，结合旅游信息数据形成旅游预测、预警机制，提高应急管理能力，保障旅游安全。实现对旅游投诉以及旅游质量问题的有效处理，维护旅游市场秩序。

智慧旅游依托信息技术，主动获取游客信息，形成游客数据积累和分析体系，全面了解游客的需求变化、意见建议以及旅游企业的相关信息，实现科学决策和科学管理。

智慧旅游还鼓励和支持旅游企业广泛运用信息技术，改善经营流程，提高管理水平，提升产品和服务竞争力，增强游客、旅游资源、旅游企业和旅游主管部门之间的互动，高效整合旅游资源，推动旅游产业整体发展。

（三）旅游营销的智慧

智慧旅游通过旅游舆情监控和数据分析，挖掘旅游热点和游客兴趣点，引导旅游企业策划对应的旅游产品，制定对应的营销主题，从而推动旅游行业的产品创新和营销创新。

智慧旅游通过量化分析和判断营销渠道，筛选效果明显、可以长期合作的营销渠道。智慧旅游还充分利用新媒体传播特性，吸引游客主动参与旅游的传播和营销，并通过积累游客数据和旅游产品消费数据，逐步形成自媒体营销平台。

二、虚拟技术在智慧旅游中的应用

(一) 虚拟技术在旅游中的应用

迅猛发展的计算机硬件技术与不断改进的计算机软件系统极大地推动了虚拟现实技术的发展,使基于大型数据集合的声音和图像的实时动画制作成为可能,人机交互系统的设计不断创新,很多新颖、实用的输入/输出设备不断地出现在市场上,为虚拟现实技术在旅游领域的应用打下了良好的基础。目前,虚拟旅游主要包括如下应用。

1. 虚拟出再现真实旅游古迹

虚拟现实技术再现了古代遗迹风貌,除了能让游人领略感受古代文化气息外,更能真实地再现历史上的建筑。再现技术在科学家对古遗迹资料文献的研究基础上,建立一个全新的古代建筑仿真影像世界,将破损毁坏的珍贵古建筑呈现给游客。参加者只要戴特制的传感装置,就能徜徉于古代建筑的世界,欣赏原始建筑的风貌,感受历史文化的博大精深。例如,在希腊,为了让世人回顾历史遗迹,科学家在虚拟再现技术的帮助下,建立起了一个全新的古代希腊建筑影像世界,重现了已经破损甚至毁坏的珍贵古代建筑。

2. 文化遗产的保护性开发

故宫博物院就是现实的例子。故宫博物院是我国第一批国家重点文物和世界文化遗产,由于受到文物保护的客观条件限制,对于历史珍贵的收藏品以及建筑物的开发必须进行限制,这样才能更好、更长久地保护这些遗产,但是游客对于历史文物的赏析欲望却得不到满足。2003 年,故宫文化资产数字研究所制作了基于虚拟现实技术的大型计算机作品"紫禁城——天子的宫殿",很好地解决了历史珍贵文物的保护和游客游览之间的矛盾。

苏州的昆曲作为"人类口头和非物质文化遗产代表作",对它的保护更是体现了虚拟现实技术在旅游中应用的重要性。"虚拟昆曲博物馆"以苏州的全晋会馆为原型,把昆曲与苏州园林艺术相结合,参与者自由游览苏州园林的同时可以欣赏到昆曲的经典曲目,对口头非物质文化遗产保护起到了很好的作用。

天坛被称为中国第一坛,也有着重要的历史文化价值,"天坛虚拟漫游系统"的开发为天坛这一宝贵历史资源的开发与保护提出了新的思路。

3. 360 度旋转立体三维全景漫游

全景虚拟现实是通过 360 度相机环拍一组或者多组真实的场景图片,拼接成一个全景图像,利用计算机技术实现全方位真实观赏真实场景的技术。通过这种技术可以对场景中游览路线、角度和游览速度进行自由调控,避免了被动接受的缺点;给用户更加充分的自由选择,具有较强的互动参与性;使游览过程不受时间和天气的影响,浏览者随意更换观察点,多角度细致地游览,满足其想要体验的多种需求。例如,虚拟瑞典网(http//www.virtualsweden.se/),利用了 360 度三维实景技术,虚拟了瑞典以及其他多个国家的城市、名胜、古迹,包括可以逐层参观法国巴黎的卢浮宫,以及欣赏阿尔卑斯山上一览无遗的雪景。

4. 虚拟现实技术在教学中的应用

虚拟现实技术提供了一种理想的教学手段,即用于 e.1eaming 的远程虚拟教学系统,在国外军事教育、普通教学中已有广泛应用。国内已有部分高校在教学中使用了旅游教学虚拟现实软件,使用者可以浏览、漫游景区内各个部分并能拍照、录像、截图,软件还配有视频、音频(音乐、中英文解说)、文字等信息。虚拟旅游教学实训系统,克服了传统教学模式单一的缺陷,使得学生可以更加积极地参与到教学互动中,更加具体生动地理解教学内容,有效提高教学质量。

5. 利用虚拟技术进行旅游规划

利用虚拟现实技术对于景点进行系统建模,生成虚拟旅游场景,规划人员人机交互式地观察和体验虚拟景点,利用虚拟现实技术可以对准备开发的旅游景点进行合理的规划。在规划方案的真正实施之前判断其优劣,改进其不足,验证其实施效果,并可以在选定方案实施过程中起到有效的辅助决策作用。虚拟现实技术应用于旅游规划中,可以更好地对旅游形态、轮廓线、空间布局等进行总体构思,提高规划效率,缩短开发周期。目前已有旅游规划虚拟现实系统应用于旅游规划建设领域,并取得了很好的成效。

(二) 虚拟旅游平台的功能模块

当今面向游客的虚拟旅游平台可以令用户享受到最接近于真实的场景体验,令用户仿佛真的置身于真实场景之中;高仿真的景观效果令用户如临实景;强大的交互功能和沉浸感,让用户可以通过鼠标和键盘便可以轻松地实现与任何虚拟场景和人物间的交互,实时的网络多人同时在线功能,让"驴友"们可以以虚拟的身份在平台上自由交流、分享心得;虚拟导游员,多角度、多层次的各种历史文化、宗教、民俗风俗讲解令用户对景区的认识更全面,使虚拟旅游的趣味性更强;整合多方位的旅游服务,如网上景点订票、旅游线路的设计、旅游踩点演习、景区周边环境介绍、交通、特色餐饮等信息的采集,甚至当地的特产、特色物品的消费,真正实现用户的网络"虚拟旅游"。

虚拟旅游平台是一个集成虚拟旅游体验、旅游信息服务、电子商务和游客互动交流等服务的智能化系统,主要由以下几个功能模块组成。

1. 虚拟景观游览

虚拟景观游览系统将景区的实地情景再现于网络上,这是虚拟旅游的核心组件。借助导航模块和智能导游系统,游客可按照预先设定的线路漫游,也可以自选线路漫游,不仅能随心所欲地观赏这些景区的风光,而且可以通过虚拟人物的手势和角色情境的转换,从不同角度和侧面了解景点的人文历史,从而获得宛如实地旅游的体验。

2. 旅游信息服务

虚拟旅游的发展同现实旅游存在着必然的联系,虚拟旅游往往扮演实地旅游前期体验的角色。因此虚拟旅游便成为潜在旅游者获取各种旅游相关信息的一个渠道。更为重要的是,利用智能化的系统工具,虚拟旅游可以全面整合旅游者对目的地"食、宿、行、购、娱"这些咨询需求,为其提供一个规划旅游行程的网络应用服务平台。

3. 旅游电子商务

虚拟景观浏览系统与虚拟旅游社区对广大旅游爱好者来说是具有魅力的"圣地",同时也吸引了旅游相关机构的聚集,成为重要的电子商务平台,供旅游者了解、购买或者预订旅游相关商品和服务。比如美国的"第二人生"网站,可以为460万会员提供1 000多个世界虚拟旅游景点，同时吸引了 RBM、喜达屋等酒店以及航空公司，方便了游客进行网上购物和预订。

4. 虚拟旅游社区服务

旅游不仅仅是狭义的景观欣赏，更是一种情感的归属，人际的互动不论对现实旅游还是虚拟旅游都是不可或缺的一部分。虚拟旅游社区是人们通过互联网围绕旅游生活而形成的生活空间。围绕旅游话题，社区成员通过文字、音频、视频进行广泛开放的交流：一方面，可以将自己的旅游经历与他人共享，从而使旅游体验升华；另一方面，也可分享其他成员的旅游经历，并从中获取各种旅游知识，为实地旅游做准备。

(三) 虚拟旅游平台的经营模式

现有的虚拟旅游平台经营模式主要有虚拟货币及物品出售、网上购物或预订、旅游目的地营销、植入式广告、旅游收入分成、赞助商冠名、会费收入等途径。

1. 虚拟货币及物品出售

虚拟旅游可以与网络游戏相结合，在游戏环节中通过出售虚拟货币及物品等方式来赢利。借鉴网络游戏买卖武器装备的做法，虚拟旅游也可以让旅游者兑换虚拟货币进行虚拟旅行装备的交易，或者在虚拟旅游目的地营造自己的观景别墅或产权酒店等。

2. 网上购物或预订

虚拟旅游与现实旅游是紧密联系的，在旅游电子商务这一功能结构中，一旦游客对于虚拟旅游相对应的现实景观或物品产生兴趣，网上购物或预订便可产生利润。即使用户不会真正来到旅游目的地，带有当地风情的衣帽、饰品、书画、手工艺品、土特产品等旅游纪念品的销售也会为虚拟旅游网站的赢利提供更大的空间。

3. 旅游目的地营销

虚拟景观游览系统对旅游目的地起到了实地旅游之前的有形展示作用，在这种营销模式中，虚拟旅游网站可收取大量的广告费用。这也是目前虚拟旅游网站的主要利润点。虚拟旅游给旅游者提供一个获取旅游信息的平台，而对那些知名度不高的景区而言，则是一个新的宣传手段。因此，虚拟旅游运营商应该主要瞄准那些有潜力但现在还比较冷清的 3A 或 4A 级景区。

4. 植入式广告

当虚拟旅游网站具有较高知名度并达到一定会员规模的时候，可以与除旅游目的地的其他企业接洽，将其商业广告内置，以获取广告收入。例如，在虚拟景观游览系统的某些场景中，增设客户品牌的酒店、餐馆、茶社、商场等，或者企业标识、吉祥物、产品广告牌等，但要注意广告的投放技巧，避免生硬的植入，最好使其自然地融入虚拟旅游的情节之中。

5. 旅游收入分成

虚拟旅游网站拥有旅游信息查询与旅行线路规划的功能：一方面可以帮助旅游者设计和实施旅游计划，另一方面可以向景区、酒店、旅行社、航空公司、汽车租赁公司等旅游企业推荐顾客，从而与这些旅游企业对旅游收入进行分成而获得收益。其实，虚拟旅游运营商与这些旅游企业的合作还可以更加紧密。例如，用户通过注册参与虚拟旅游，达到一定积分或级别即可获得相应的实地旅游价格折扣，这样就会带来更多的实地旅游消费。

6. 赞助商冠名

为赞助单位制做任何以企业名称或品牌冠名的专题系列作品集，其题目和企业标志将出现在首页的显著位置，在赞助的虚拟旅游相关栏目中永久保留企业命题。一般专题系列是由赞助企业进行命题，而命题内容可以是任何地区的自然风光、人文景观、历史名胜、都市风貌等所有适合用虚拟旅游体现的景观环境。

7. 会费征收

在虚拟旅游社区中，人们按照不同的旅游兴趣形成不同的社群，通过人际交往获得高度的社会认同，找到心理上和情感上的归属，并且通过自我形象设计和空间环境设计，实现自己的梦想。基于这些需求，虚拟旅游网站可以向长期参与者定期收取会费，并开发出某些只针对会员的高级服务。比如，当用户将虚拟财富兑换为现实货币的时候，可设定只有会员才能享受这项服务等。

三、5G通信技术在旅游中的应用

即将迎来的5G时代，将是万物联网的时代。运营商运用网络切片技术提高网络的传输速率，降低延时，同时会按需分配网络覆盖及密度。5G网络将实现终端连接数量的爆发式增长，各行各业产生的数据量规模性增长，数据类型更加丰富，各行业的数据更加充实，旅游行业也是受益者之一，在景区游览、酒店服务和公共服务方面都将产生巨大革新。

(一) 5G通信技术对旅游业的作用

1. 丰富景区旅游体验

5G高速的网络传输能力，不但可以振兴云计算和物联网，还可以使VR（虚拟现实）崛起。

5G的网络传输能力会使画质得到提升，计算速度提高，将提高VR和AR融入旅游的热度。据中国经济信息社统计，2018年物联网产业规模已达到15 034.7亿，比2017年提高了26.7%，近5年来增速最高。今后，基于5G技术的旅游可以实现以下方面。

● 旅游景区高清直播。图像清晰度再也不会受到带宽的限制，视频的冲击力会得到充分体现，旅游景区的动态视频让游客更能感觉到真实性，对景区宣传会有很大帮助。

● 移动设备的VR文娱体验。VR的硬件设备会更新，人们将告别以往使用VR眼镜的不便，基于计算机视觉，使用手机、PAD等移动设备就能体验VR。

● 景区现场VR体验（文物重现）、室内导览。基于实时计算的边缘计算与VR技术结合，能实现景区的现场体验、室内导览和文物重现。如在圆明园游览，AR可以重现圆明园曾经的宏伟，无数珍宝历历在目，使游客的沉浸感增强。再如5G结合室内定位技术，使游客在体验VR的同时，可以基于位置实现智能导览。

(1) 5G+VR赋能文旅产业

不同于改变生活的4G，5G能够改变的是社会，助力万物互联、各行业融合发展。具备大带宽、低延时、广联接特性的5G技术，能够应用的场景获得社会各界广泛的关注。中国互联网十大应用场景中，云VR业务将成为5G应用最具潜力的业务之一。

过去，VR由于受到技术限制，产业遭遇了瓶颈期。而5G延时极短的特性，解决了从前

VR 延迟滞后带来的眩晕感,极大地促进了 VR 产业的普及发展。2018 年 12 月 25 日,我国工业和信息化部印发的《关于加快推进虚拟现实产业发展的指导意见》提出,到 2025 年,我国虚拟现实产业整体实力要进入全球前列,掌握虚拟现实关键核心专利和标准,并形成若干具有较强国际竞争力的虚拟现实骨干企业。5G 增加 10 倍的连接数和大幅减少的时延,将是推动 VR 技术的强有力的变量。VR 虽然还处于起步阶段,但 5G 的导入让 VR 前景值得期待。

(2) 5G+VR 助力景区"二消"

据个推大数据中心提供的调研数据,国内大部分景区的二次消费仅占景区收入不到 10%。当前多数景区停留在一次性消费,没有适应顾客需求。缺乏运营的景区门可罗雀,而 5G+VR 的导入将催生智慧导游一系列应用,一批智能旅游设备和服务将被运用于景区中。带来的多款旅游增值产品,将在不同维度提升景区"二消"水平,促进景区可持续发展。

2016 年 4 月 13 日,澳大利亚旅游局与暴风科技正式启动 VR 战略合作。此外,暴风科技将为澳旅提供全套的 VR 技术解决方案:线上暴风全平台传播澳旅的 VR 视频,线下暴风则提供暴风魔镜 4 与纸魔镜等 VR 产品支持。不久引入 5G 的优势,游客可以在旅行之前,线上极速感受堪培拉、悉尼海港、林肯港等澳洲名胜古迹全景 VR 视频,还有望享受到澳旅预订酒店的服务。

(3) 5G+VR 倒逼旅游业变革

5G+VR 将促进旅游业的变革。通过虚实结合的沉浸式体验,游客无须亲临景区,传统的线下旅游营销模式必将更新迭代,线下旅游、线上旅游面临融合发展的新趋势。另外,旅界想要紧紧抓住 5G+VR 这一机遇,要做的应该是调动市场主体的力量,适应消费升级的需要,通过 5G 和 VR 在文旅的深度融合,发展有特色品质的旅游。

另一方面,360 度全景视频正成为推动市场营销的重要手段,视频内容直接影响用户黏性。

旅游业只有以适应顾客旅游休闲需求为导向,以内容建设为核心,才能提高重游率。

智能舞台。很多旅游景区设有演出场所,这些演出是基于当地文化的,可以增加景区的文化内涵。5G 可以实现舞台设备的联网,使声、光、电、机械有效协作。这种智能舞台会提高演出质量,吸引更多游客。

2. 提升酒店服务水平

5G 使物联网得到复兴,万物联网之后,酒店的服务将会与以往不同。

● 更富科技含量。各大移动运营商纷纷与酒店合作,推出 5G 智慧酒店建设项目,将 5G 与云应用引入酒店,实现智慧酒店,包括云入驻、云结账、智能家居等。

● 商务服务水平提高。

● 管理安全高效。通过一系列传感器和 5G 网络的配合,可以精密地感知酒店每一处设施的实时信息,可以帮助维护器材。同时,使不同种类设施潜在危险的预警以及公共场所人流的管理产生革命性的变化——安全高效,全面提升酒店精细化管理水平。

3. 增强公共服务能力

5G 发展的同时也带动了其他技术的发展,边缘计算、人工智能、物联网、云计算、大数据与 5G 结合,可以构造旅游"智慧大脑"。智慧大脑是建设智慧城市的重要目标,也被称为城市智能运营中心,汇聚了感知、互联、管理和决策的功能。旅游"智慧大脑"是将各类旅游数据和业务向该中心汇聚,通过决策分析,实现智能的管理和指挥。

● 旅游监测和预警。基于5G的景区客流量监控可以实现真正的实时性,提升应急指挥的时效性。流量监测手段也将不仅限于移动大数据,基于AI技术的智能闸机的方法将提升流量数据的准确性。景区视频监控数据覆盖范围将扩大,传输将不会受到带宽的限制,提升安防能力,为应急指挥提供强大的数据支撑。

● 旅游分析和决策。5G的发展促进了云计算和边缘计算的应用,能够高效地处理旅游业务数据。边缘计算将分散在靠近数据源的近端设备"贴地"处理数据,可处理实时、短周期的数据。云计算聚焦非实时、长周期的数据分析和挖掘。边缘计算与云计算共生互补,二者通过分布式协作,将计算去中心化,使运算能力再次分工,让计算能力更卓越,有助于提升决策速度。

● 全方位服务游客。5G技术在革新电商、金融、物流领域的同时,也提高了旅游服务大众的能力。通过游客画像和业务模型可以精准匹配潜在游客,为游客提供个性化的服务。在景区建立的云商店,使游客体验到信用消费和无人商店的便利,实现"无界限"购物。将旅游攻略做成"一机游"和"一张图",为游客提供游前、游中、游后的"私人定制"全方位服务。

5G与各产业的结合紧密度将是前所未有的,会加速产业的融合和服务的升级换代,旅游产业将会迎来新的发展。

(二) 5G在旅游中的应用场景

1. 应用场景:景区

类型一:沉浸式体验

看点:2019年12月,中国联通文化旅游5G创新应用示范基地在红旗渠景区揭牌,现场发布5G＋VR全景直播、5G＋AR慧眼、5G＋AI旅游服务、5G＋社交分享等5G智慧旅游系列应用。

红旗渠是全国著名的红色景区、全国5A级景区、全国爱国主义教育示范基地。著名景点青年洞和"铁姑娘打钎"旧址已经实现5G信号覆盖,参观者佩戴VR眼镜,通过5G随时随地体验当年修渠的场景,仿佛回到那个激情岁月。红旗渠景区内的多个景点部署有摄像无人机,画面通过5G清晰回传,坐在室内也可观赏红旗渠美景。此外,红旗渠景区通过一款5G高清视频游记助手应用软件——AI游记助手,帮助游客自动编写游记,根据游客拍摄的照片和视频,生成相应的720°VR交互式视频和8K高清视频的全景游记,立体再现美好回忆,全面记录所见所悟。

看点:2020年2月,中国电信江西公司推进龙虎山5G＋智慧旅游项目,此举意味着江西省首个尝鲜5G＋VR的5A级景区来了。在特制竹筏上布设5G全景摄像头,游客通过VR眼镜,可以在千里之外的家中感受龙虎山美景,体验竹筏漂流。今后,无论是惊险刺激的龙虎山悬棺表演,还是秀美如画卷的泸溪河,通过5G＋VR技术,游客都能身临其境感受"龙虎天下绝"。

看点:深圳欢乐谷将联合中国电信打造5G＋体验乐园。在体验乐园内,将不断增加基于5G传输的VR、AR、4K全景、全息影像等游乐体验产品;园内交通工具自动驾驶技术、随车智能导览播报、智能客服机器人等创新服务模式将接连推出。

类型二:高清直播缓解排队压力

看点:2020年2月,四川移动成都分公司开通都江堰古城区5G基站,在都江堰景区开展5G应用演示。2019年10月以来,四川移动先后在熊猫基地实现360°实时VR看熊猫,在远洋太古里打造 5G 示范街区……

看点：长江索道是游客到重庆的必到打卡地，有些游客要排很久的队才能坐上，如果遇上天气不好没办法坐索道，更成为他们的遗憾。于是，重庆在整个索道都接入了 5G 网络，在缆车底部安装摄像头，以 360°全景高清 VR 作为呈现方式，把实时拍摄到的全景画面通过核心网传输到体验区，向游客提供全新旅游项目。只要游客戴上 VR 眼镜，就如同置身于缆车上，沉浸式欣赏长江两岸的风貌。除了 VR 索道体验之外，体验馆还有一个"黑科技"——3D 全息投影实时视频。

看点：浙江湖州市"5G+智慧文旅"平台发布暨"一键智游湖州"已上线，正式标志着湖州成为中国移动首个"文旅行业信息化标杆示范基地"。中国移动将利用 5G 技术，打造 5G+4K 高清直播、5G+VR 全域旅游、5G+云 VR 沉浸式旅游体验等多种文旅应用。

类型三：快速通关及精确导航

看点：2019 年 2 月，河南云台山首个 5G 基站建成并开始试运行。现场游客可通过 4G 手机连接 5G 网络转化的 WiFi 信号进行网上购票、导游导览等各项网络服务。景区开通 5G 服务后，可满足 4K 高清视频传输、快速精细导航、大量人群高速上网等需求。

看点：2 月 14 日，山东移动在"三孔"景区开通 5G 试验基站，使该景区成为山东省首个实现 5G 网络覆盖的国家 5A 级旅游景区。山东还开展了台儿庄古城内的 5G 试验网络覆盖和技术验证，不仅有效改善了景区内的网络信号传输，而且大大提高了景区内的客流高峰期智能化数据分析研判能力，实现了对客流、车船实时调度指挥。在景区验票环节，游客进入景区只需在基于 5G 传输的人脸装置前刷一下脸就可进入景区，提高了验票通关效率。

2. 应用场景：酒店等住宿领域

看点：2 月 1 日，首旅如家酒店集团与中国联合网络通信有限公司广东省分公司在广州签署战略合作协议，共同推动酒店行业与信息通信建设深度融合，提高酒店精细化管理和智能化水平，并面向 5G 打造"数字酒店、智慧酒店"。双方将围绕六大领域整合资源，紧密合作，共同设计打造新型智慧酒店模式。

看点：4 月中旬，基于 5G 室内数字系统的 Cloud X 酒店应用首发仪式在深圳洲际酒店举行。此次 5G 智慧酒店建设背后是三家单位的联合推动，包括深圳华侨城洲际大酒店、深圳电信和华为技术有限公司。5G Cloud VR 划船机、4K/8K 电影、5G 云电脑、5G 云游戏是此次 5G 智慧酒店的几大亮点。

3. 应用场景：火车站、机场等出行领域

看点：1 月底，广州联通携手广州白云国际机场正式宣布：国内首个 5G 信号覆盖机场网络正式开通。据了解，机场开通 5G 信号后，可以让用户在室内感受到 Gbps 级高速率、毫秒级低时延的 5G 网络体验；同时随着 5G 网络优化的深入，机场的网络性能将进一步提升。

看点：2 月 18 日，采用 5G 室内数字系统建设的 5G 火车站在上海虹桥火车站启动建设。上海虹桥火车站是全国最大火车站之一，客流量达到日均 20 万人次。这个 5G 火车站是基于华为的 5G 室内数字系统（DIS）技术，首次使用 5G 技术展示 4K 高清回传（安检），并为乘客提供高清视频通话。

看点：2019 年五一期间，深圳机场联合广东移动、华为等单位，尝试将 5G 通信技术和"视频+AI"相结合，在航站楼内进行航空器跑道起降及到达旅客 4K 超高清视频直播，这也是 5G 技术在国内机场中的一次创新应用尝试。这样的 5G 场景直播，让旅客在航站楼内就能实时看到跑道上飞机起降的画面,有助于缓解旅客的焦躁情绪,给旅客更好的体验。深圳机场下一步将不断丰富视频直播场景,陆续通过5G技术对旅客行李到达运输过程等进行直播,并计划在机场商务贵宾厅等处开通飞机起降5G直播。

(5G时代将成为旅游业发展的催化剂,本文转载自全球文旅观察,原标题《5G成旅游业"神助攻"》。亿欧智慧城市对文章进行二次编辑,供读者参考。)

四、全域旅游背景下智慧旅游发展方向

为迎接正在兴起的大众旅游时代,国家旅游局局长李金早2016年年初在全国旅游工作会议上提出,推动我国旅游发展从景点旅游模式向全域旅游模式转变。全国上下迅速掀起全域旅游发展的热潮,全域旅游背景下的旅游智慧手段变得更为重要及多样化。十二届全国人大四次会议《政府工作报告》指出,要增强消费拉动经济增长的基础作用,在旅游方面"要降低部分消费品进口关税,增设免税店。落实带薪休假制度,加强旅游交通、景区景点、自驾车营地等设施建设,规范旅游市场秩序,迎接正在兴起的大众旅游时代"。2016年全国旅游工作会议上,国家旅游局局长李金早做了《从景点旅游走向全域旅游,努力开创我国"十三五"旅游发展新局面》的工作报告,提出将全域旅游作为新时期的旅游发展战略。全域旅游是指在一定区域内,以旅游业为优势产业,通过对区域内经济社会资源尤其是旅游资源、相关产业、生态环境、公共服务、体制机制、政策法规、文明素质等进行全方位、系统化的优化提升,实现区域资源有机整合、产业融合发展、社会共建共享,以旅游业带动和促进经济社会协调发展的一种新的区域协调发展理念和模式,是对旅游业国家战略性支柱产业的地位的进一步巩固。注重旅游体验,以游客为本,以旅游活动为中心,以旅游服务为核心;打破门票经济,强调开放式的经营方式。物质建设为中心的时代已经过去,旅游业要成功,体验是最重要的一环,所以全域旅游尤为注重旅游智慧化。新形势下更需要加强创新意识,适应行业市场的变化,通过更多关注分众化市场,推出个性化定制旅游产品,通过与互联网以及其他产业融合完成转型升级,全行业共同努力,释放巨大的旅游消费潜力。全域旅游背景下的智慧旅游发展方向有以下几点。

(一)资源整合,统一管理

全域旅游背景下的智慧旅游发展的第一个方向,是要同时驱动"旅游+"和"互联网+"的车轮,利用云服务将区域内旅游设施、旅游服务资源整合,统一管理,合理调配。协调及整合卫生、公安、工商、物价、交通等其他相关部门信息,构建旅游智慧管理体系。所有旅游服务设施、旅游资源、旅游信息、旅游数据建立在云服务上,为行业管理部门、从业单位、从业人员、游客提供更为权威、全面的旅游信息,将实现传统旅游管理方式向现代管理方式转变。通过信息技术,及时准确地掌握游客的旅游活动信息和旅游企业的经营信息,实现旅游行业监管从传统的被动处理、事后管理向最优的过程管理和实时管理转变。全域旅游目的地的建设,"互联网+"增加了深度、厚度,"旅游+"则拓展了广度。从"旅游+"的角度看旅游目的地建设,它跟新型城镇化、新型工业化、农业现代化以及信息化、生态化,都有非常密切的联系。全域优化配置经济社会发展资源,充分发挥旅游带动作用。全域旅游要求不能仅停留在景点景区、宾馆饭店,而是要更加注重经济社会发展各类资源和公共服务的有效再配置。通过积极利用物联网、云计算、移动互联网、GPS定位等新技术,将区域内景区景点、农

场、宾馆、酒店、休闲娱乐、特产等旅游服务资源充分整合、统一调配、统一营销,为游客提供"吃、住、行、游、购、娱"全方位服务。景区既宜居又宜游,处处是风景,处处可旅游。

(二) 标准规范、主动服务

全域旅游背景下的旅游智慧发展的第二个方向,是利用云计算、移动互联网、地理位置、电子商务、虚拟现实等技术,构建旅游智慧服务体系,为游客提供"吃、住、行、游、购、娱"一体化服务。全域旅游的发展离不开旅游业标准化,实施旅游标准化是规范旅游经营和提升旅游服务质量的重要手段。旅游业标准化促进旅游质量提升,有利于规范旅游服务企业行为,优化服务产品,从而提高旅游产品竞争力,促进旅游服务业健康、公平、有序竞争和发展;有利于形成规模经济,塑造知名品牌,促进旅游服务业向产业化、品牌化、特色化方向发展,提升了旅游产品的市场竞争力。以游客为出发点,通过云计算、移动互联网、地理位置、电子商务、虚拟现实等信息技术提升旅游体验和旅游品质。游客在旅游前获取旅游信息、制订旅游计划、预订旅游产品,在旅游中享受旅游导航、导览、导游、导购服务,在旅游后回顾评价旅游服务质量及旅游全过程、体验旅游社交、旅游咨询投诉,全程感受智慧旅游带来的全新服务体验。通过大数据分析游客网上购物及旅游服务项目预订行为,为游客"吃、住、行、游、购、娱"服务和个性化服务。

(三) 电商服务、精准营销

全域旅游背景下的智慧旅游发展的第三个方向,是利用电商服务、大数据的应用,构建智慧旅游营销体系。通过大数据的分析力及解释力,将旅游的用户年龄及性别、旅游用户兴趣偏好、游客上网行为及游客旅游轨迹景点品牌传播等大数据加工成可利用的产品,做到旅游产品精准服务。通过旅游舆情监控和数据分析,挖掘旅游热点和游客兴趣点,引导旅游企业策划对应的旅游产品,制定对应的营销主题,从而推动旅游行业的产品创新和营销创新在旅游产品信息查询、产品预订、服务评价等环节,相继通过互联网进行线上操作,通过大数据的分析能力和解释力,可以按照性别、年龄、地域等分类获取游客上网行为数据及旅游产品服务数据。利用游客上网行为数据及旅游产品服务数据分析游客旅游购物喜好及游玩喜好,进行游客客源地、购买力、出游方式等维度分析。推出个性化定制旅游产品,通过与互联网以及其他产业融合完成转型升级,全行业共同努力,释放巨大的旅游消费潜力。智慧旅游营销体系建设重点围绕景区、旅游饭店、旅行社、农家乐、咨询服务中心、营销中心、房车/自驾车营地区等环节开展,大力推进在线咨询,在线预订,在线互动等智慧旅游服务。利用物联网、大数据、地理位置等信息技术,通过区域内主要道路视频监控设备,采集游客的旅游轨迹及游客游玩项目关注度,更为合理地设定旅游路线,为区域旅游服务资源规划提供科学决策依据。

智慧旅游成功案例——云游博物馆

又是一年春暖花开时,为丰富广大网友的文化生活,在国家文物局指导下,抖音近日推出"在家云游博物馆"活动,通过3D全景、AR(增强现实)、VR(虚拟现实)、直播、3D扫描、360度全景逛展等多媒体和技术方式,让观众足不出户游览全国著名博物馆、遍观各类珍贵文物和奇珍异宝。

不仅好玩还长知识

目前,国内九大一级博物馆包括中国国家博物馆、敦煌研究院、南京博物院、湖南省博物馆、浙江省博物馆、辽宁省博物馆、山东博物馆、山西博物院、广东省博物馆,均已入驻抖音。通过"在家云游博物馆",观众可以足不出户"坐"游中国,沉浸式、全方位、多角度地感受博物馆的魅力。

你可以逛"湖南省博物馆",穿越时空,看看葬在马王堆汉墓里的西汉第一代轪侯、"宝藏男孩"利苍,跟着他解锁"花式解闷"的法子——听歌赏舞、玩汉代桌游(博戏)、勤读帛书简牍、做"吃货"、跳汉代健身操;你可以到"辽宁省博物馆",看看唐代虢国夫人春游的大场面,骑马徐行,春从在旁,过上个"长安十二时辰"都没问题;你可以去"广东省博物馆",微电影里的外国小哥哥能边拍照、边带着你玩"世界名画穿越",感受国际Style……

"在家云游博物馆",对连日来只能开启"阳台峰—卧室巷—浴缸湖—淋浴大瀑布—沙发游乐园—厨房美食街"等"室内游固定线路"的人们来说,真是大开眼界的"宅福利":不仅好玩,还长知识。

"在家云游博物馆"活动特意邀请了全国各大博物馆的官方讲解员,观众在观看直播的过程中,除了能够听到专业、有趣的讲解外,还可通过抖音直播平台与讲解员互动交流,增强"云游博物馆"的代入感,解锁逛博物馆的新方式。

填补很多人的精神空窗

除直播活动外,抖音还开设各大博物馆的VR线上展厅,用户可根据自己的兴趣,点击进入相应的博物馆展厅,在线浏览各个博物馆珍藏的音视频,进而开启私人博物馆之旅。

抖音相关负责人表示,抖音一直致力于成为视频版的百科全书,希望将这些宝贵的文物视频化、数字化,打破时空界限,让更多人有机会深入接触、了解博物馆。

早在2018年5月,抖音与全国多家博物馆合作的"第一届文物戏精大会",就通过短视频特效让馆藏文物"活"起来:画面中,来自陕西历史博物馆的唐三彩女俑来了一段千年拍灰舞,湖南博物馆人面青铜鼎的"98k电眼",广东博物馆北宋木雕罗汉的淡定报幕,西安兵马俑的抖音分身舞等都魔性十足,迅速刷屏,还圈了一大波粉。

此次抖音的"在家云游博物馆",用另一种方式让文物"活"起来,一上线就获得数以千万计的播放,足见广大网民对文物文化的兴趣。从形式上看,抖音的音视频全息清晰呈现、VR360度全景逛展等,均契合高清呈现文物细节的需求,此外还恰当运用BGM(背景音乐),使逛博物馆这件事"潮"起来。

"博物馆是历史沉淀、文明载体,也是艺术空间,具有文化审美价值。"业内人士认为,跟九家一级博物馆"联手",带网民"云游博物馆",让民众感受到文物之美、文化底蕴之深,对接人们特殊时期的文化消费需求,此举彰显了抖音作为头部短视频平台的社会责任感,是在带动文化普惠,增进公共文化服务,同时填补很多人的精神空窗,这不啻对战"疫"的支持。此外,"在家云游博物馆"还能激发人们等待疫情过后去实地感受的兴趣,起到线下引流的作用,博物馆的文化共享价值也由此提升,可谓一举多得。

(2020-3-20 来源:《人民日报·海外版》作者:仲鸣)

思考题

1. 写出智慧旅游的关键技术。
2. 讨论虚拟技术在旅游中起到哪些作用。
3. 讨论5G技术对旅游发展的贡献会有哪些。

【微信扫码】
相关资源

第十三章

旅游综合体策划

第一节　田园综合体策划

一、田园综合体的定义

田园综合体是集现代农业、休闲旅游、田园社区为一体的特色小镇和乡村综合发展模式，是在城乡一体格局下，顺应农村供给侧结构改革、新型产业发展，结合农村产权制度改革，实现中国乡村现代化、新型城镇化、社会经济全面发展的一种可持续性模式。

"田园综合体"是指综合化发展产业和跨越化利用农村资产，是当前乡村发展代表创新突破的思维模式。

田园综合体的定义：田园综合体是以农业为主导，以农民充分参与和受益为前提，是以农业合作社为主要建设主体，以农业和农村用地为载体，融合工业、旅游、创意、地产、会展、博览、文化、商贸、娱乐等三个以上产业的相关产业与支持产业，形成多功能、复合型、创新性地域经济综合体。

二、田园综合体的策划要素

（一）景观吸引区

可以是自然景观，也可以是有特色的人造景观。

（二）养老功能集聚区

即养神、养生和养老的聚集区，让暂居的养神者恢复精神和体力，让久驻的养生者颐养生命、增强体质和预防疾病，让常住的养老者享受乡村的田园风光，颐养天年。

（三）农业生产区

这是有别于乡村特色小镇与城市社区最显著的标志。农业生产区的意义不单单是为了提供安全、放心的生态绿色食物和获取相应的收入。农业与自然密切交织在一起。农田的维持和管理有利于气候的稳定、储存雨水、调节河川流量并防止洪涝，农业也有利于延续传统文化,并形成绿色的空间和景观。更重要的是,农业支撑着区域乡村共同体的活动,农业活动本身"嵌入"到自然和乡村共同体之中,让整个乡村社会恢复到其应有的状态。从生活的角度看,农业生产就是"农活",它是人性的综合。

(四)居民生活区

居民生活区应该是一个日常的生活世界,是以面对面的熟人关系结合而成的、充满活力的乡村新型现代社区。环境打造上,必须克服高楼大厦的城市模本,小桥流水的乡村图景在这里应充分展现。

(五)服务配套区

服务是田园综合体的生命线,生产性服务业应向专业化和价值链高端延伸,生活性服务业应向精细化和高品质转变。让游客与居民吃住放心,娱乐舒心。在主体架构中,核心要素是:田园生产、田园生活、田园景观。

三、田园综合体的特征

1. 以产业为基础

田园综合体以农业为基础性产业,企业承接农业,以农业产业园区发展的方法提升农业产业,尤其是现代农业,形成当地社会的基础性产业。

2. 以文化为灵魂

田园综合体要把当地世代形成的风土民情、乡规民约、民俗演艺等发掘出来,让人们可以体验农耕活动和乡村生活的苦乐与礼仪,还原村子原貌,开发一个"本来"的村子。以体验为活力:将农业生产、农耕文化和农家生活变成商品出售,让城市居民身临其境体验农业、农事,满足愉悦身心的需求,形成新业态。创新乡村消费:旅游业可作为驱动性的产业选择,带动乡村社会经济的发展,一定程度地弥合城乡之间的差距。而解决物质水平差距的办法,是创造城市人的乡村消费。

3. 城乡互动

解决文化差异问题的有效途径是城乡互动。田园综合体正是一种实现城市与乡村互动的一种商业模式。关于城乡互动,最直接的方法就是在空间上把城市人和乡村人"搅合"在一起,在行为上让他们互相交织。文化得以弥合,才是人的城市化。

四、田园综合体的开发策略

(一)充分利用乡村旅游资源和土地

乡村旅游资源(泛乡村旅游资源包含了人工打造的乡村旅游资源),决定了项目地乡村旅游产品开发的核心导向。土地资源决定了田园综合体的规模,影响着乡村旅游产品的配比结构。

根据"岛式圈层"田园综合体的开发模式,乡村旅游资源和乡村土地为最外围圈层,通过运用合理的综合开发手段,以农业深层次开发(如循环农业、创意农业、生态农业)和农业规模化发展为主，辅以农产品加工销售、科研、教育、医疗、培训等其他产业，并形成产业间的联动。

此外，项目地在发展农业的同时，还可以发展以当地农作物为主的创意农业，并适时开展农业观光、体验、休闲、度假等乡村旅游项目。

乡村旅游休闲功能是田园综合体开发的主导，在其主导下，合理的开发与之相适应的不同类型、不同层次、不同规模的乡村旅游产品，使其成为整个田园综合体的重要吸引点，撬动乡村旅游市场。

同时，各个乡村旅游休闲项目之间通过有机组合而成若干条旅游线将扮演重要连接线的角色，串联起田园综合体的各个圈层。乡村旅游休闲项目可融合乡村观光、游乐、休闲、运动、体验、度假、会议、养老、居住等多种旅游功能，打造特有的"田园综合旅游休闲"，如开设休闲垂钓、农场动物园、采摘、农事体验等乡村旅游项目。

在具体开发中，可根据各自地脉、文脉等具体情况，侧重打造其中某一项或几项功能，形成各具特色的乡村旅游休闲项目，从而带动整个区域的发展。

（二）注重配套休闲商业项目

结合乡村生态环境、生态景观等生态优势，可分期、分步、合理地建设生态化乡村休闲度假酒店、乡村特色商业街、乡村 MALL 等商业设施，作为田园综合体的商业配套板块，综合性地体现生活、休闲、购物、娱乐等多项功能，为整个区域提供较高品质的服务。

（三）借乡村项目发展休闲地产

乡村休闲地产，以生态化的乡村环境为导向来打造，主要指以居住功能为主体的传统地产、居住小区、产权式酒店等乡村居所型地产。

适合开发的乡村休闲地产可大致分为：乡村景观地产、乡村度假地产、乡村养老地产、乡村主题地产，如创意地产、民俗地产、酒庄等多种类型，并可融入低碳、环保、节能、科学、效益高等现代化理念。乡村休闲地产是田园综合体开发的最核心板块，是赢利的核心所在。

第二节　特色旅游小镇策划

一、特色小镇定义

特色小镇主要指聚焦特色产业和新兴产业，集聚发展要素，不同于行政建制镇和产业园区创新创业平台。特色小镇是相对独立于市区，具有明确产业定位、文化内涵、旅游和一定社区发展空间平台，区别于行政区划单元和产业园区。

二、特色小镇的策划要素

（一）营造特色旅游产品

如何将游客吸引到小镇来休闲、观光、购物、度假、享受，必须有能吸引游客的特色旅游产品,必须从下列四个方面去营造具有特色的旅游产品。

一是资源。包括自然资源、文化资源、社会资源。不能仅仅看有没有这些资源,而是看这些资源有无独特之处。要么秀美,要么稀缺,要么经典,要么惊奇,平淡的山水林湖没有个性。

二是交通。大交通有没有机场高铁,小交通是否通达顺畅。无论是瞄准全国市场还是局部、区域市场,交通时间最好不要超过45分钟,也就是说从机场高铁站到达小镇最佳时距为45分钟,从最近的中心城市到小镇最佳时距45分钟。

三是表达。再好的资源如果不能充分表达,不过就是仅供人们观赏的一片风光,很难留住随意的脚步,到此一游、到此一"照"而以。表达需要重新规划和创造,或是修改,或是整合,或是提升,或是完全创造。表达的一个关键问题是与人的情感发生关联,让人会心一笑、回眸一笑,哈哈大笑,或者让人触景生情、触景泪奔……

四是推广的渠道和密度。养在深山无人识,娇美如花也无颜,因而推广渠道和密度尤为重要。

(二)注重塑造品牌

品牌是吸引游客的重要因素。丽江也好,桂林也好,如果没有品牌又会怎样?喀斯特地貌的秀山丽水不仅仅只有桂林、阳朔,离桂林仅70公里的柳州鹿寨其秀美丝毫不差,就因为没有品牌而只能是一片野山。品牌建立的基础又是什么呢?定位决定品牌。因此,追根溯源,定位才是真正的核心!

(三)坚持"休闲"第一

了解休闲旅游的消费特征。文旅特色小镇的消费特征包括两种:一种是观光型的消费特征,以玩、吃、看、乐、购为主;另外一种是度假型的消费特征。

1. 观光型游客

观光消费一般是就近消费。主要有以下几个特征:一是时间短。一般以最近的中心城市为主,大约10点左右出门,下午4点多返回。二是自驾为主。方便、随意、自己控制时间是自驾游的最大理由。三是以家庭为单位居多。呼吸新鲜空气,让眼睛装点绿色是主要目的。四是游玩内容以看为主。所谓走马观花就是对观光游的最好形容。走走看看,拍个照,向蓝天挥挥手,对稻田和麦穗问个好,仅此而已。如果有一点古迹、古建筑那就是惊喜。再有博物馆、艺术馆、儿童乐园、过山车什么的,基本上周末都会人满为患。五是吃农家乐。这是必不可少的主打内容,若没什么看的,可以用美食吸引游客。

综合上面的消费行为我们不难看出,其消费的主要特征是:因为消费时间短,基本没有住宿和夜间消费,其消费金额有限,门票和农家乐是最大消费。观光的主要目的不是度假,就是让心情和眼睛换个环境,或者说找个有蓝天白云、有山有水的地方伸个懒腰,活动一下四肢。可以说,所有在水泥森林活着的城市人,都有这种需求,就近消费的观光游客无疑是人气保证的最大群体。

2. 度假型游客

分析游客度假的目的,可以归纳为四类:减压放松类;满足新奇类;享受成果类;感受情怀类。

减压放松型(随心所欲、无拘无束),长期重复一种劳动必然会产生心理疲劳,从而导致工作热情的消失,直至影响生活的热情,这绝不是人们辛勤劳动后希望得到的结果。因此,适时安排一次远行,投入到一个全新的环境,改变一下生活的节奏,让身心放松,让激情重回就变得尤其重要。所谓放松,就是在不突破法度的红线内,随心所欲、无拘无束。

满足新奇型(猎山猎水猎风情、新趣新乐新心境),猎奇猎新是所有人的本性,特别是这种新奇能够让人或耳目一新,或豁然开朗,或神清气爽,或血脉偾张,或情动天地,就更疯狂地催动着人们的旅游度假激情。所谓新,就是从未看过、吃过、玩过、经历过、触碰过、感知过。所谓奇,就是从未想象到的,怎么也不相信的,根本无法判断的,突破人类极限的。

享受成果型(舒适、享受、奢侈、服侍),我们不怀疑有一种人是以工作为乐的,他们在人类的智力游戏中乐此不疲。但是,他们更清楚,这种非常人可以承受的付出,必须要有更高层次的补偿:来一次蓄谋已久的舒适度假,放肆地享受,毫无顾忌地奢侈、被精心服侍的贵族感受。

感受情怀型(环境、氛围、情致),度假的最高境界,是静静的回归、静静追踪……从内心到情怀进行一次洗礼,人生被再一次升华!我们每个人在内心深处都有一种向往,也许是年少时种下的情愫,也许是不经意间发现的风景,也许是梦中偶遇的一段故事,也许是某部影视作品情节的触动。感受情怀型的度假,更多的是一种精神回归。

上述所总结的四类,是从更深层次的度假需求进行分析的,这里没有重点讲度假配套、度假设施、度假服务。但如果将四类分析的关键词进行展开,其实所有的需求都已经包括。如环境、氛围、情致就包括了建筑布局、风格确定、景观打造、小品运用、文化注入等。如舒适、享受、奢侈、服侍,就包含了配套、功能、服务等。

而每一项如何做,这就要根据小镇的不同定位进行设计。比如服务,首先要考虑的就是度假人的接送,度假日程安排;对业主还要考虑房子无人住时的通风、采光、卫生和出租等细节。所以,重点是对上述关键词的理解和想象。

通过分析了两类休闲消费的特征,摸准他们的消费需求,对小镇消费特征方向尤为重要。不同的区域、不同的城市,其消费特征是有很大区别的,如成都人因其得天独厚的自然资源优势,周末和节假日,大部分市民都是出城自驾游,而武汉、长沙、郑州等城市,因为周边资源有限,更多是在家娱乐,珠三角则以逛街为主,因为周边实在没有一个值得去了还想再去的地方。

三、文旅特色小镇的开发策划

文化是文旅特色小镇的基因,是文旅特色小镇最核心的特质,也是区别其他文旅特色小镇的根本所在。文旅特色小镇的自然、生态、文化、景观、民俗等资源都是独有的,即使是有类似的,其特质也是独一无二的。但是,在文旅特色小镇的规划建设中,需要进行深入挖掘,才能真正找到区别于其他文旅特色小镇的特质,从而避免与周边旅游项目开发的同质化竞争。

文旅特色小镇的文化建设可通过主题活动、文化活动、文化宣传的方式进行强化。

(一) 主题活动

通过举办主题活动的方式,一方面可以扩大文旅特色小镇的品牌知名度,另一方面可以在社会扩大影响力,吸引各地企业、商家、个人踊跃参与。

主题活动包括文旅特色小镇已有的活动进行深度主题策划,进一步扩大活动的规模和影响力;大型演出活动的策划和举办;大型节庆活动的策划和举办;国际国内重大活动的策划和举办等。

(二) 文化活动

开展文旅特色小镇文化特色教育,提高居民对城市建设的满意度,争取做到"全民皆导游",培养热爱家乡文化的社会风气,从而提升老城的文化品质。

开展社区文化交流活动,推动文旅特色小镇和谐文化建设。

(三) 文化宣传

利用各类文化宣传,提升文旅特色小镇的文化品质。如拍摄文化旅游宣传片,吸引游客了解和认识当地的文化特色和历史底蕴。建立官方自媒体,立体式推广文旅特色小镇文化。

四、乡村养老特色小镇的开发策划

目前,中国已迎来了"银发浪潮",老年人口迅速增加,这让各大房产企业纷纷试水老年地产开发。本文总结了国内外乡村养老项目开发的15种方式,以期对养老地产开发、发展有更全面的认识,帮助乡村养老特色小镇的打造,让老年朋友有更多的养老选择。

(一) 乡村养老小镇开发类型

随着国民生活水平的提高以及人口老龄化的到来,人们对于就医、健身、养老、旅游、运动、环保等与健康相关的需求日益增加,发展健康产业,建设健康中国正当其时。发展养老小镇正是顺应中国社会结构新变化、人口老龄化、满足"健康老龄化"刚性需求的长久之计。因此,涵盖养老、养生、医疗、旅游等诸多业态的养老小镇已引起了国家的高度重视,开始在中国蓬勃发展,成为备受国民关注的新兴产业。

1. 生态养生型

以原生态的生态环境为基础,以健康养生、休闲旅游为发展核心,重点建设养生养老、休闲旅游、生态种植等健康产业,一般分布在生态休闲旅游景区或者自然生态环境较好的区域。即依托项目地良好的气候及生态环境,构建生态体验、度假养生、温泉水疗养生、森林养生、高山避暑养生、海岛避寒养生、湖泊养生、矿物质养生、田园养生等养生业态,打造休闲农庄、养生度假区、养生谷、温泉度假区、生态酒店/民宿等产品,形成生态养生健康小镇产业体系。

2. 文化养生型

深度挖掘项目地独有的宗教、民俗、历史文化,结合市场需求及现代生活方式,运用创意化的手段,打造利于养心的精神层面的旅游产品,使游客在获得文化体验的同时,能够修身养性、回归本心、陶冶情操。如依托宗教资源,打造文化度假区、依托中国传统文化,打造国学体验基地等。

3. 度假产业型

居住养生是以健康养生为理念,以度假地产开发为主导而形成的一种健康养生方式。这种养生居住社区向人们提供的不仅仅是居住空间,更重要的是一种健康生活方式。除建筑生态、环境良好、食品健康等特点外,它还提供全方位的康疗及养生设施及服务,并为人们提供冥想静思的空间与环境,达到在恬静的气氛中修身养性的目的。

4. 体育文化型

依托山地、峡谷、水体等地形地貌及资源,发展山地运动、水上运动、户外拓展、户外露营、户外体育运动、定向运动、养生运动、极限运动、传统体育运动、徒步旅行、探险等户外康体养生产品,推动体育、旅游、度假、健身、赛事等业态的深度融合发展。

5. 医学结合型

康疗养生产品的构成主要是以中医、西医、营养学、心理学等理论知识为指导,结合人体生理行为特征进行的以药物康复、药物治疗为主要手段,配合一定的休闲活动进行的康复养生旅游产品,包括康体检查类产品,它是医疗旅游开发中的重要内容之一。

6. 长寿资源型

依托长寿文化,大力发展长寿经济,形成食疗养生、山林养生、气候养生等为核心,以养生产品为辅助的健康餐饮、休闲娱乐、养生度假等功能的健康养生养老体系。

7. 中医药膳型

药食同源,是东方食养的一大特色。因此美食养生可以说是健康旅游中至关重要的一项内容。健康食品的开发,可以与休闲农业相结合,通过发展绿色种植业、生态养殖业,开发适宜于特定人群、具有特定保健功能的生态健康食品,同时结合生态观光、农事体验、食品加工体验、餐饮制作体验等活动,推动健康食品产业链的综合发展。

8. 养老综合型

有一定的环境资源,同时拥有一定经济实力的老年群体,将医疗、气候、生态、康复、休闲等多种元素融入养老小镇,发展康复疗养、旅居养老、休闲度假型"候鸟"养老、老年体育、老年教育、老年文化活动等业态,打造集养老居住、养老配套、养老服务为一体的养老度假基地等综合开发项目,为老年人打造集养老居住、医疗护理、休闲度假为主要功能的养老小镇。与此同时带动护理、餐饮、医药、老年用品、金融、旅游、教育等多产业的共同发展。

(二) 乡村养老特色小镇开发的特点

1. 强化健康主题,进行多元化开发

乡村养老特色小镇必须强化健康养生养老主题,进行多元化开发。以健康养生、休闲养老度假等健康产业为核心,进行休闲农业、医疗服务、休闲娱乐、养生度假等多功能开发。

2. 根据自身特色,确定乡村开发类型

如果乡村本身有著名的地理标识性农产品,可以根据农产品开发系列美食康养;有些长寿村用有长寿文化基础,倡导食养、药养、中医等健康养生,结合养老民宿,发展中长期的家庭养老机构,适合作田园长寿文化康养开发等。

3. 对于无特色资源，植入相关特色与功能

对于无明显特色资源的乡村，可以进入康养资源，通过旅游的搬运功能进行特色植入。这类型一般仅适合长寿文化型、生态养生型、医养结合型或养老型的开发。例如，生态养生型要求有较好的环境基础，后期要改善和维护乡村生态环境，同时培育和引导养生养老小镇进驻，发展养生产业，进行生态养生型开发；医养结合型需导入医药产业，形成医药种植产业链或形成医药产业小镇等。

第三节 现代农业观光旅游策划

20世纪90年代，中国农业观光旅游在大中城市迅速兴起。观光农业作为新兴的行业，既能促进传统农业向现代农业转型，解决农业发展的部分问题，也能提供大量的就业机会，为农村剩余劳动力解决就业问题，还能够带动农村教育、卫生、交通的发展，改变农村面貌，是为解决中国"三农问题"提供新的思路。因此可以预见，观光农业这一新型产业必将获得很大的发展。

一、现代农业观光旅游的定义

农业观光旅游，是指以自然资源为基础，以农业文化和农村生活文化为核心，通过规划、设计与施工，吸引游客前来观赏、品尝、购物、习作、体验、休闲、度假的一种新型农业与旅游业相结合的一种生产经营形态。

观光农业是指为能满足人们精神和物质享受而开辟的可吸引游客前来开展观（赏）、品（尝）、娱（乐）、劳（作）等活动的农业。观光农业以农业为基础，以旅游为手段，以城市为市场，以参与为特点，以文化为内涵。

观光农业是把观光旅游与农业结合在一起的一种旅游活动，它的形式和类型很多。

二、现代农业观光旅游的分类

（一）观光副业

包括与农业相关的具有地方特色的工艺品及其加工制作过程，都可作为观光副业项目进行开发。如利用竹子、麦秸、玉米叶、芦苇等编造多种美术工艺品，可以让游人观看艺人的精湛手艺或组织游人自己参加编织活动。

（二）观光生态农业

建立农林牧渔土地综合利用的生态模式，强化生产过程的生态性、趣味性、艺术性，生产丰富多彩的绿色保洁食品，为游人提供观赏和研究良好生产环境的场所，形成林果粮间作、农林牧结合、桑基鱼塘等农业生态景观，如广东珠江三角洲形成的桑、鱼、蔗互相结合的生态农业景观典范。

（三）观光林业

指具有观光功能的人工林场、天然林地、林果园、绿色造型公园等。开发利用人工森林与自然森林所具有多种旅游功能和观光价值，为游客观光、野营、探险、避暑、科考、森林浴等提供空间场所。

（四）观光牧业

指具有观光性的牧场、养殖场、狩猎场、森林动物园等，为游人提供观光和参与牧业生活的风趣和乐趣。如奶牛观光、草原放牧、马场比赛、猎场狩猎等各项活动。

（五）观光种植业

指具有观光功能的现代化种植，它利用现代农业技术，开发具有较高观赏价值的作物品种园地，或利用现代化农业栽培手段，向游客展示农业最新成果。如引进优质蔬菜、绿色食品、高产瓜果、观赏花卉作物，组建多姿多趣的农业观光园、自摘水果园、农俗园、果蔬品尝中心等。

（六）观光渔业

指利用滩涂、湖面、水库、池塘等水体，开展具有观光、参与功能的旅游项目，如参观捕鱼、驾驶渔船、水中垂钓、品尝海鲜、参与捕捞活动等，还可以让游人学习养殖技术。

三、现代农业观光旅游的策划要素

1. 依托田园生态景观

乡村田园生态旅游景观是现代城市居民闲暇生活向往和旅游消费的时尚，也是农业观光旅游赖以发展的旅游环境基础。在旅游策划时，一是选址要考虑以优美的农村生态旅游景观为衬托，与农业观光旅游项目相匹配；二是要以农业田园景观为基础，将花卉、蔬菜、水果等特色作物、高新农业技术和特色乡村文化作为旅游策划基本元素；三是对农村环境的落后面貌进行必要的村落旅游景观改造，保护农村生态旅游环境的原真性。

2. 挖掘农耕民俗文化

发展农业观光旅游，需要丰富的农业观光文化内涵。在旅游策划时，需要深入挖掘农村民俗文化和农耕文化资源，提升农业观光的文化品位，实现自然生态和人文生态的有机结合。具体可以将农村的传统民居、家具、传统作坊、器具、民间演艺、游戏、民间楹联、匾牌、民间歌赋、传说、名人胜地、古迹、农家土菜、农耕谚语、农具等各种乡村文化旅游资源，融入农业观光旅游景棚策划之中。

3. 综合利用

在农业观光旅游内容策划中，可以将农村民俗、农业科技示范园、生态农业等作为基本观光类型，根据策划地的具体状况，衍生观光农场、观光果园观光茶园、观光花圃等农业观光项目，满足不同游客的农业观光旅游需求。

4. 特色主题策划

特色是农业观光旅游项目的核心竞争力,主题是农业观光旅游项目的核正吸引力。在旅游策划时,要摸清可开发的农业观光旅游资源情况,分析周边区域观光农业旅游状况,巧将农业生产与农村文化进行特色营造。农村旅游资源具有地域性、季节性、景观性、生态性、知识性、文化性、传统性等特点,营造旅游特色时都可加以利用。同时,根据农业观光旅游资源特色,进行旅游主题策划。如在农业观光生态旅游区,可策划春有花、夏有荫、秋有果、冬有景的四时旅游活动美景,青山看不厌,流水趣无穷,流连忘还。

5. 休憩体验设计

农业观光旅游客源可分两类:一是在节假日,是城市近距离休憩放松的上班族;二是在上班时间,是退休人员及业务人员和会议人员。到农村进行观光,已不仅仅是旅游观光,而是一种休闲生活。因此,农村观光旅游项目策划的关键是如何处理好农业观光旅游中的"静"和"动"的关系,即观光旅游和农事活动的关系。"静"就是为人们提供优美的田园空间和安详的农家场所。"动"是策划安排乡村娱乐游憩或农事体验旅游活动,做到"动"的旅游项目寓"静"的旅游景观之中,既要满足游客渴望回归自然、放松身心的基本旅游,又能满足游客农业科学文化的认知需要,延长农业观光旅游的游憩时间。

四、现代农业观光旅游的开发策划

(一)特色鲜明:保持地域、产业、生态、风貌特色

(1)保持鲜明的地域特色。针对山水资源丰富的地区,应体现"山谷""水乡""乡野"特色。针对文化资源丰富的地区,应体现特色"乡味""民俗"等地域特色。

规划要点:多用地方材料、符号,体现地域特色,注重整体格局和风貌的打造,格局自然,风貌整体和谐统一,体现特色。

(2)保持鲜明的产业特色。乡村土地肥沃,农、林、渔等传统农业资源丰富,具备一定产业基础,应当把所在地的产业优势糅合进去,着力培育支柱产业,或"农",或"林",或"渔",形成自身的特色产业。

规划要点:产业规划与地域规划结合。

(3)保持鲜明的生态特色。乡村项目的打造,必须符合"现代化生态农村"的建设目标,必须保证在乡村自然区的生态涵养,注重生态农业基地的开发及绿色产业体系、乡村生活体系的打造等方面,都能使乡村保持鲜明生态特色。

规划要点:景观多用自然,注重小品等景观打造。如在环境设计、建筑设计、资源的利用和保护、循环经济等都要注入"生态"理念。

(二)文脉鲜活:保持乡土文化的原生性、鲜活性

1. 提炼元素

所谓"原生性"和"鲜活性",是指用独特的自然风貌、生活习俗和人的生产劳动等社会性生态元素,诠释项目地文化传统。可供挖掘的乡土文化十分丰富,如纺线、织布、蒸糕、做圆子等生活文化,土布服饰展示、传统婚庆仪式等民俗文化,推铁环、踩高跷等游戏文化,等等。

2. 文化传承

对历史文化丰厚的项目地,应注重保护历史、传统文化,做好传承、挖掘文化要充分,形成乡村的文化认同。

3. 品质提升

合理开发利用文化资源,系统打造,形成文化品牌,增强竞争软实力。

4. 重塑精神

对于文化资源匮乏或是新建的项目,应注重文化培育和打造,在现有建设的基础上发展,逐步形成自身文化特色。

(三) 三产融合:统筹区域产业规划保障发展动力

1. 一二三业融合

把农业、渔业、林业、商贸业,以及饮食等各类服务业的发展结合起来全面规划,选择适合项目发展方向的产业做强做大,逐步发育成为乡村发展的有力支撑。

2. 现有产业升级

在现有基础上发展产业,不要凭空创造和引进新的产业。

3. 调整产业结构

发挥人气与资源集聚优势,拉动、促进乡村产业发展,完善产业结构,升级产业体系;延长产业链,构建合理的产业集群,打造竞争优势,扩大产业影响力,提升产业竞争力。

(四) 宜居宜游:留住生产力,扩大消费吸引力

1. 挖掘旅游题材

乡村项目的开发建设,旅游不是核心目的,但拥有一定的旅游功能作支撑,乡村发展将会更有生命力。可将山水风光、地形地貌、风俗风味、古村古居、人文历史等作为旅游题材。

2. 打造共享配套

乡村项目的公共服务设施、基础设施建设除了满足基础生产、生活需求以外,还应做好三个服务:

(1) 注重服务社会事业。设施建设要与镇区结合,共建共享,建设完善的服务体系,推动乡村整体经济社会可持续发展。

(2) 注重服务经济发展。建立并完善与经济社会发展相适应的服务体系,提升综合承载能力,成为整合资源、集聚创新、特色产业的"新载体"。

(3) 注重服务周边村民。统筹布局、互联互通,完善补足城乡服务设施体系,促进服务设施向周边农村延伸。

3. 留足发展空间

对接区域市场需求,尤其大城市周边,旅游产品策划考虑外溢的功能需求。

总之,从道路、交通、环境、建筑风貌,到功能布局、各类设施,从休闲、娱乐,到餐饮、商贸,在充分满足居民物质和精神生活需求外,一切要从打造乡村生态旅游项目的思路出发,

精心打造，务显"特色"，使生态旅游业、现代服务业，成为乡村赖以发展的产业之一，为乡村发展提供源源不断的经济收入。

（五）活力构筑：聚集人气，防止空村鬼镇出现

1. 打造活力型街区

要结合棚户区改造等，打造一些有活力的早餐、夜宵、娱乐街区等受大众欢迎的有活力的街区。

2. 提升冬季的活力

北方地区项目选择考虑弥补气候条件等因素，积极发展全季节旅游，增加冬季项目。

3. 注重夜间经济打造

增加夜晚的商业和文化活力，打造具有魅力的夜色景观，增加乡村夜生活、夜消费活力。

五、现代农业观光旅游的功能分区

（一）农业生产区

定位：田园农业生产的核心空间，是农业生产的主要功能分区，是为综合体发展和运行提供产业支撑和发展动力的核心区域。

策划要点：选在田间水利设施完善，田地平整肥沃、水利设施配套、田间道路畅通的区域进行规划建设，同时应结合我国特色农产品区域布局规划，遴选合适的种养品种，并且应当最大化地尊重场地肌理，还应当尽量满足机械化种植的需求，充分考虑机耕道的要求与四季产业的耕作规划。

（二）农业景观区

定位：以田园景观、农业生产和优质农产品为基础的主题观光区域。

策划要点：以当地资源环境为基础，规划开发以特色园圃、现代农业设施、农产品展示、创意农业景观小品为特色景观要素的景观观光区，核心景观片区的规划布局要突出的景观主题，规划主题性景观及特殊的游览方式（线路、节点）。

（三）现代农业产业园区

定位：农业产业链现代化延伸区域，以产业园区的方式发展现代化农业，实现农业现代化和规模化经营。

策划要点：现代农业产业园区通常根据项目方资本、技术、资源等基本条件，选择性规划发展循环农业、设施农业、特色农业、无土农业、外向型农业、休闲农业、创意农业等新型农业产业园，一般规模较大。

（四）生活居住区

定位：城镇化主要功能部分核心承载片区，农民、工人、旅行者等人口相对集中的居住生活区域。

策划要点:规划适宜当地农民社区化居住生活、产业工人聚集居住生活、外来休闲旅游居住生活等三类人口相对集中的居住生活区域,打造新型乡村人口聚集区,保证乡村居民生活品质,吸引人口回流,促进乡村发展活力。

(五)农业科普教育及农事体验区

定位:承载农业文化内涵与教育功能重要区域。

策划要点:利用农业生产基地及相关设施、空间等规划打造及农业科普教育与休闲务农体验为一体的活动区域,让游客深度了解乡村务农文化的核心内涵。

(六)乡村休闲度假区

定位:创意农业休闲片区是游人能够深入体验农业创意的特色生活空间。

策划要点:主要利用乡村的山地、森林、溪流、水库、湖泊、湿地、居民点及乡村文化等,开展各种各样的户外活动及娱乐活动。

(七)产城一体服务配套区

定位:为农村、农民、农业,生产、生活提供服务和保障的核心区域。

策划要点:规划建设基础设施及公共服务设施。一方面服务于居住区内的居民、村民对医疗、教育、卫生、生产生活、休闲等基本生活需求,另一方面服务于农业、加工业、旅游休闲、商贸物流、乡村金融等产业发展需求。

(八)衍生产业区

定位:乡村新型产业、高级发展模式试点区。

策划要点:在关注农业基础、关注农民利益的基础上,发展衍生特色产业,延伸产业链,打造多元产业融合。

延伸阅读一

世界上最美的50个小镇的创意

1. 哈尔施塔特镇(奥地利)

来自天堂的明信片

曾有人说:一个人若爱你,就带他去哈尔施塔特;一个人若恨你,也带他去哈尔施塔特,他会因此而爱上你。

2. 布莱德小镇(斯洛文尼亚)

被称为"欧洲之眼"、欧洲最美的角落

布莱德小镇坐落在阿尔卑斯山旁的布莱德湖畔,是斯洛文尼亚最著名的度假胜地。以教堂为中心的湖中小岛,从远处望过去就像是"仙境"一般,甚至被称为是"欧洲之眼"。

来到斯洛文尼亚,怎能不去阿尔卑斯山南麓的布莱德湖!清晨和日暮,湖心的小岛在四周美景的掩映下尤为醉人,无论是站在古堡上远眺苍穹,还是在湖心岛的教堂里敲几下178公斤的大钟,上帝仿佛都听见了自己的心声。

3. 拜伯丽镇(英格兰)

英格兰最美的村庄

拜伯丽(Bibury)被称为英格兰最美丽的村庄,恬美、自然、宁静,宛如油画一般地诗情画意。

4. 萨尔茨堡小镇(奥地利)

莫扎特的故乡

萨尔茨堡湖区,是奥地利最值得骄傲的度假胜地,也被认为是世界上最美小镇的集中地。湖区就像一本画册,76个湖泊,76个绝美画页,画尽了人世间的美丽。

5. 羊角村(荷兰)

飘在水上的七百年小镇

七百多年来,有着"荷兰威尼斯"美誉的羊角村从未修公路,至今仍然保留着一幅美丽童话的样子,这里没有汽车、没有公路,只有纵横密布的河网,和176座连接各户人家的小木桥。

6. 戈萨达鲁尔村(丹麦法罗群岛)

一个与世隔绝的海岛村庄

法罗群岛位于冰岛、苏格兰、挪威之间的北大西洋海域,由18个岛屿组成,是丹麦的一个海外领地(丹麦另一个海外领地就是格陵兰),这里曾被《美国国家地理》杂志评选为50座世界最美岛屿之首!

7. 罗腾堡(德国)

德国浪漫之路上最重要小镇

罗滕堡的德文含义是"红色城堡",它是德国所有城市中,保存中古世纪古城风貌最完整的地区,也是最富有浪漫情调的城市,被誉为"中古世纪之宝"。

8. 五渔村(意大利)

世界上最美的小渔村

蓝色清澈的地中海水,缤纷美丽的渔村景色。扑面而来的清新空气,还有一座座五彩斑斓的小屋,布满鲜花的露台……

9. 嵊泗无人村(中国舟山)

一个绿野仙踪的迷离梦境

古蔓青藤,宛如世外桃源,这就是浙江嵊山岛上被遗弃的无人小渔村。它被《英国邮报》评为全球28处被遗忘的绝美景点!

10. 五崮山合掌村(日本)

隐世而独立的世遗童话小村

日本富山县有一个古老的小镇,冬天的样子就像在童话里的模样,它被喻为"冬日的童话村",也因此被列入世界文化遗产。

11. 雷讷村(挪威)

欧洲的桃花源,挪威最美村庄

雷讷曾经被评为挪威最美的村庄,一生绝对值得一去的地方!这个"明信片"或"田园诗"一般的地方,只住着300多个人,青蓝色的港湾坐落在峡湾和高山间,充满了北欧野外的美感。

12. 埃圭斯海姆小镇(法国)

曾被评为最适宜居住的小镇

法国小镇埃圭斯海姆至今仍保留着浓厚的中世纪色彩建筑,它曾被评为最适宜居住的小镇。在街头巷尾可以听到动人的音乐,找一间咖啡屋一边喝着一边看书,看着行人懒散的步伐,和陌生人闲聊几句……

13. Hamnoy 渔村(挪威)

全球最震撼的小渔村

来到这里,一切都是那样虚幻缥缈,恍如隔世,那奇异突兀的山峦,那幽蓝摄人心魄的海水,那广阔无垠的旷野滩涂,那童话般的小木屋……好像站在了魔幻世界的场景中,又仿佛是置身于立体环幕的影院里。

14. 克鲁姆洛夫小镇(捷克)

被冠以世界双重遗产的隔世小镇

南波西米亚的迷人小镇克鲁姆洛夫(Cesky Krumlov)是世界上最美的几座城镇之一,也被称作"CK小镇",被联合国列为世界文化和自然双重遗产。

15. 施皮茨小镇(瑞士)

被誉为"瑞士最美的小镇"

瑞士最美小镇施皮茨,是瑞士著名的度假休养圣地,它没有苏黎世和日内瓦的繁华喧闹,却有着独特的恬淡自在。雪峰环抱,千年城堡挺拔屹立其中,被誉为欧洲最美水湾的图恩湖碧水如镜……

16. 杜布罗夫尼克(克罗地亚)

悬崖之上的千年明珠

假如你感觉杜布罗夫尼克这座小城的美景似曾相识,不仅是因为它真有迷人的魅力,还因为它在热门美剧《权力的游戏》中化身"君临城"和"魁尔斯"占尽风头。

17. 因特拉肯小镇(瑞士)

邂逅人间最美的天堂小镇

因特拉肯,是一个因"欧洲脊梁"少女峰而闻名遐迩的旅游小镇。拉丁文的原意是"两湖之间",位于图恩湖及布里恩湖之间,因此它又叫"湖间镇"。

18. 波西塔诺(意大利)

南意最美的诗意小镇

世界遗产阿玛菲海岸线,美国《国家地理》称它是人间天堂,也被誉为50个一生必去的地方之一,而波西塔诺就是沿线众多小镇里最有名的一个。

19. 莫奈姆瓦夏 Kastro 小镇（希腊）

隐藏在离岛之上的蜜月小镇

除了圣托里尼，希腊最有情调当属被称为"东方直布罗陀"的莫奈姆瓦夏。

20. 伊亚小镇（希腊）

爱琴海上的明珠，看世界最美日落

走在伊亚小镇，身体里每个细胞都在跳动，没错这里就是爱琴海上的人间天堂！

21. 布拉诺（意大利）

仿若剪碎的彩虹一样的小镇

布拉诺有着彩色外墙缀饰，缤纷风情简直令人迷醉，这个小岛步行半小时就可以逛完，但却让人迟迟不愿离去，可以看出当地人对小岛屋舍的打磨是多么独具匠心。

22. 班贝格（德国）

德国水乡"小威尼斯"

弯弯曲曲的角落，狭窄幽深的街巷。巴洛克和浪漫主义建筑，以及中世纪的氛围，为班贝格老城带来了无尽的魅力。

23. 基律纳（瑞典）

在世界尽头的童话里旅行

瑞典的北方小城基律纳，是瑞典冬季的户外天堂，不知道为何日本人特别钟爱。这里最著名的景点是基律纳教堂，整座教堂用木材建造而成，被瑞典人评选为瑞典最美丽的教堂！

24. 胡萨维克小镇（冰岛）

被誉为"欧洲观鲸之都"

冰岛东北部有一个美丽的海湾小镇——胡萨维克，是欧洲最好的观鲸地之一，被誉为"欧洲观鲸之都"。

25. 皇后镇（新西兰）

美丽的自然风光压倒一切

依山傍水，一切保持着大自然最原始纯真的模样！它被称为"世界上最幸福的地方"，还是全球最友好城市之一，几乎每天都有人在此举行婚礼和度蜜月，可以说美丽的自然风光压倒一切，这里曾是《魔戒三部曲》和《霍比特人》的拍摄地。

26. 扎科帕内（波兰）

被誉为"波兰的冬季首都"

波兰最南部的城镇扎科帕内，被誉为"波兰的冬季首都"，这里气候宜人、四季皆美，全年无淡季！它是波兰和斯洛伐克两国最受欢迎的户外运动中心。

27. 菲森（德国）

了却所有人心中的童话梦

去德国旅行，如果你没有去菲森，那一定是种遗憾！这座有两千多年历史的小镇，在德国"浪漫之路"的最南端，是久负盛名的度假胜地。

28. 维尔茨堡（德国）

在莱茵河畔遇见复古的浪漫

维尔茨堡是一个主教城市,最著名的景点便是新、老主教宫,在这里的每一个塑像背后都有着丰富的故事。

29. 安纳西(法国)

一生必去的欧洲最美小镇

卢梭和德华伦夫人闻名天下的爱情故事,足以让法国小镇安纳西称得上"浪漫之美"!

30. 科尔马(法国)

法德"混血"的浪漫小镇

享有"法国小威尼斯"美誉的法国童话小镇科尔马,仍保留着距今已有800年历史的日耳曼建筑。

31. 禾木村(中国)

中国第一村,被誉为"神的自留地"

在新疆美丽的哈纳斯湖旁,有一个小巧的山村——禾木村,它素有"中国第一村"的美称,也被誉为"神的自留地"!

32. 竹田城遗迹(日本)

欲醉欲仙的天空之城

日本兵库县朝来市和田山町有一座中世纪的山城,整座城位于山顶,附近时常起雾,远远望去浮在云海之上欲醉欲仙,因此被誉为"天空之城"!

33. 大叻(越南)

私藏在越南的最美法国小镇

大叻是"越南最美的小镇",是"越南私藏的法国"。这也使得大叻成为越南少有的高原度假胜地,更是被誉为"越南的空中花园"。

34. 采尔马特(瑞士)

38座雪山围抱的冰川小镇

素有"冰川之城"美誉的小镇采尔马特,被阿尔卑斯山的群峰包围,海拔4 000米以上雪峰就有38座之多,震撼美景难以言表!

35. 格雷梅小镇(土耳其)

一个能"上天入地"的秘境小镇

如果说去旅行去冒险是为了遇见不曾见过的美妙景色,经历不曾想过的充实人生,那么与你相遇相守就是我能想到的最华丽的冒险。

36. 勒罗斯(挪威)

被誉为"17世纪的活化石"

勒罗斯是一座历史悠久的独特小镇,也是挪威世界文化遗产地。最不可思议的就是小镇800多座彩色木制建筑,几乎停留在1644年建造时的模样,至今还散发着浓浓的中世纪风味。

37. 苏兹达尔小镇(俄罗斯)

镶嵌在金环上的钻石

莫斯科郊外有14座中世纪的古老城镇围绕,它们被称为"金环"。

38. 阿尔贝罗贝洛（意大利）

精灵的帽子遗落凡间

意大利小城阿尔贝罗贝洛，地方不大只有1万余人，却有着文明世界的楚利建筑，1996年被列入世界文化遗产，被誉为意大利的天堂小镇。

39. 迪南（法国）

古色古香的中世纪小镇

在法国的朗塞河旁，有一座古城曾幸免于英法战争的摧残，古色古香充斥其中，被岁月斑驳了的城墙、夹道而立的木造古屋、被脚步磨得溜光水滑的鹅卵小径……

40. 格拉斯（法国）

全世界最香的小镇

如果说女人都钟爱香水，那么巴黎仅仅是衣香鬓影，而坐落在蔚蓝海岸的格拉斯小镇，才是每一个女人的梦想之地！

41. 宏村（中国）

中国巨幅千年水墨画卷

说起"中国画里的村庄"，当属被列入世界遗产的安徽宏村！有一种仙境，叫"一生痴绝处"，有一种遗憾，叫"无梦到徽州"。

42. 阿尔瓦拉辛（西班牙）

被誉为"西班牙最美的小镇"

很多人喜欢小镇，大抵因为异域风情或古色古香的质感，而阿尔瓦拉辛却能将二者融合，在这里你能感受到罗马文化、伊斯兰文化与基督教文化强烈碰撞的浓郁气息。

43. 劳特布伦嫩（瑞士）

享誉世界的瀑布小镇

劳特布伦嫩是电影《魔戒》中精灵据点的场景原型，被评选为世界最美小镇之一，2001年被列为世界自然遗产！

44. 蓝白小镇（突尼斯）

廊桥遗梦般的蜜月小镇

蓝白小镇的真名叫西迪·布赛义德（SidiBouSaid），它是突尼斯面对欧洲的门户之一。之所以称它为"蓝白小镇"，是因为这个坐落在地中海边峭壁上的镇子，所有的房屋只有两种颜色。

45. 锡吉什瓦拉（罗马尼亚）

被誉为"吸血鬼的故乡"

罗马尼亚的古城锡吉什瓦拉，是公认的最美丽和保存最完整的城市和城堡，被称为欧洲中世纪的建筑的典范，1999年列入世界遗产。

46. 大力水手村（马耳他）

唤醒童年回忆的卡通村

可曾记得童年时的卡通片《大力水手》？而在欧洲小国马耳他就藏着这么一个大力水手村，它也叫作Sweethaven村，是马耳他最有名的旅游地。

47. 凯法利尼亚（希腊）

爱情电影《战地情人》的拍摄地

凯法利尼亚是一个岛屿小镇，也是希腊的爱奥尼亚海上的最大岛，尽管面积相当于八个圣托里尼，但是常住人口只有圣托里尼的一倍。岛上有辽阔的湖水和绵延的群山，当地小餐馆为游客们提供许多可口的橄榄小吃。

48. 凯法利尼亚（希腊）

希腊最静谧的岛屿，挂在悬崖上的村落

福莱甘兹罗斯是希腊少有的最原生态的小岛，在这个恬静的小镇，你所能看到的只是波涛拍打着卵石海滩，山羊在山坡上互相追逐，一架古老的木制风车在海风的吹拂下兀自旋转着。

49. KV小镇（捷克）

欧洲著名的"汽水温泉"小镇

KV小镇（Karlovy Vary，卡罗维瓦利）是欧洲历史上最悠久的温泉小镇，离布拉格有133公里，这里的温泉不仅可以泡，还可以直接饮用，因此也被誉为"汽水温泉"！

50. 圣米歇尔山城堡（法国）

法国第一个世界遗产

法国第一个被列入世界文化遗产名录；欧洲十大最美丽的古老城堡名列第二；除了耶路撒冷和梵蒂冈之外的第三大天主教圣地……就是圣米歇尔山，迪士尼的长发公主城堡原型就是这里。

文章来源：《文旅地产报》2019.6（网络，我们对原文作者深表敬意）。

延伸阅读

20种农业观光旅游产业园典型模式

近日，农业农村部、财政部将四川省眉山市东坡区等20个产业园认定为首批国家现代农业产业园。这些产业园产业特色鲜明、要素高度集聚、设施装备先进、生产方式绿色、经济效益显著、示范带动有力，成为引领农业农村现代化的排头兵和乡村产业兴旺的领头羊。

选准优势特色产业成为农村三产融合发展样板区

一年多来，各产业园做大做强优势特色主导产业，引领乡村产业兴旺。创建过程中，各产业园立足当地资源禀赋、发展水平、产业特点，科学选择优势特色主导产业，加快推进种养规模化、加工集群化、科技集成化、营销品牌化，全产业链开发格局基本形成，一二三产业融合发展水平全国领先。其中，首批认定的20个产业园主导产业覆盖率和适度规模经营率均达到60%以上，农产品初加工转化率达到80%以上。

福建省安溪县现代农业产业园：撬动安溪县茶产业的关键一役

安溪县现代农业产业园在创建中进行了深度规划，致力于打造铁观音产业大格局，花大力气促进茶产业向茶机械、茶包装、茶配套、茶创意、茶食品及精深加工等领域延伸，2018年涉茶总产值达106亿元,比2017年增长9.1%。

四川省眉山市东坡区现代农业产业园:围绕泡菜建设多样基地

四川省眉山市东坡区现代农业产业园大力建设泡菜原料新品种繁育试种基地、泡菜原料标准化生产基地、泡菜农耕文化体验基地。2018年,园内蔬菜种植面积达16万亩,新增7家省级龙头企业,主导产业集中度达78%,年加工泡菜原料170万吨,占全国泡菜市场份额的1/3。

河南省正阳县现代农业产业园:龙头带动、品牌集中、品类齐全的花生加工体系

河南省正阳县现代农业产业园在17万亩耕地上种植优质花生16.6万亩,带动全县种植花生170多万亩,辐射周边市县种植花生近1 000万亩。

产业园相继引进"君乐宝""鲁花"两个龙头企业,以及花生天地、正花食品、正味粮油、维维粮油等以花生油、休闲食品、花生饮料、花生蛋白、花生保健食品为主的深加工企业,形成了龙头带动、品牌集中、品类齐全的加工体系。园内花生加工企业达到30家,花生机械生产企业38家,君乐宝乳业延伸产业链,建成了4 000多亩的乐源观光牧场。

黑龙江省五常市现代农业产业园:依托优势特色水稻产业,全产业链开发

黑龙江省五常市现代农业产业园依托优势特色水稻产业,通过多种稻米精深加工,延伸产业链,提升价值链,完善利益链。目前,园内水稻种植面积达30万亩以上,全部实现自动化、精准化、标准化、生态化,"稻米观光、稻米体验、稻米加工、稻米品鉴、稻米营销"的全产业链开发格局已经成型。

湖北省潜江市现代农业产业园:建成标准化虾稻基地70多万亩

湖北省潜江市现代农业产业园坚持"好水好虾好稻"理念,通过政府引导、园区创建、市场主导、农民参与,建成标准化虾稻基地70多万亩。13个万亩连片基地和65个千亩以上基地,"虾稻共作"模式已经成为现代农业"小粮仓、小银行、小水库和小肥厂"的"四小"典范,种稻养虾相得益彰。

湖南省靖州县现代农业产业园:依托杨梅、茯苓两大主导产业,发展产业融合

湖南省靖州县现代农业产业园依托杨梅、茯苓两大主导产业,采用大基地、大加工、大营销和大融合方式,大力发展农产品加工业、休闲农业与乡村旅游,先后建设了杨梅生态博物馆、后山溪杨梅观光园、飞山文化旅游区、木洞响水杨梅生态园等休闲旅游点以及大批农家乐、农家民宿等,形成"接二连三""跨二进三"的产业融合发展新业态。

集聚各类生产要素成为现代技术与装备集成区

一年多来,各产业园通过聚集科研、市场、资本、信息、人才等现代生产要素,推进农科教、产学研大联合大协作,推广应用先进技术和装备,形成了科技成果转化应用有效机制。同时加大政策优惠力度,设立创新创业基金,大力开展创业孵化,吸引大学生、返乡农民工、复员转业军人等实用人才入园创业创新。

山东省金乡县现代农业产业园:通过品牌优势,聚集全国70%的大蒜交易量

在山东省金乡县现代农业产业园,智能大蒜精量播种机每天可播种大蒜50多亩。据介绍,一台机器相当于200名劳动力的工作量,彻底改变了传统大蒜播种劳动强度大、种植效率低的局面。大蒜覆膜、收获机械、植保无人机、水肥一体化等先进装备已在园内大面积推

广应用。此外,产业园通过品牌优势,聚集了全国70%的大蒜交易量。

吉林省集安市现代农业产业园:与科研院所共建国家人参加工技术研发中心

吉林省集安市现代农业产业园以龙头企业为主体,与中国农科院特产研究所、吉林农业大学等科研院所合作,共建了国家人参加工技术研发中心。2018年,产业园内企业承担国家和省市级科技项目9项,投入研发资金7 713万元,比上年增长429%。

江苏省泗阳县现代农业产业园:桃果全程机械化生产

江苏省泗阳县现代农业产业园结合农业生产社会化服务,在园内推进桃果全程机械化生产,购买各类桃果农机具400台(套),为桃农提供打药、施肥、除草、剪枝、摘果等服务,节约了60%的生产成本。目前,桃树移栽、施肥除草、病虫防治、套袋摘果、整枝修剪、碎枝还田等环节均实现了机械化作业。

浙江省慈溪市现代农业产业园:投入50多亿,搭建三大科创平台

浙江省慈溪市现代农业产业园投资2.1亿元搭建杭州湾现代农业研究院、沧海慈湖农创客基地、国际食品研发中心三大科创平台。其中,国际食品研发中心可入驻国际化高层次研发人才300名以上,引进浙江大学等12家科研单位,组建16个专家团队,确保每家企业都有一家科研单位对接,每个重大项目都有专家团队服务。截至目前,产业园已累计投入50多亿元,形成了优质粮食和精品果蔬两大主导产业。

山东省栖霞市现代农业产业园:开发系列苹果深加工产品

山东省栖霞市现代农业产业园积极与高校、科研院所合作,实施"智慧农业关键技术与系统集成""苹果园病虫害预测预报与精准防控""果园花果精准调控与品质管理"等农业高科技成果转化项目9个。

引进中国工程院院士、山东农业大学教授束怀瑞,农业农村部果蔬加工重点实验室主任、中国农业大学教授廖小军等高层次人才17人,开发出苹果脆片、苹果酵素、苹果气泡酒、白兰地等系列苹果深加工产品。

践行新发展理念成为农业绿色发展引领区

一年多来,各产业园坚持把绿色发展理念贯穿创建全过程,大力推广应用精准施肥、生物防控、节水灌溉等绿色生产技术和秸秆就地还田等废弃物综合利用模式,促进资源利用和环境治理协同发展,推动农业生产由增产导向向提质导向加速转变。产业园绿色低碳循环发展长效机制基本建立,农药化肥使用量实现零增长,畜禽粪污综合利用率达到80%以上,绿色、有机、地理标志农产品认证比例达到80%以上。

陕西省洛川县现代农业产业园:推进果业绿色循环发展

陕西省洛川县现代农业产业园探索家庭农场种养循环、大型养殖与散户对接循环、果园废弃物循环利用等模式,推进果业绿色循环发展。在该县的果园中,树上挂杀虫灯、黏虫板、诱虫带,树下均匀设置水肥灌溉设备的绿色生产模式得到大面积推广。

产业园支持园内企业实施"果、草、畜、沼、水"五配套生态循环模式,建成有机肥加工厂6家,年生产有机肥15万吨,化肥和农药施用量均降低5%以上。同时引进枝条生物质发电和反光膜铝塑分离厂,年回收枝条30万吨、废旧反光膜5 000吨,果园农业面源污染得到有效治理。

黑龙江省宁安市现代农业产业园：对俄、朝、韩三国重要的出口蔬菜生产基地之一

在黑龙江省宁安市现代农业产业园，标准化、规模化瓜菜生产园区达到21个，渠路全面配套，喷灌、滴灌实现全覆盖，水肥一体化面积达5万亩，绿色、有机、地理标志农产品认证比例达100%，成为我国对俄、朝、韩三国重要的出口蔬菜生产基地之一。

内蒙古自治区扎赉特旗现代农业产业园：推行稻田养鸭有机农业模式

内蒙古自治区扎赉特旗现代农业产业园坚持让"绿色"坐正席、唱主角，大力推行稻田养鸭有机农业模式。

这种模式不仅能给稻田除虫、除草，鸭子的粪便也可作为有机肥有效提升土壤肥力。随着"鸭稻共作"的广泛推行，稻田养鸭、养蟹、养鱼、养小龙虾等"一稻两吃"种植模式在产业园遍地开花。

黑龙江省庆安县现代农业产业园：稻米全产业发展，聚焦绿色有机

在黑龙江省庆安县现代农业产业园，定位稻米全产业发展，聚焦绿色有机精准发力，秸秆造纸、生物质发电、酵素叶面肥生产、秸秆收储运、土壤修复碳基肥等多种形式的农业废弃物资源化利用全面开展。目前稻壳汽化发电项目正在推进，已完成秸秆堆沤肥2.5万吨。

江西省信丰县现代农业产业园：脐橙标准化、优质化、集约化和绿色高产高效

江西省信丰县现代农业产业园把脐橙产业作为富民产业，通过推广"无毒化栽培、绿肥套种、水肥一体化、整形修剪、病虫害综合治理"等15大标准化生产技术，使脐橙生产朝标准化、优质化、集约化和绿色高产高效方向发展。果园水肥一体化率达65%以上，生态标准化率达80%，有机肥替代化肥试点达60%，测土配方施肥覆盖面达到了90%。

创新利益联结机制成为联农带农增收示范区

一年多来，各产业园积极探索联农带农增收模式，创新利益联结机制，让农民就近就地就业，更多分享产业增值收益，日子越过越红火。

贵州省水城县现代农业产业园：把国有公司、村集体、企业、农民连成共同体

贵州省水城县现代农业产业园不断深化"三变"改革，把国有公司、村集体、企业、农民连成一个共同体，形成村企联合、产业连片、基地连户、股份连心、责任连体的"五连模式"，成为带动农民脱贫致富的示范样板。

园内共有3.32万户农户（其中贫困户0.56万户）以土地流转入股猕猴桃产业，实现保底分红12 068万元；农户在基地务工实现收入15 230万元，其中贫困户收入4 472万元。2018年产业园带动脱贫16 763人，占全县脱贫人数的26.17%。

山东省潍坊市寒亭区现代农业产业园：推行一系列联农带农模式

山东省潍坊市寒亭区现代农业产业园以"潍县萝卜"和"寒亭西瓜"两个国家地理标志产品为依托，大力推行"合作社农户""企业基地农户""协议收购保民收益"等联农带农模式。目前已有60%的农户加入合作社，2018年产业园内农民人均可支配收入达2.8万元。

云南省普洱市思茅区现代农业产业园：打造"普洱思茅有机茶"公共品牌

云南省普洱市思茅区现代农业产业园，以发展有机茶为突破口，打造"普洱思茅有机茶"公共品牌，支持龙头企业积极推行"公司村委会合作社农户""农民入股保底分红"等利益联结机制，充分调动了农民参与产业园建设的积极性和主动性。2018年实现654户建档立卡贫困户利益联结全覆盖,园内农民人均可支配收入达到 14 750 元,超过当地平均水平 30%以上。

广西壮族自治区来宾市现代农业产业园:多种利益联结模式,拓宽农民的增收渠道

广西壮族自治区来宾市现代农业产业园以蔗糖为主导产业,坚持带农、惠农、富农、兴农导向,探索出了"公司合作社农户保底价市场二次连动价"的"二次分红"模式,"龙头企业合作社农户"的"土地流转优先返聘"模式,"公司合作社(家庭农场)农户金融"的"保底收购"模式等多种利益联结模式,拓宽了农民的增收渠道,让农民更多分享产业增值收益。

(文章来源:《文旅地产报》2019 年 3 月 23 日。网络)

思考题

1. 简述田园综合体的开发策划策略。
2. 简述特色旅游小镇的策划要素。
3. 简述现代农业观光旅游的开发策划。

参考文献

[1] 陈放.项目策划[M].北京:知识产权出版社,2000.
[2] 陈放.智谋广告文化中策划学[M].北京:时事出版社,2000.
[3] 陈放.中国旅游策划[M].北京:中国物资出版社,2003.
[4] 陈火金,梁佳聚,武玉英.企业成功策划的学问[M].北京:中国经济出版社,1995.
[5] 陈涛.智慧旅游[M].北京:电子工业出版社,2012.
[6] 戴光全等.节庆、节事及事件旅游[M].北京:科学出版社,2005.
[7] 菲利普·科特勒.营销管理[M].上海:上海人民出版社,2003.
[8] 傅建祥.旅游策划实录[M].北京:中国旅游出版社,2010.
[9] 高峻.旅游资源规划与开发[M].北京:清华大学出版社,2007.
[10] 何光暐.朝阳产业走向辉煌——蓬勃发展的中国旅游业[M].北京:中国旅游出版社,2006.
[11] 黄翔.旅游节庆策划与营销研究[M].天津:南开大学出版社,2008.
[12] 蒋三庚.旅游策划[M].北京:首都经济贸易大学出版社,2002.
[13] 蒋小华,卢永忠.电子支付在旅游电子商务中的应用与发展探讨[J].现代商业,2011(02).
[14] 李维冰.旅游项目策划[M].北京:中国商业出版社,2004.
[15] 梁朝晖.TOP策划学经典教程[M].北京:北京出版社,1998.
[16] 刘振明.商用谋略:策划老手[M].北京:燕山出版社,1997.
[17] 卢良志.旅游策划[M].北京:旅游教育出版社,2013.
[18] 卢晓.节事节庆活动策划与管理[M].上海:上海人民出版社,2006.
[19] 聂震宁.创意阅读[M].济南:山东文艺出版社,2008.
[20] 欧阳斌.中国旅游策划导论[M].北京:中国旅游出版社,2005.
[21] 申蔚.虚拟现实技术[M].北京:清华大学出版社,2010.
[22] 沈骏等.策划学[M].上海:上海远东出版社,2005.
[23] 沈祖祥.旅游策划[M].上海:复旦大学出版社,2007.
[24] 沈祖祥,张帆.旅游策划学[M].福州:福建人民出版社,2000.
[25] 石芝.移动旅游服务用户接受研究[D].西南交通大学硕士论文,2010.
[26] 孙刚.旅游弄潮新说[M].北京:中国旅游出版社,2006.
[27] 孙黎.策划家:商业传奇的创造者[M].北京:中国经济出版社,1995.
[28] 覃礼刚.现代全能策划[M].北京:中国经济出版社,2001.
[29] 田长广.常用策划书创作[M].北京:北京大学出版社,2008.

[30] 田长广.新编现代策划学[M].北京:北京大学出版社,2008.

[31] 王衍用,宋子千.旅游景区项目策划[M].北京:中国旅游出版社,2007.

[32] 王彦炜,傅泽田.西方旅游业中的去中介化和重中介化的问题讨论[J].中国农业大学学报(社会科学版),2005(1).

[33] 微信公众号《文旅地产报》,sohump@sohu-inc.com.2018-2019.

[34] 魏敏,张帆.旅游资源规划与开发[M].北京:清华大学出版社,2017.

[35] 吴必虎.旅游规划原理[M].北京:中国旅游出版社,2010.

[36] 吴承照.现代旅游规划设计原理与方法[M].青岛:青岛出版社,1998.

[37] 吴艳.酒店电子商务的未来.计调网,http://www.jidiao.net,2008-12-17.

[38] 吴正平.旅游心理学教程[M].北京:旅游教育出版社,1994.

[39] 武彬,龚玉和.旅游策划文化创意[M].北京:中国经济出版社,2007.

[40] 肖星.旅游策划教程[M].广州:华南理工大学出版社,2005.

[41] 徐缉熙.旅游美学[M].上海:上海人民出版社,2002.

[42] 尹隽等.旅游目的地形象策划[M].北京:人民邮电出版社,2006.

[43] 原群.旅游规划与策划全真案例[M].北京:旅游教育出版社,2014.

[44] 岳兴录,张绍学.企业策划与策划科学[M].北京:中国工人出版社,1994.

[45] 张文.旅游影响——理论与实践[M].北京:社会科学文献出版社,2007.

[46] 赵长华.旅游学概论[M].北京:旅游教育出版社,2004.

[47] 赵承宗,徐云望著.策划学[M].上海:中国纺织大学出版社,1995.

[48] 赵焕焱.智慧酒店点评[J].低碳世界,2012(1).

[49] 郑欣.物联网商业发展模式研究[D].北京邮电大学博士论文,2011.

[50] 周作民.旅游策划学新论[M].上海:上海文化出版社,2015.

[51] 2016年旅游策划咨询行业的十个趋势.内蒙古凉城旅游官方微博鹏城网,2016-08-13.

[52] 方法林.旅游策划实务[M].北京:中国旅游出版社,2017.